# Lecture Notes in Mathematics

Edited by A. Dold and B. Eckmann

633



Nicolas R. Coleff
Miguel E. Herrera


# Les Courants Résiduels Associés à une Forme Méromorphe


Springer-Verlag
Berlin Heidelberg New York 1978

**Authors**
Nicolas R. Coleff
University of Washington
Seattle, WA 98195/USA

Miguel E. Herrera
Facultad de Ciencias
Universidad Nacional
de Buenos Aires
1425 Buenos Aires/Argentinia

AMS Subject Classifications (1970): 14C25, 14C30, 14F25, 32A25, 32C30, 32F10, 32J25

ISBN 3-540-08651-X Springer-Verlag Berlin Heidelberg New York
ISBN 0-387-08651-X Springer-Verlag New York Heidelberg Berlin



Printing and binding: Beltz Offsetdruck, Hemsbach/Bergstr.
2140/3140-543210

# SOMMAIRE

# INTRODUCTION

Nous présentons dans ce travail une théorie des résidus des formes méromorphes en codimension quelconque, qui généralise les définitions en codimension un de Dolbeault ( [9] et [10] ) , Bungart ( non-publié ) et Herrera-Lieberman ( [25] ) , et les résidus de Grothendieck pour les intersections complètes ( [19] et [2] ) .

Le but initial de cette théorie était de fournir une immersion du complexe dualisant de Ramis-Ruget ([39]) dans les courants. Cette immersion est construite dans [39a] , et utilisée pour étudier la cohérence des images directes des faisceaux cohérents par des morphismes p-convexes, en admettant certaines propriétés des courants résiduels qui sont démontrées ici.

Comme exemple d'une autre application, nous donnons au no. 1.8.1 une très courte preuve d'une généralisation du résultat récent de P.Griffiths ([17]) sur la somme des résidus ponctuels d'une forme méromorphe.*

La situation générale que nous considérons est la suivante: on prend une famille $\mathcal{F} = \{Y_1, \ldots, Y_{p+1}\}$ de $p+1$ hypersurfaces complexes, $p \geq 0$, en général singulières, dans une variété analytique complexe ( ou un espace complexe réduit ) $X$ de dimension $n$ ; on ne fait pas d'hypothèse de transversalité sur l'intersection $\cap \mathcal{F} = \cap(Y_i : 1 \leq i \leq p+1)$ de cette famille.

On choisit une q-forme méromorphe $\tilde{\lambda}$ sur $X$ avec pôles sur la réunion $\cup \mathcal{F} = \cup(Y_i : 1 \leq i \leq p+1)$ de $\mathcal{F}$. Localement sur $X$, on voudrait

---

* Des applications concrètes au calcul de la trace dans la dualité de Serre seront presentées dans un autre article.

définir les courants (p+1)-résidu $R_{\mathcal{F}}[\check{\lambda}]$ et p-résidu-valeur principale $RP_{\mathcal{F}}[\check{\lambda}]$ de $\check{\lambda}$ comme les limites

$$R_{\mathcal{F}}[\check{\lambda}] : \alpha \longrightarrow \lim_{\underset{\sim}{\delta} \to 0} \int_{T^{p+1}_{\underset{\sim}{\delta}}(\varphi)} \tilde{\lambda} \wedge \alpha \ ,$$

$$RP_{\mathcal{F}}[\check{\lambda}] : \beta \longrightarrow \lim_{\underset{\sim}{\delta} \to 0} \int_{D^{p+1}_{\underset{\sim}{\delta}}(\varphi)} \tilde{\lambda} \wedge \beta \ , \qquad (1)$$

où:

(2) $\varphi = (\varphi_1, \ldots, \varphi_{p+1})$, et les $\varphi_j$ sont des fonctions holomorphes sur un ouvert $W \subset X$ telles que $\mathcal{V}(\varphi_j) = W \cap Y_j$, $1 \leq j \leq p+1$.

(3) $\underset{\sim}{\delta} = (\delta_1, \ldots, \delta_{p+1}) \in \mathbb{R}^{p+1}_{>}$ est un multirayon à composantes positives.

(4) $T^{p+1}_{\underset{\sim}{\delta}}(\varphi)$ est le (p+1)-tube $\{ |\varphi_j| = \delta_j : 1 \leq j \leq p+1 \}$, idéalement de dimension réelle 2n-p-1, orienté de façon convenable; $D^{p+1}_{\underset{\sim}{\delta}}(\varphi) = T^{p}_{\underset{\sim}{\delta}}(\varphi) \cap (|\varphi_{p+1}| > \delta_{p+1})$, où $T^{p}_{\underset{\sim}{\delta}}(\varphi)$ est le p-tube associé à $(\varphi_1, \ldots, \varphi_p)$.

(5) $\alpha$ et $\beta$ sont des formes différentielles $\mathcal{C}^{\infty}$ sur $W$, à support compact, de dimensions 2n-p-q-1 et 2n-p-q respectivement.

Nous ne savons pas si les limites ci-dessus existent, même dans le cas rassurant d'une intersection complète: $\dim_{\mathbb{C}} \cap \mathcal{F} = n-p-1$ . Si $\dim_{\mathbb{C}} \cap \mathcal{F} > n-p-1$ , les dimensions des tubes $T_{\delta}^{p+1}(\varphi)$ et $D_{\delta}^{p+1}(\varphi)$ peuvent dépendre de $\delta$ , et les limites (1) peuvent dépendre encore des équations particulières de $Y_1, \dots, Y_{p+1}$ , comme on le vérifie dans l'exemple $Y_1 = (z_1 . z_2 = 0)$ , $Y_2 = (z_2 = 0)$ en $\mathbb{C}^2$ .

Néanmoins, voici les résultats principaux de la théorie:

(6) Les limites (1) existent, ne dépendent pas du choix des $\varphi_j$, $1 \leq j \leq p+1$ , et dépendent continûment de $\alpha$ et $\beta$ , si l'on prend $\delta$ selon une <u>trajectoire admissible</u> : $\delta \to 0$ et $\delta_j / \delta_{j+1}^q \to 0$ pour tout $q > 0$ , $1 \leq j \leq p$ . On ne fait pas de restrictions sur la dimension de $\cap \mathcal{F}$ .

(7) On peut attacher à $\mathcal{F}$ un ensemble analytique complexe $V_e(\mathcal{F}) \subset \cap \mathcal{F}$ , <u>l'intersection essentielle de $\mathcal{F}$</u>, qui est de codimension pure $p+1$ ou vide, tel que le support de $R_{\mathcal{F}}[\check{\lambda}]$ soit contenu dans $V_e(\mathcal{F})$ . Si $X$ est lisse, ce support est égal à la réunion de quelques composantes de $V_e(\mathcal{F})$ .

(8) Dans le cas où $\dim_{\mathbb{C}} \cap \mathcal{F} = n-p-1$ on a $V_e(\mathcal{F}) = \cap \mathcal{F}$ , et le courant $R_{\mathcal{F}}[\check{\lambda}]$ dépend de façon alternée de l'ordre de la famille $\mathcal{F}$ :

$$R_{\mathcal{F}}[\check{\lambda}] = (-1)^{sg(\tau)} . R_{\tau\mathcal{F}}[\check{\lambda}]$$

pour toute permutation $\tau\mathcal{F}$ de $\mathcal{F}$ .

Cette propriété ne se vérifie pas, en général, si $\dim_{\mathbb{C}} \cap \mathcal{F} > n-p-1$; dans l'exemple antérieur on a en effet

$$R_{\{Y_1, Y_2\}}[\tilde{\lambda}](a) = (2\pi i)^2 . \frac{\partial a}{\partial z_2}(0) \quad ,$$

$$R_{\{Y_2, Y_1\}}[\tilde{\lambda}](a) = 0 \quad ,$$

si l'on prend $\tilde{\lambda} = dz_1 \wedge dz_2 \,/\, z_1 . z_2^2$ .

Des résultats analogues à ceux de (7) et (8) sont valides pour $RP_{\mathcal{F}}[\tilde{\lambda}]$ . $R_{\mathcal{F}}[\tilde{\lambda}]$ et $RP_{\mathcal{F}}[\tilde{\lambda}]$ sont appelés les courants résiduels associés à $\tilde{\lambda}$ et $\mathcal{F}$ . Nous énonçons leurs propriétés aux no. 1.7 et 1.8 , les démonstrations correspondantes étant données aux Ch.2, 3 et 4 selon le plan suivant: on s'occupe au chapitre 2 du cas où $\cup \mathcal{F}$ n'a que des croisements normaux; le cas général est abordé au chapitre 3 , en se ramenant aux croisements normaux à l'aide d'une désingularisation de la fonction $\Pi(\varphi_j : 1 \leq j \leq p+1)$ . Dans le chapitre 4 nous développons la notion du "fibrage de courants résiduels" , et l'utilisons pour obtenir la propriété (7) sur la "pureté" du support de $R_{\mathcal{F}}[\tilde{\lambda}]$ . On démontre aussi dans ce chapitre la propriété fondamentale d'antisymétrie (8) .

Cette notion de fibrage correspond au "slicing" des courants géomètriques ou 0-continus au sens de Fedderer ( [14] ) . En fait, nous utilisons les résultats de Hardt ([18]) , Poly ([37]) ou Dubson ( non-publié ) sur le fibrage de chaînes semi-analytiques.

Pour construire le fibrage des courants résiduels il devient nécessaire de considérer des formes méromorphes définies non seulement sur les espaces, mais sur les cycles complexes $\gamma = \sum_i n_i . [X_i]$ , où les $[X_i]$ sont des espaces complèxes irréductibles orientés par ses classes fondamentales, et les $n_i$ sont des entiers $\geq 0$ . La conséquence pratique est que dans la définition (1) on sous-entend

$$T^{p+1}_{\underset{\sim}{\delta}}(\varphi) = \sum_i n_i . T^{p+1}_{\underset{\sim}{\delta}}(\varphi)_i ,$$

où $T^{p+1}_{\underset{\sim}{\delta}}(\varphi)_i$ est le tube construit sur l'espace $X_i$ .

Nous ajoutons que l'orientation des tubes $T^{p+1}_{\underset{\sim}{\delta}}(\varphi)$ sur un espace singulier $X$ pose certains problèmes de définition. On veut que ces tubes soient homologues, pour différentes valeurs de $\underset{\sim}{\delta}$ , et que dans le cas d'une immersion fermée $Y \longrightarrow X$ on ait $T^{p+1}_{\underset{\sim}{\delta}}(\varphi) . Y = T^{p+1}_{\underset{\sim}{\delta}}(\varphi | Y)$ , bien que l'intersection des cycles ne soit pas toujours définie sur l'espace singulier $X$ . Ces questions sont réglées aux paragraphes 1.3 , 1.4 et 1.5 .

Des résultats préliminaires sur les courants résiduels ont été anoncés à Metz ([22]) , Poitiers ( [23] ) et Williamstown ([7]) . Il existe une interprétation cohomologique de ces courants pour le cas des intersections complètes ( [22] ) , qui généralise celle donnée dans [25] en codimension un .

Outre les articles mentionnés au début, nous rappelons les travaux classiques de Leray [31] et Dolbeault [8] , et l'exposé de Norguet [36]. On trouve des contributions au sujet plus récentes dans Sorani [43] , Robin [40] , Shih [42] , Harvey [20] , King [27] et [29] , Poly [37] * et El Zein [12] , où l'on aborde les résidus du point de vue de la géométrie algébrique, et [13] .

* Gordon;L.G. [47]

Nous voulons exprimer notre reconnaissance à J.P.Ramis et G.Ruget pour l'intérêt et la confiance qu'ils ont mis dans ce travail, ainsi que pour les nombreuses discussions que nous avons menées sur le sujet, en France et en Argentine. Le second auteur voudrait aussi faire mention de l'atmosphère amicale et stimulante dont il a joui pendant la préparation d'une partie de cet article, à l'Université Louis Pasteur de Strasbourg et à l'Institut des Hautes Etudes Scientifiques.

# CHAPITRE I

## Enoncé des résultats principaux

Nous énonçons dans ce chapitre les définitions et propriétés générales des courants résiduels (cf. 1.7 , 1.8 et 1.9) , et fixons les conventions d'orientation des tubes qu'on utilise ( 1.5 ) .

Bref, le tube $T^p_\delta(\varphi)$ associé au morphisme $\varphi : X \longrightarrow \mathbb{C}^p$ de l'espace complexe $X$ est, au signe près, la chaîne semianalytique $|\varphi|^{-1}[\delta]$ image inverse du point $\delta \in \mathbb{R}^p_>$ par l'application $|\varphi| = (|\varphi_1|, \ldots, |\varphi_p|) :$ $: X \longrightarrow \mathbb{R}^p_>$ .

Nous groupons au no. 1.4 les propriétés de cette opération d'image inverse des chaînes qu'on utilisera dans la suite, et qui se réduit à l'opération classique quand $X$ est sans singularités.

Il faut définir aussi un produit $(\alpha, \beta) \longrightarrow \alpha . \beta$ d'intersection des chaînes semianalytiques de l'espace (singulier) $X$ , qui vérifie la formule $\partial(\alpha . \beta) = \pm \partial\alpha . \beta \pm \alpha . \partial\beta$ . Nous décrivons ce produit au no. 1.3 , en demandant que l'une des chaînes $\alpha$ ou $\beta$ soit "cohomologique" , ce qui suffit pour nos besoins. Dans le cas où $X$ est lisse on obtient le produit défini par Poly [37] (et aussi Dubson, non publié) pour les chaînes sous-analytiques.

Finalement, nous résumons au no. 1.6 les généralités sur les formes différentielles et les courants des espaces complexes, en ajoutant les corrections à certaines erreurs de signe dans les références.

## 1.1 Homologie de Borel-Moore

1.1.1 Soit $X$ un espace topologique localement compact et $\Phi$ une famille de supports sur $X$. On note $H_p^{\Phi}(X;K)$ le $p$-ième groupe d'homologie de Borel-Moore de $X$, à coefficients dans l'anneau principal $K$ et à supports dans $\Phi$ ([4],[5]). Dans notre cas on aura toujours $K = \mathbb{Z}$, $\mathbb{R}$ ou $\mathbb{C}$, et on le supprime en général dans les notations. On supprime aussi $\Phi$, si $\Phi$ est la famille des fermés de $X$.

Si $F$ est un sous-espace fermé de $X$ et $U = X-F$, on a la suite exacte ([4], 7.10)

$$\cdots \longrightarrow H_p(F) \xrightarrow{i_p} H_p(X) \xrightarrow{j_p} H_p(U) \xrightarrow{\partial_p} H_{p-1}(F) \longrightarrow \cdots ; \qquad (1)$$

on utilisera aussi l'homomorphisme

$$b_\bullet = \sum (b_p : p \in \mathbb{Z}) = \sum ((-1)^{p+1} \partial_p : p \in \mathbb{Z}) \qquad (2)$$

Supposons que la dimension homologique $\dim_K X$ de $X$ soit $n$. Alors le préfaisceau

$$\mathcal{H}_n : U \longrightarrow H_n(U) \quad , \quad U \text{ ouvert dans } X ,$$

est un faisceau ([4], 1.10), ce qui permet de définir le <u>support</u> d'une classe $c \in H_n(X;K) = \Gamma(X;\mathcal{H}_n)$.

Nous rappelons que la dimension homologique et la dimension analytique d'un ensemble semianalytique sont égales.

1.1.2 Si $K$ est un corps, la suite exacte

$$\cdots \longrightarrow H_p(F) \xrightarrow{i_p} H_p(X) \xrightarrow{j_p} H_p(U) \xrightarrow{b_p} H_{p-1}(F) \quad , \qquad (3)$$

est isomorphe à la suite duale de la suite exacte de cohomologie à supports compacts et à coefficients dans $K$ :

$$\cdots \longleftarrow H_c^p(F) \longleftarrow H_c^p(X) \longleftarrow H_c^p(U) \xleftarrow{\delta_p} H_c^{p-1}(F) \quad ; \qquad (4)$$

dans le cas $K = \mathbb{Z}$ , $\dim_{\mathbb{Z}} X = m$ , $\dim_{\mathbb{Z}} F = m-1$ et $p = m$ , (3) est aussi la $\mathbb{Z}$-transposée de (4) ( [5] , V.3.2 ) .

1.1.3 Soit $Y$ un autre espace localement compact avec $\dim_K Y = n$. Il existe un homomorphism associatif ( [21] , I.8.5 ) :

$$\begin{array}{ccc} H_m(X;K) \otimes H_n(Y;K) & \longrightarrow & H_{m+n}(X \times Y;K) \\ \alpha \otimes \beta & \longrightarrow & \alpha \odot \beta , \end{array}$$

le <u>produit cartesien de classes d'homologie</u> , construit moyennant l'isomorphisme de Künneth

$$H_c^m(X) \otimes H_c^n(Y) \xrightarrow{\sim} H_c^{m+n}(X \times Y)$$

et les isomorphisms $H_m(X) \simeq \mathrm{Hom}_K\left( H_c^m(X) , K \right)$ et $H_n(Y) \simeq \mathrm{Hom}_K\left(H_c^n(Y), K\right)$, et tel que le diagramme suivant est commutatif( les signes dans [21], I.8 (5.3) sont incorrects) :

$$\begin{array}{ccc} H_m(U)\otimes H_n(Y) & \xrightarrow{\ \odot\ } & H_{m+n}(U\times Y) \\ \downarrow{\scriptstyle b_m\otimes\, id} & & \downarrow{\scriptstyle b_{m+n}} \\ H_{m-1}(F)\otimes H_n(Y) & \xrightarrow[\ \odot\ ]{} & H_{m+n-1}(F\times Y) \end{array} \quad . \qquad (5)$$

On déduit immédiatement les propriétés suivantes:

a) Soient $\alpha \in H_m(X)$ , $\beta \in H_n(Y)$ et $\theta : X \times Y \longrightarrow Y \times X$ l'homéomorphisme canonique. Alors

$$\theta_*(\alpha \odot \beta) = (-1)^{mn}\, \beta \odot \alpha \ .$$

b) Soient $\mathbb{R}_< = \{ x \in R : x < 0 \}$ , $U$ un ouvert de $\mathbb{R}^{n-1}$ et $W = \mathbb{R}_< \times U$ ; soient $e_< \in H_1(\mathbb{R}_< ;\mathbb{Z})$ , $e_U \in H_{n-1}(U;\mathbb{Z})$ et $e_W \in H_n(W;\mathbb{Z})$ les classes fondamentales canoniques de $\mathbb{R}_<$ , $U$ et $W$ , respectivement ( [21] , I.8.6 ) . Alors nous avons, d'après (5) , que

$$\partial(\, e_W \,) = (-1)^{n+1}\, e_U$$

( ce qui corrige le signe dans [21] , I.8.6.1 ) , où $\partial$ est le bord associé dans 1.1(1) au couple $(\mathbb{R}_{\leq} \times U \,, \mathbb{R}_< \times U)$ , et où l'on identifie $U \simeq \{0\} \times U$ .

1.1.4 <u>Remarque</u>.

Cette dernière propriété implique que, quand on compare l'homologie de Borel-Moore avec l'homologie simpliciale ([3] , 2.7 ), le bord simplicial correspond à la différentielle $b_p = (-1)^{p+1}\, \partial_p$ . En particulier, $b_\cdot = \sum b_p$ est le bord correspondant au théorème de Stokes ( [21] , [37], ) et non $\partial$ , qui est celui utilisé dans [21].

1.1.5 Soit $X$ une variété topologique de dimension $m$ , orientée par une classe fondamentale $[X] \in H_m(X;K)$ ([4] , 1.11 ) . Pour chaque sous-espace localement fermé $Y$ de $X$ , le cap-produit par $[X]$ définit un isomorphisme $P$ de la cohomologie locale de $X$ à supports sur $Y$ sur l'homologie de $Y$ :

$$\begin{aligned} P : H_Y^p(X;K) &\longrightarrow H_{m-p}(Y;K) \\ P(\alpha) &= [X] \cap \alpha \end{aligned} \qquad (6)$$

L'inverse $\Delta = P^{-1}$ de $P$ est l'isomorphisme de dualité de Poincaré. Si $Y'' \subset Y'$ sont des fermés dans $X$ et $Y = Y' - Y''$ , on a le diagramme commutatif

$$\begin{array}{ccccccccc} \cdots \longrightarrow & H^p_{Y''}(X) & \xrightarrow{i^*} & H^p_{Y'}(X) & \xrightarrow{j^*} & H^p_Y(X) & \xrightarrow{\delta^*} & H^{p+1}_{Y''}(X) & \longrightarrow \\ & \downarrow P & & \downarrow P & & \downarrow P & & \downarrow P & \\ \cdots \longrightarrow & H_{m-p}(Y'') & \xrightarrow[i_*]{} & H_{m-p}(Y') & \xrightarrow[j_*]{} & H_{m-p}(Y) & \xrightarrow[(-1)^m \partial_*]{} & H_{m-p-1}(Y'') & \longrightarrow , \end{array} \qquad (7)$$

où la ligne supérieure est la suite exacte de cohomologie locale du couple $(Y',Y'')$ . On déduit ceci, p.ex. , de la construction du cap-produit à l'aide de la résolution simpliciale canonique $\mathcal{F}^*(X;K)$ de $K$ sur $X$ ( [4] , §7 ; [37] ,IV.3.2 ) .

## 1.2 Chaînes semianalytiques

Nous donnons ici un bref rappel sur les chaînes semianalytiques [3]. L'extension de la théorie au cas sous-analytique est faite par J.B.Poly ( [37]) et A.Dubson ( non publiée ) ; on peut démontrer que les courants d'intégration sur les chaînes semianalytiques s'identifient aux chaînes analytiques de Hardt [18] .

1.2.1 Soit $X$ un $\mathbb{R}$-espace analytique réduit (ou un ensemble semianalytique) paracompact. Pour chaque ouvert $W \subset X$ et $q \in N$ , on note $\mathcal{PC}_q(W)$ l'ensemble des couples $(M,c)$ , où $M$ est un ensemble semianalytique localement fermé de $W$ de dimension $\leq q$ et $c \in H_q(M;K)$ . Ces couples sont appellées les <u>q-préchaînes semianalytiques</u> de $W$ .

Le bord $bM = \bar{M}-M$ d'un tel ensemble $M$ est un fermé semianalytique de $W$ de dimension $< q$ . Ceci permet de définir la suivante operation associative et commutative sur $\mathcal{PC}_q(W)$ : si $(M_1,c_1)$ et $(M_2,c_2)$ sont des q-préchaînes sur $W$ , alors

$$(M_1,c_1) + (M_2,c_2) = (M,c_1' + c_2') \quad , \tag{1}$$

où $M = M_1 \cup M_2 - L$ , $L = bM_1 \cup bM_2$ et $c_s'$ est l'image de $c_s$ par les homomorphismes

$$H_q(M_s) \xrightarrow{j_*} H_q(M_s - L) \xrightarrow{i_*} H_q(M) \quad , \quad s = 1,2 \ .$$

On définit le produit de la préchaîne $(M,c)$ par l'élément $k \in K$

par la règle $k.(M,c) = (M,k.c)$ . Finalement on considère le quotient $\mathcal{S}_q(W) = \mathcal{PS}_q(W)/\simeq$ de $\mathcal{PS}_q(W)$ par l'équivalence

$$(M_1,c_1) \simeq (M_2,c_2) \iff (M_1,c_1) + (M_2,-c_2) = (M,0) \quad ,$$

$0 \in H_q(M)$ étant l'élément nul. L'addition et le produit déjà définis induisent une structure de $K$-module sur $\mathcal{S}_q(W)$ . Les éléments dans $\mathcal{S}_q(W)$ s'appellent $q$-chaînes semianalytiques sur $W$ à coefficients dans $K$ .

La classe en $\mathcal{S}_q(W)$ de la préchaîne $(M,c)$ est noté par $[M,c]$. Si $x \in X$ , on note $[x]$ - ou simplement $x$ , s'il n'y a pas de confusion à craindre - la 0-chaîne $[x,1]$ , où $1$ est le générateur canonique de l'homologie de $\{x\}$ .

1.2.2 Si $\alpha \in \mathcal{S}_q(W)$ , on démontre qu'il existe un unique représentant $(M,c)$ de $\alpha$ , appelé le <u>représentant fidèle</u> de $\alpha$, tel que:

a) le support de $c \in H_q(M;K) = \Gamma(M,\mathcal{H}_{q,M})$ est $M$ ;

b) le support de $\partial_{M,bM}(c) \in H_{q-1}(bM;K)$ est $bM$ .

On dit dans ce cas que $M = \mathrm{suppf}(\alpha)$ est le <u>support fidèle</u> de $\alpha$ et que $\bar{M} \cap W$ est le support de $\alpha$ en $W$ .

L'opération $\partial[M,c] = [bM, \partial_{M,bM}(c)]$ induit une structure de complexe gradué sur $\mathcal{S}.(W) = \sum(\mathcal{S}_q(W) : q \in \mathbb{Z})$ . On démontre que le préfaisceau $W \longrightarrow \mathcal{S}.(W)$ , avec les morphismes de restriction évidents , est un faisceau différentiel $\Phi$ - mou , pour toute famille paracompactifiante $\Phi$ dans $X$ ( [3] , 2.8 ) . On note aussi

$$b.\alpha = (-1)^{q+1}\partial\alpha, \quad \alpha \in \mathcal{S}_q(W) .$$

On définit l'image directe $\zeta(\alpha)$ d'une chaîne semianalytique $\alpha \in \mathcal{S}_q(X)$ par l'immersion fermée $\zeta : X \longrightarrow Y$ façon évidente. Si $\zeta$ est un morphisme propre, $\zeta(\alpha)$ est en général sous-analytique et non semianalytique ( [37] , IV.2.6 ) .

1.2.3 Produit cartésien de chaînes.

Considérons des espaces analytiques X et Y , et des préchaînes $(M_1,c_1) \in \mathcal{PS}_p(X)$ et $(M_2,c_2) \in \mathcal{PS}_q(Y)$ . Alors $(M_1 \times M_2,\ c_1 \odot c_2) \in \mathcal{PS}_{p+q}(X \times Y)$ et l'on démontre que cette opération induit un homomorphisme produit cartésien

$$\mathcal{S}_p(X) \otimes \mathcal{S}_q(Y) \longrightarrow \mathcal{S}_{p+q}(X \times Y) , \qquad \alpha \otimes \beta \longrightarrow \alpha \times \beta ,$$

compatible avec la restriction sur des ouverts et tel que

$$b.(\alpha \times \beta) = b.(\alpha) \times \beta + (-1)^p \alpha \times b.(\beta) . \tag{2}$$

Si $x \in X$ et Y est muni d'une classe fondamentale [Y] , nous écrirons fréquemment $x \times Y$ au lieu de $[x] \times [Y]$ . Notons $i_x : Y \longrightarrow X \times Y$ l'immersion $i_x(y) = (x,y)$ ; on vérifie alors que

$$i_x(\beta) = x \times \beta$$

pour toute $\beta \in \mathcal{S}_.(Y)$ .

### 1.3 Intersection des chaînes semianalytiques

Supposons que $X$ soit une variété analytique réelle $K$-orientable de dimension $m$ et choisissons une classe fondamentale $[X] \in H_m(X,K)$ Considérons des chaînes semianalytiques $\alpha_s$ dans $X$, de dimensions $p_s$, et avec des représentants fidèles $(M_s,c_s)$, $s = 1,2$. Soient $L = bM_1 \cup bM_2$ et

$$j^s : H^{\bullet}_{M_s}(X-bM_s) \longrightarrow H^{\bullet}_{M_s-L}(X-L)$$

les restrictions canoniques.

L'intersection $c_1.c_2$ des classes d'homologie $c_1$ et $c_2$ est définie par (cf. 1.1.5 et [3], 1.12) :

$$c_1.c_2 = P(j^1(\Delta c_1) \smile j^2(\Delta c_2)) \in H_{p_1+p_2-m}(M_1 \cap M_2) ,$$

compte tenu que $(M_1-L) \cap (M_2-L) = M_1 \cap M_2$.

1.3.1 Définition.

Les chaînes $\alpha_1$ et $\alpha_2$ se coupent proprement si leurs supports fidèles vérifient

$$\dim M_1 \cap M_2 \leq p_1 + p_2 - m . \qquad (1)$$

Dans ce cas, la chaîne intersection $\alpha_1.\alpha_2$ est définie par

$$\alpha_1.\alpha_2 = [M_1 \cap M_2 , c_1.c_2] \in \mathcal{S}_{p_1+p_2-m}(X;K) .$$

La démonstration du théorème suivant se trouve dans [37] (IV.3.3.3), même dans le cas sous-analytique:

1.3.2 Théorème.

a) Les conditions d'existence étant remplies, l'intersection des chaînes est une opération linéaire et associative qui vérifie

$$\alpha \cdot \beta = (-1)^{(m-\dim \alpha)(m-\dim \beta)} \beta \cdot \alpha .$$

b) Soient $\alpha$ et $\beta$ des chaînes semianalytiques telles que les couples $(\alpha, \beta)$, $(\partial\alpha, \beta)$, $(\alpha, \partial\beta)$ et $(\partial\alpha, \partial\beta)$ se coupent proprement. Alors

$$\partial(\alpha \cdot \beta) = (\partial\alpha) \cdot \beta + (-1)^{m-\dim \alpha} \alpha \cdot (\partial\beta) . \qquad (2)$$

1.3.3 Remarque.

i) Les conditions dans b) sont équivalentes à celles dans [37], IV.3.3.3. Si l'on remplace $\partial$. par b. dans (2) on obtient la formule de J.B.Poly. La condition d'intersection propre de $\partial\alpha$ et $\partial\beta$ est essentielle, comme le montre l'example dans $R^3$ :

$$\alpha = \{ x = 0 , y < 0 , 0 < z < 1 \} ,$$

$$\beta = \{ x^2 + y^2 < 1 , 0 < z < 1 \} ,$$

avec des orientations convenables.

ii) Cette théorie d'intersection vérifie les axiomes d'A.Weil (voir [37] pour les détails, et pour les rapports avec l'intersection de [18] ). Dans le cas où $K = \mathbb{R}$ et $\alpha$ et $\beta$ sont définies par des orientations algébriques des sous-espaces linéaires de $\mathbb{R}^n$, $\alpha . \beta$ s'identifie au sous-espace intersection avec l'orientation algébrique qui est l'intersection des orientations données (cf. [4] , 2.10 ) .

1.3.4 Chaînes semianalytiques cohomologiques.

La notion d'intersection que nous venons de présenter ne suffit pas pour définir comme il nous faut le cycle image inverse d'un point par un morphisme $f : X \longrightarrow T$ , avec $X$ singulier. Nous proposons pour le faire le détour suivant:

Soit $X$ un espace analytique réel de dimension pure $m$ , réduit et paracompact. Notons $\mathcal{P}\mathcal{J}^q_{ch}(X;K)$ la famille des couples $(M,c)$ , où $M$ est un ensemble semianalytique localement fermé de codimension $q$ de $X$ et $c \in H^q_M(X-bM;K)$ . Comme dans la construction des chaînes semianalytiques (1.2) , on définit une relation d'équivalence convenable $\simeq$ sur $\mathcal{P}\mathcal{J}^q_{ch}(X;K)$ et une structure de K-module sur le quotient

$$\mathcal{J}^q_{ch}(X;K) = \mathcal{P}\mathcal{J}^q_{ch}(X;K)/\simeq ,$$

de façon que l'homomorphisme de cohomologie locale

$$\delta : H^q_M(X-bM) \longrightarrow H^{q+1}_{bM}(X)$$

induise une structure de modules différentiels sur

$$\mathcal{J}^{\bullet}_{ch}(X;K) = \sum(\mathcal{J}^q_{ch}(X;K) : q \in N) .$$

Les éléments de $\mathcal{J}^q_{ch}(X;K)$ s'apellent les <u>q-chaînes semianalytiques cohomologiques de $X$</u> . On constate que le préfaisceau $W \rightarrow \mathcal{J}^{\bullet}_{ch}(W;K)$ , $W$ ouvert dans $X$ , est un faisceau, et que l'on peut définir comme dans 1.2.2 le représentant fidèle d'une chaîne dans $\mathcal{J}^{\bullet}_{ch}(W;K)$ .

1.3.5 Cap-produit des chaînes semianalytiques.

On dit que les chaînes $\alpha_1 \in \mathcal{S}_p(X)$ et $\alpha^2 \in \mathcal{S}^q_{ch}(X)$ se coupent proprement si les supports des représentants fidèles $\alpha_1 = [M_1, c_1]$ et $\alpha^2 = [M_2, c^2]$ vérifient

$$\dim M_1 \cap M_2 \leq p - q \ .$$

Dans ce cas nous définissons le cap-produit $\alpha_1 \cap \alpha^2$ par

$$\alpha_1 \cap \alpha^2 = [M \, , \, j_1(c_1) \cap j_2(c^2)] \in \mathcal{S}_{p-q}(X) \, ,$$

où $M = M_1 \cap M_2$ et , si $L = bM_1 \cup bM_2$ , alors

$$j_1 : H_p(M_1) \longrightarrow H_p(M_1 - L) \, ,$$

$$j_2 : H^q_{M_2}(X - bM_2) \longrightarrow H^q_{M_2 - L}(X - L)$$

sont les restrictions canoniques, et où

$$\cap : H_p(M_1 - L) \otimes H^q_{M_2 - L}(X - L) \longrightarrow H_{p-q}(M_1 \cap M_2)$$

est le cap-produit des classes d'homologie et cohomologie (cf. [3] , Appendice) . La démonstration de la proposition suivante est une adaptation de celle dans [37] , IV.3.3.3 :

Proposition.

a) Considérons $\alpha_1 \in \mathcal{S}_p(X)$ et $\alpha^2 \in \mathcal{S}^q_{ch}(X)$ telles que les couples $(\alpha_1, \alpha^2)$ , $(\partial\alpha_1, \alpha^2)$ , $(\alpha_1, \delta\alpha^2)$ et $(\partial\alpha_1, \delta\alpha^2)$ se coupent proprement. Alors on a

$$\partial(\alpha_1 \cap \alpha^2) = (\partial\alpha_1) \cap \alpha^2 + (-1)^p \, \alpha_1 \cap \delta\alpha^2 \ . \qquad (3)$$

b) Si $X$ est lisse et orienté par sa classe fondamentale $[X]$, on a

$$\alpha_1 \cap \alpha^2 = \alpha_1 \cdot \alpha_2 \quad , \quad \alpha_2 = [X] \cap \alpha^2 \ .$$

## 1.4 Image inverse des chaînes semianalytiques

1.4.1 Soient $X$ un espace analytique réel réduit (ou un ensemble semianalytique) de dimension pure $m$ et $T$ une variété réelle de dimension $t$, orientée par une classe fondamentale $[T] \in H_t(T;K)$ ; soit $\varphi : X \longrightarrow T$ un morphisme analytique tel que

$$\dim \varphi^{-1}(u) \leq m-t \quad , \quad u \in T \ . \tag{1}$$

Considérons $\beta = [M,b] \in \mathcal{S}_q(T)$, où $(M,b)$ est le représentant fidèle de $\beta$, et

$$b' = \Delta_T(b) \in H_M^{t-q}(X) \simeq H_M^{t-q}(X-bM)$$

la classe duale de $b$ en $T$. Alors

$$\varphi^*(b') \in H^{t-q}_{\varphi^{-1}(M)}(X-\varphi^{-1}(bM)) \xleftarrow{\ \varphi^*\ } H_M^{t-q}(X-bM) \quad ,$$

où $\varphi^*$ désigne l'application image inverse induite par $\varphi$. La condition (1) implique $\dim \varphi^{-1}(M) \leq m-t+q$, donc évidemment (1.3.4)

$$\varphi^*(\beta) = [\varphi^{-1}(M) \ , \ \varphi^*(b')] \in \mathcal{S}_{ch}^{t-q}(X) \tag{2}$$

et (1.1.5(7))

$$\delta \varphi^*(\beta) = (-1)^t \varphi^*(\partial\beta) . \qquad (3)$$

Soit $\gamma = [N,c] \in \mathcal{J}_p(X)$ et $(N,c)$ son représentant fidèle. Si $\gamma$ et $\varphi^*(\beta)$ se coupent proprement, c.à.d. si

$$\dim N \cap \varphi^{-1}(M) \leq p + q - t , \qquad (4)$$

nous définissons <u>l'image inverse</u> $\varphi_\gamma^{-1}(\beta)$ <u>de</u> $\beta$ <u>selon</u> $\gamma$ par

$$\varphi_\gamma^{-1}(\beta) = \gamma \cap \varphi^*(\beta) \in \mathcal{J}_{p+q-t}(X) . \qquad (5)$$

La condition (4) se vérifie, en particulier, si

$$\dim N \cap \varphi^{-1}(u) \leq p - t , \quad u \in T .$$

On déduit des définitions que $\varphi_\gamma^{-1}(\beta)$ est linéaire par rapport à $\gamma$ et $\beta$, pourvu que la condition d'existence (4) soit assurée.

En général, si $X$ est singulier mais orienté par une classe fondamentale $[X]$, et s'il n'y a pas lieu à confusion, nous écrirons $\varphi^{-1}(\beta)$ au lieu de $\varphi_{[X]}^{-1}(\beta)$.

1.4.2 Nous énonçons maintenant les propriétés de l'image inverse (5) qui nous seront plus utiles. Les démonstrations sont des adaptations de celles dans [4] où [37], et nous ne les donnons pas. On suppose toujours que $\gamma \in \mathcal{J}_p(X)$, $\beta \in \mathcal{J}_q(T)$ et que $\varphi : X \to T$ vérifie 1.4.1(1).

1) Soit X lisse et orienté par la classe fondamentale $[X] \in H_m(X)$. Si $\gamma$ et $\varphi^*(\beta)$ se coupent proprement, on a

$$\varphi_\gamma^{-1}(\beta) = \gamma . \varphi_{[X]}^{-1}(\beta) .$$

Nous remarquons que, dans le cas où $\beta$ est un cycle, $\varphi_{[X]}^{-1}(\beta)$ est appellé classiquement le <u>cycle image inverse de</u> $\beta$ <u>par</u> $\varphi$ ([4], où l'on utilise la notation $\varphi_z^{-1}(\beta)$ ).

2) Si $(\gamma, \varphi^*(\beta))$, $(\partial\gamma, \varphi^*(\beta))$, $(\gamma, \delta\varphi^*(\beta))$ et $(\partial\gamma, \delta\varphi^*(\beta))$ se coupent proprement, on a (1.4.1(3) et 1.3.5(3))

$$\partial\varphi_\gamma^{-1}(\beta) = \varphi_{\partial\gamma}^{-1}(\beta) + (-1)^{p+t}\, \varphi_\gamma^{-1}(\partial\beta) .$$

3) Soient $\alpha$ et $\beta$ des chaînes dans $\mathcal{S}_\bullet(T)$ qui se coupent proprement. Si les chaînes $\gamma_\alpha = \varphi_\gamma^{-1}(\alpha)$, $\varphi_{\gamma_\alpha}^{-1}(\beta)$ et $\varphi_\gamma^{-1}(\alpha . \beta)$ existent, alors ( [4], 1.9 )

$$\varphi_\gamma^{-1}(\alpha . \beta) = \varphi_{\gamma_\alpha}^{-1}(\beta) .$$

Si X est lisse et orienté, cette égalité se réduit à :

$$\varphi_\gamma^{-1}(\alpha . \beta) = \varphi_\gamma^{-1}(\alpha) . \varphi_\gamma^{-1}(\beta) .$$

4) Considérons encore un morphisme $\psi : T \to D$, où T et D sont des variétés lisses et orientées, $\xi = \psi \circ \varphi$ et $\sigma \in \mathcal{S}_\bullet(D)$.

Alors

$$\varphi_\gamma^{-1}(\psi_\beta^{-1}(\sigma)) = \xi^{-1}_{\varphi_\gamma^{-1}(\beta)}(\sigma) ,$$

si toutes les images inverses en question existent.

5) Soient $\gamma = [N,c] \in \mathcal{J}_p(T)$ et $i : N \longrightarrow T$ l'immersion. Pour chaque $\beta \in \mathcal{J}_q(T)$ tel que $i_\gamma^{-1}(\beta)$ existe, on a

$$i(i_\gamma^{-1}(\beta)) = \gamma . \beta .$$

6) Supposons que $\gamma = [N,c] \in \mathcal{J}_t(X)$ soit un cycle, que $\varphi|N$ soit propre et que $\varphi(\gamma) = q[T]$ pour quelque $q \in \mathbb{Z}$. Alors

$$\varphi(\varphi_\gamma^{-1}(\alpha)) = q.\alpha$$

pour toute $\alpha \in \mathcal{J}.(T)$ telle que $\varphi_\gamma^{-1}(\alpha)$ soit définie.

7) Soient $\pi_1 : X\times T \longrightarrow X$ et $\pi_2 : X\times T \longrightarrow T$ les projections. Alors pour $\gamma \in \mathcal{J}_p(X)$ , $\beta \in \mathcal{J}_q(T)$ , $t = \dim T$ , on a

$$\pi^{-1}_{2,\gamma\times T}(\beta) = (-1)^{p(t-q)}\gamma\times\beta .$$

8) Si $X$ est lisse et orienté par la classe fondamentale $[X]$ et $\alpha \in \mathcal{J}_a(X)$

$$\pi^{-1}_{1,X\times\beta}(\alpha) = \alpha\times\beta ,$$

et

$$\pi^{-1}_{1,X\times T}(\alpha)\cdot\pi^{-1}_{2,X\times T}(\beta) = (-1)^{p(t-q)}$$

Si en outre $F\subset X\times T$ est le graphe orienté de $\varphi : X \to T$, alors

$$\varphi^{-1}(\beta) = (-1)^{m(t-q)}\pi_1(F\cdot([X]\times\beta)) .$$

9) Considérons des variétés lisses $T_i$ de dimension $t_i$, orientées par des classes fondamentals $[T_i]$, et des chaînes $\alpha_i \in \mathcal{S}_{p_i}(T_i)$, $i = 1,2$. Soit $\psi = (\psi_1,\psi_2) : X \to T_1\times T_2$ un morphisme et soit $\gamma\in \mathcal{S}_q(X)$ telle que les chaînes $\gamma_1 = \psi^{-1}_{1,\gamma}(\alpha_1)$ et $\gamma_2 = \psi^{-1}_{2,\gamma}(\alpha_2)$ existent. Alors $\psi^{-1}_\gamma(\alpha_1\times\alpha_2)$ existe et on a

$$\psi^{-1}_\gamma(\alpha_1\times\alpha_2) = (-1)^{p_1(t_2-p_2)}\psi^{-1}_{2,\gamma_1}(\alpha_2)$$

$$= (-1)^{t_1(t_2-p_2)}\psi^{-1}_{1,\gamma_2}(\alpha_1) .$$

10) Si l'on prend $\beta = [u]$, où $[u]\in H_0(\{u\})$ dénote le générateur canonique de l'homologie du point $u\in T$, on obtient par (5) la <u>fibre orientée</u> $\varphi^{-1}_\gamma[u]\in\mathcal{S}_{p-t}(X)$. Voyons qu'on peut définir cette fibre quand $T$ est singulier et le germe de $T$ en $u$ est irréductible:

Supposons d'abord que $T$ est singulier et $u\in sT$ = l'ensemble singulier de $T$. Soit $P : H^t_{\{u\}}(T)\to H_0(\{u\})$, $b'\to[T]\cap b'$, l'homomorphisme cap-produit par la classe fondamentale de $T$. On voit que $P$ est surjectif, en prenant une courbe orienté $\gamma = [M,b] \in \mathcal{S}_1(T)$ telle que $M \subset T_* = T - sT$ et $\partial\gamma = [u] - [v]$, $v \in T_*$. La classe duale ( dans $T_*$) $\Delta\gamma \in \mathcal{S}^{t-1}_{ch}(T_*)$ vérifie (1.1.5(7))

$$P\,\delta\Delta\gamma = (-1)^t \partial P \Delta\gamma = (-1)^t([u] - [v]) ,$$

donc $[u] = P(b')$ pour quelque $b' \in H^t_{\{u\}}(T)$.

Si $T$ est en plus irréductible en $u$, on a $H^t_{\{u\}}(T;\mathbb{Z}) \simeq \mathbb{Z}$ ([30]), donc nécessairement $P$ est un isomorphisme. Il s'ensuit que dans notre cas il éxiste une seule classe duale de $[u]$, et la construction de 1.4.1 est valable.

## 1.5 Conventions d'orientation

On suppose désormais que $K = \mathbb{Z}$.

1.5.1 An n-cycle analytique complexe est une paire $\gamma = [X,c]$, où $X$ est un espace complexe de dimension pure $n$, réduit et paracompact, et $c \in H_{2n}(X,\mathbb{Z})$.

Soit $X_i$ $(i \in J)$ la famille des composantes irréductibles de $X$, et $\gamma_i = [X_i, e_i]$, où $e_i$ désigne la classe fondamentale de $X_i$. On voit facilement ([4], 4.3) que $\gamma = \sum ( n_i \cdot \gamma_i : i \in J )$, $n_i \in Z$, de façon unique, où la sommation est entendue au sens des chaînes semianalytiques. Les cycles $\gamma_i$ sont appellés les composantes irréductibles de $\gamma$.

Choisissons d'une fois pour toutes un tel cycle $\gamma$ et un morphisme $\varphi = (\varphi_1,\dots,\varphi_p) : X \longrightarrow \mathbb{C}^p$ tel que les fonctions $\varphi_1,\dots,\varphi_p$ ne soient pas identiquement nulles sur aucune composante connexe de $X$. Notons $Y_j = V(\varphi_j)$, $\tilde{Y} = \bigcup ( Y_j : 1 \leq j \leq p )$ et $\mathbb{R}^p_>$ le produit cartésien de $p$ copies de l'ensemble $\mathbb{R}_>$ des réels positifs. Pour chaque $\underline{\delta} = (\delta_1,\dots,\delta_p) = (\underline{\delta}', \delta_p) \in \mathbb{R}^p_>$, nous avons les ensembles

$$|T^p_{\underline{\delta}}(\varphi)| = \{ x \in X - \tilde{Y} : \ |\varphi_j| = \delta_j , \ 1 \leq j \leq p \}$$

et

$$|D^p_{\underline{\delta}}(\varphi)| = \{ x \in X - \tilde{Y} : \ |\varphi_j| = \delta_j , \ 1 \leq j < p , \ |\varphi_p| > \delta_p \} .$$

L'application

$$|\varphi| = ( |\varphi_1|,\dots,|\varphi_p| ) : X - \tilde{Y} \longrightarrow \mathbb{R}^p_>$$

étant analytique, on peut définir les chaînes semianalytiques

$$T^p_{\underset{\sim}{\delta}}(\varphi) = (-1)^{\frac{p(p-1)}{2}} \quad |\varphi|^{-1}_{\gamma}[\underset{\sim}{\delta}] \in \mathcal{J}_{2n-p}(X) \tag{1}$$

et

$$D^p_{\underset{\sim}{\delta}}(\varphi) = (-1)^{\frac{(p-1)(p-2)}{2}} \quad |\varphi|^{-1}_{\gamma}([\underset{\sim}{\delta}'] \times [x_p > \delta_p]) \in \mathcal{J}_{2n-p+1}(X) \tag{2}$$

pour chaque $\underset{\sim}{\delta} \in \mathbb{R}^p_{>}$ telles que

$$\dim_{\mathbb{R}} |T^p_{\underset{\sim}{\delta}}(\varphi)| \leq 2n-p \tag{1'}$$

et

$$\dim_{\mathbb{R}} |D^p_{\underset{\sim}{\delta}}(\varphi)| \leq 2n-p+1 \ , \tag{2'}$$

respectivement (cf. 1.4) ; $[\underset{\sim}{\delta}]$ , $[\underset{\sim}{\delta}']$ et $[x_p > \delta_p]$ dénotent ici les points $\underset{\sim}{\delta}$ , $\underset{\sim}{\delta}'$ et l'intervalle $(x_p > \delta_p)$ munis de ses orientations canoniques.

Les conditions (1') et (2') sont toujours satisfaites, pour $\underset{\sim}{\delta}$ assez petit, dans le cas où $\dim_{\mathbb{C}} \varphi^{-1}(0) = n-p$ (cf. 1.5.7) .

La notation $D^p_{\underset{\sim}{\delta}';\delta_p}(\varphi)$ sera utilisée au lieu de $D^p_{\underset{\sim}{\delta}}(\varphi)$ pour distinguer entre le comportement de $\underset{\sim}{\delta}'$ et celui de $\delta_p$ ; s'il n'y a pas lieu à confusion, on écrira simplement $D^p_{\underset{\sim}{\delta}}$ et $T^p_{\underset{\sim}{\delta}}$ . Ces notations seront parfois remplacées par $D^p_{\gamma;\underset{\sim}{\delta}}(\varphi)$ et $T^p_{\gamma;\underset{\sim}{\delta}}(\varphi)$ , pour faire mention explicite du cycle $\gamma$ .

Si $\gamma = \sum( n_i \cdot \gamma_i : i \in J )$ est la décomposition de $\gamma$ dans ses composantes irréductibles, la linéairité de $\varphi^{-1}_{\gamma}(\alpha)$ implique que

(3) $\quad D^p_{\gamma;\underset{\sim}{\delta}} = \sum(n_i \, D^p_{\gamma_i;\underset{\sim}{\delta}} : i \in J)$ et $T^p_{\gamma;\underset{\sim}{\delta}} = \sum(n_i \cdot T^p_{\gamma_i;\underset{\sim}{\delta}} : i \in J)$.

1.5.2 D'après 1.4.2(2) et 1.2.3(2) on a

$$\partial D^p_{\underline{\delta}}(\varphi) = T^p_{\underline{\delta}}(\varphi) \qquad \text{ou} \qquad b.D^p_{\underline{\delta}}(\varphi) = (-1)^{p+1}\, T^p_{\underline{\delta}}(\varphi) . \qquad (3)$$

Dans le cas $p = 1$ , on trouve simplement que $D^1_{\delta}(\varphi_1) = |\varphi_1|^{-1}_{\gamma}[x_1 > \delta_1]$ est la restriction $\gamma \cap (|\varphi_1| > \delta_1)$ de $\gamma$ sur l'ouvert $(|\varphi_1| > \delta_1)$ de X ; on déduit donc de (3) que $T^1_{\delta_1}(\varphi_1) = \partial(\gamma \cap (|\varphi_1| > \delta_1))$ .

Alors $T^1_{\delta_1}(\varphi_1) = -b.(\gamma \cap (|\varphi_1| > \delta_1))$ , où b. est le bord du théorème de Stokes (cf. 1.1.4) ; en particulier, dans le cas $X = \mathbb{C}$ et $\varphi_1 = z$ , nos conventions donnent au cercle $|z| = \delta$ l'orientation standard "opposée" à celle induite par l'ouvert $(|z| > \delta)$ , et sont ainsi en accord avec les conventions d'orientation dans [25] .

1.5.3 Soit $\sigma = [\underline{\delta}, \underline{\delta}^*]$ le segment orienté d'extrémités $\underline{\delta}$ et $\underline{\delta}^* \in \mathbb{R}^p_>$ ; on a alors (1.4.2(2))

$$\partial\, |\varphi|^{-1}_{\gamma}[\sigma] = (-1)^p\, |\varphi|^{-1}_{\gamma}[\partial\sigma] = (-1)^p \Big( |\varphi|^{-1}_{\gamma}[\underline{\delta}^*] - |\varphi|^{-1}_{\gamma}[\underline{\delta}] \Big)$$

si toutes les images inverses en question sont définies. On voit donc que dans ce cas les tubes $T^p_{\underline{\delta}}(\varphi)$ et $T^p_{\underline{\delta}^*}(\varphi)$ sont homologues.

1.5.4 Soient $\varphi : X \longrightarrow T$ et $\psi : T \longrightarrow \mathbb{C}^p$ des morphismes, où T est lisse et orientée par sa classe fondamentale $[T]$ , et $f = \psi \circ \varphi$ . On déduit de 1.4.2(4) que, si toutes les images inverses existent, on a

$$|\varphi|_{\gamma}^{-1}\left(|\psi|_{[T]}^{-1}[\xi]\right) = |\xi|_{\gamma}^{-1}[\xi] ,$$

compte tenu du fait que $|\varphi|_{\gamma}^{-1}\left([T]\right) = \gamma$. On obtient donc:

$$|\varphi|_{\gamma}^{-1}\left( T_{\xi}^{p}(\psi)\right) = T_{\xi}^{p}(\xi) . \tag{4}$$

En particulier, si $\varphi$ est une immersion fermée on a (1.4.2(5))

$$T_{\gamma;\xi}^{p}(\xi) = \gamma . T_{\xi}^{p}(\psi) ; \tag{5}$$

des formules pareilles sont valables pour $D_{\xi}^{p}$.

Finalement, considérons des morphismes $\varphi : X \longrightarrow \mathbb{C}^{p}$, $\pi : X \longrightarrow U$, où $U$ est une variété lisse de dimension complexe $n-p$ orientée par sa classe fondamentale, et des points $\xi \in \mathbb{R}_{>}^{p}$ et $u \in U$ tels que $\dim_{\mathbb{R}} |T_{\xi}^{p}(\varphi)| \leq 2n-p$ et $\dim_{\mathbb{C}} \pi^{-1}(u) \leq p$.

Posons $\gamma_{\xi} = T_{\gamma;\xi}^{p}(\varphi)$ et $\gamma_{u} = \pi^{-1}[u]$ = fibre orientée de $X$ sur $u$. Alors

$$\pi_{\gamma_{\xi}}^{-1}[u] = T_{\gamma_{u};\xi}^{p}(\varphi|_{\pi^{-1}(u)}) , \quad u \in U . \tag{6}$$

En effet, cette égalité se déduit de 1.4.2(9), en posant $T_{1} = \mathbb{R}_{>}^{p}$, $T_{2} = U$, $\psi_{1} = |\varphi|$, $\psi_{2} = \pi$, $\alpha_{1} = [\xi]$, $\alpha_{2} = [u]$ et $\gamma_{1} = (-1)^{p(p-1)/2} . \gamma_{\xi} = |\varphi|_{\gamma}^{-1}[\xi]$.

1.5.5 On peut donner une définition par récurrence des chaînes $T^p_{\underset{\sim}{\delta}}(\varphi)$ et $D^p_{\underset{\sim}{\delta}}(\varphi)$, même quand les conditions (1') et (2') ne sont pas satisfaites. Notons

$$\varphi_j\,(>\delta_j) = |\varphi_j|^{-1}_{\gamma}\,[x_j > \delta_j] \in \mathcal{S}_{2n}(X;\mathbb{Z}) \; ,$$

$$\varphi_j\,(=\delta_j) = |\varphi_j|^{-1}_{\gamma}\,[x_j = \delta_j] \in \mathcal{S}_{2n-1}(X;\mathbb{Z}) \; ,$$

$$j = 1 \, , \dots , \, p \, .$$

Définissons les chaînes $\tilde{D}^j_{\underset{\sim}{\delta}}(\varphi) \in \mathcal{S}_{2n-j-1}(X)$ et $\tilde{T}^j_{\underset{\sim}{\delta}}(\varphi) \in \mathcal{S}_{2n-j}(X)$ par les formules:

$$\tilde{D}^1_{\underset{\sim}{\delta}}(\varphi) = \varphi_1(>\delta_1) \quad , \quad \tilde{T}^1_{\underset{\sim}{\delta}}(\varphi) = \varphi_1(=\delta_1) \; ,$$

$$\tilde{D}^j_{\underset{\sim}{\delta}}(\varphi) = \tilde{T}^{j-1}_{\underset{\sim}{\delta}}(\varphi) \cap \varphi_j(>\delta_j) \quad , \quad \tilde{T}^j_{\underset{\sim}{\delta}}(\varphi) = \partial D^j_{\underset{\sim}{\delta}}(\varphi) \; ,$$

$$j = 2 \, , \dots , \, p \; ;$$

on a toujours (cf. 1.2.2)

$$\text{suppf } \tilde{T}^j_{\underset{\sim}{\delta}}(\varphi) \subset |T^j_{\underset{\sim}{\delta}}(\varphi)| \quad \text{et} \quad \text{suppf } \tilde{D}^j_{\underset{\sim}{\delta}}(\varphi) \subset |D^j_{\underset{\sim}{\delta}}(\varphi)| \, .$$

Supposons que $\dim |T^j_{\underset{\sim}{\delta}}(\varphi)| \leq 2n-j$ , $1 \leq j \leq p$ ; on démontre alors par récurrence, en utilisant 1.4.2(9), que

$$\tilde{D}^p_{\underset{\sim}{\delta}}(\varphi) = D^p_{\underset{\sim}{\delta}}(\varphi) \quad \text{et} \quad \tilde{T}^p_{\underset{\sim}{\delta}}(\varphi) = T^p_{\underset{\sim}{\delta}}(\varphi) \ .$$

1.5.6 Dans le cas où $X$ est lisse et (1') et (2') sont satisfaites, on démontre à l'aide de 1.4.2(9) les formules suivantes

$$T^p_{\underset{\sim}{\delta}}(\varphi) = (-1)^{\frac{p(p-1)}{2}} \varphi_1(=\delta_1)\cdot\ldots\cdot\varphi_p(=\delta_p) \ ,$$

$$D^p_{\underset{\sim}{\delta}}(\varphi) = (-1)^{\frac{(p-1)(p-2)}{2}} \varphi_1(=\delta_1)\cdot\ldots\cdot\varphi_{p-1}(=\delta_{p-1})\cdot\varphi_p(>\delta_p) \ .$$

1.5.7 <u>Lemme</u>.

Supposons que $p \leq n$ et $\dim_{\mathbb{C}} \varphi^{-1}(0) = n-p$ (le cas d'intersection complète) . Alors pour chaque $x \in \varphi^{-1}(0)$ il existe un voisinage $W$ de $x$ et un $\delta_0 > 0$ tels que pour tout $\underset{\sim}{\delta} < \delta_0$ on a

$$\dim \ W \cap |T^p_{\underset{\sim}{\delta}}(\varphi)| = 2n-p \ ,$$

$$\dim \ W \cap |D^p_{\underset{\sim}{\delta}}(\varphi)| = 2n-p-1 \ .$$

D) Il existe $W$ tel que $\dim_z W \cap \varphi^{-1}\varphi(z) = n-p$ pour chaque $z \in W$ ; $\tilde{\varphi} = \varphi|_W$ est alors ouvert ([35], VII.2) , donc il existe $\delta_0 > 0$ tel que $\varphi(W)$ contient la boule ( $\|t\| < \delta_0$ ) dans $\mathbb{C}^p$ , où $\|t\| = \max ( |t_j| : 1 \leq j \leq p)$ . La dimension réelle de l'ensemble

$$|T^p_{\underset{\sim}{\delta}}(1)| = \{ t \in \mathbb{C}^p : |t_j| = \delta_j \ , \ 1 \leq j \leq p \}$$

étant p , on déduit que pour $\underset{\sim}{\delta} < \delta_o$ la dimension de $|T^p_{\underset{\sim}{\delta}}(\varphi)| = \varphi^{-1}(|T^p_{\underset{\sim}{\delta}}(1)|)$ dans $W$ est bien $2(n-p) + p = 2n-p$ ; on démontre également l'assertion sur la dimension de $W \cap |D^p_{\underset{\sim}{\delta}}(\varphi)|$ .

1.5.8 Soient $\alpha_1 = [M_1, c_1]$ et $\alpha_2 = [M_2, c_2]$ des p-chaînes semianalytiques. On dit que l'homéomorphisme $f : M_1 \longrightarrow M_2$ est compatible avec les orientations de $\alpha_1$ et $\alpha_2$ si $f_*(c_1) = c_2$ , où $f_*$ est l'homomorphisme de l'homologie induit par $f$ .

Lemme.

Soit $T^p_{\underset{\sim}{\delta}}(\zeta)$ le tube dans $\mathbb{C}^n$ associé aux fonctions coordonnées $\zeta_i = z_i$ , $1 \leq i \leq p$ ; dans la paramétrisation

$$\lambda : \begin{cases} U = (0, 2\pi)^p \times \mathbb{C}^{n-p}_* \longrightarrow T^p_{\underset{\sim}{\delta}}(\zeta) \\ (\theta_1, \ldots, \theta_p; z') \longrightarrow (\delta_1, \theta_1, \ldots, \delta_p, \theta_p; z') \end{cases} ,$$

considérons $U$ orienté par le produit $[U]$ des orientations canoniques de $(0,2\pi)^p$ et $\mathbb{C}^{n-p}_*$ ( 1.1.3 ) . Alors $\lambda$ est compatible avec $[U]$ et l'orientation de $T^p_{\underset{\sim}{\delta}}(\zeta)$ définie au no. 1.5 .

D) L'isomorphisme réel

$$\tau : \begin{cases} \mathbb{R}^p \times (0,2\pi)^p \times \mathbb{C}^{n-p}_* \longrightarrow \mathbb{C}^p_* \times \mathbb{C}^{n-p}_* \\ (\rho_1, \ldots, \rho_p, \theta_1, \ldots, \theta_p; z') \longrightarrow (\rho_1, \theta_1, \ldots, \rho_p, \theta_p; z') \end{cases}$$

vérifie $\tau_*(e') = (-1)^{p(p-1)/2} e_{2n}$ , où $e'$ est le produit des orientations canoniques des facteurs de $\mathbb{R}^p_> \times (0,2\pi)^p \times \mathbb{C}^{n-p}_*$ et $e_{2n}$ est l'orientation complexe de $\mathbb{C}_*^p \times \mathbb{C}_*^{n-p}$ (1.1.3(a)).

Dans le diagramme commutatif suivant on note $\tilde{\lambda}$ l'application $(\theta_1,\dots,\theta_p;z') \longrightarrow (\delta_1,\dots,\delta_p;\theta_1,\dots,\theta_p;z')$ et $\pi_1$ la projection, et on considère tous les espaces avec ces orientations canoniques:

$$\begin{array}{ccccc} (0,2\pi)^p \times \mathbb{C}_*^{n-p} & \xrightarrow{\tilde{\lambda}} & \mathbb{R}_>^p \times (0,2\pi)^p \times \mathbb{C}_*^{n-p} & \xrightarrow{\tau} & \mathbb{C}_*^p \times \mathbb{C}_*^{n-p} \\ & & & \searrow^{\pi_1} & \downarrow |\varphi| \\ & & & & \mathbb{R}_>^p \end{array}$$

On a alors $\pi_1^{-1}[\underline{\delta}] = \tau^{-1}(|\varphi|^{-1}[\underline{\delta}])$ (1.4.2(4)) et

$$\tau_*\left(\tau^{-1}(|\varphi|^{-1}[\underline{\delta}])\right) = (-1)^{p(p-1)/2} |\varphi|^{-1}[\underline{\delta}] ,$$

par 1.4.2(6). D'autre part, on a aussi (1.4.2(8) et 1.2.3)

$$\pi_1^{-1}[\underline{\delta}] = [\underline{\delta}] \times [U] = \tilde{\lambda}_*[U] ,$$

donc

$$\lambda_*[U] = \tau_*\tilde{\lambda}_*[U] = \tau_*(\pi_1^{-1}[\underline{\delta}]) = (-1)^{p(p-1)/2} |\varphi|^{-1}[\underline{\delta}] = T_{\underline{\delta}}^p(\varphi) ,$$

comme on voulait.

## 1.6 Formes et courants sur les espaces analytiques

On note toujours par $X$ un espace complexe réduit et paracompact, de faisceau structural $\mathcal{O}_X$, et par $\mathcal{E}^{\cdot}_X$ le faisceau des formes différentielles $\mathcal{C}^{\infty}$ sur $X$ ([3], 3.4).

Sur un modèle local $(M,U)$ de $X$, où $U$ est ouvert dans $\mathbb{C}^m$ et $M$ est un sous-espace fermé de $U$, on a $\mathcal{E}^{\cdot}_X|_M \simeq \mathcal{E}^{\cdot}_U / \mathcal{N}^{\cdot}_{U,M}$ ; $\mathcal{E}^{\cdot}_U$ désigne ici le faisceau des formes différentielles $\mathcal{C}^{\infty}$ à valeurs complexes sur $U$, et $\mathcal{N}^{\cdot}_{U,M}$ le sous-faisceau des germes $\alpha \in \mathcal{E}^{\cdot}_U$ qui vérifient $g^*(\alpha) = 0$ pour toute application $\mathcal{C}^{\infty}$ $g : W \longrightarrow U$ telle que $g(W) \subset M$ et $W$ soit lisse ($\mathcal{C}^{\infty}$). On utilise assez souvent le

### 1.6.1 Lemme.

$\alpha \in \mathcal{N}^{\cdot}_{U,M} \Longleftrightarrow i^*(\alpha) = 0$, où $i : M_* \longrightarrow U$ est l'immersion des points simples de $M$.

On trouve une démonstration du lemme dans [16], en utilisant la résolution des singularités, et aussi dans [45], en faisant appel à la continuité de la fibre intégrale. La justification suivante est valable même pour $M$ semianalytique: Il existe une stratification $M = \sum (M_j : 0 \leq j \leq m)$, $m = \dim_{\mathbb{R}} M$, où les strates $M_j$ sont des variétés lisses (semianalytiques) qui vérifient la propriété (A) de Whitney (cf. [33], p. 149). Soit $\alpha \in \Gamma(U; \mathcal{E}^p_U)$ et $i_j : M_j \longrightarrow U$ les immersions, $0 < j \leq m$. Chaque p-vecteur $v$ de $M_j$ étant limite de p-vecteurs dans $M_{j+1}$ $(j < m)$, on démontre par récurrence que $i^*(\alpha) = 0$ implique $i_j^*(\alpha) = 0$ pour toute $j < m$, d'où l'on déduit $\alpha \in \Gamma(M, \mathcal{N}^p_{U,M})$.

1.6.2 On définit de façon analogue le faisceau $\Omega^{\bullet}_X$ des formes différentielles holomorphes sur $X$. Sur le modèle $(M,U)$ on a $\Omega^{\bullet}_X|_M \simeq \Omega^{\bullet}_U / \mathcal{Z}^{\bullet}_{U,M}$, où $\mathcal{Z}^{\bullet}_{U,M}$ est le sous-faisceau des germes $\alpha \in \Omega^{\bullet}_U$ tels que $g^*(\alpha) = 0$ pour tout morphisme $g : W \longrightarrow M$ avec $W$ lisse.

Les différentielles dans $\mathcal{E}^{\bullet}_U$ et $\Omega^{\bullet}_U$ induisent de façon evidente la différentielle d dans $\mathcal{E}^{\bullet}_X$ et $\Omega^{\bullet}_X$. On déduit de 1.6.1 l'inclusion $\Omega^{\bullet}_X \longrightarrow \mathcal{E}^{\bullet}_X$ et, pour chaque morphisme $f : X \longrightarrow Y$, l'existence du f-cohomomorphisme $f^+ : \mathcal{E}^{\bullet}_Y \longrightarrow \mathcal{E}^{\bullet}_X$, compatible avec les différentiels. Evidemment $\Omega^p_X = 0$ si $p > \dim_{\mathbb{C}} X$.

Nous remarquons que la notation $\Omega^{\bullet}_X$ désignait dans [25] le faisceau $\Omega^{\bullet}_{G,X}$ des formes holomorphes de Grauert-Grothendieck. Comme ce faisceau ne vérifie pas nécessairement $\Omega^p_{G,X} = 0$ pour $p > \dim_{\mathbb{C}} X$, nous préferons le remplacer ici par $\Omega^{\bullet}_X$. On a en tout cas un homomorphisme canonique $\Omega^{\bullet}_{G,X} \longrightarrow \Omega^{\bullet}_X$ ( [25] , § 3 ).

1.6.3 Il est clair que l'on peut définir le faisceau $\mathcal{E}^{\bullet}_M$ sur un ensemble semianalytique quelconque $M$, et que 1.6.1 reste valable. On en déduit que si $i : N \longrightarrow M$ est l'immersion d'un semianalytique fermé et $M-N$ est dense en $M$, alors $i^+(\alpha) = 0$ pour toute $\alpha \in \Gamma(M, \mathcal{E}^{\bullet}_M)$ telle que sa restriction $\alpha|_{M-N}$ soit nulle.

1.6.4 On dit que $\alpha \in \Gamma(X, \mathcal{E}^{\bullet}_X)$ a <u>bidegré</u> $(p,q)$ si $g^+(\alpha)$ a bidegré $(p,q)$ pour tout morphisme $g : W \longrightarrow X$ avec $W$ lisse. D'après 1.6.1, il suffit de vérifier la condition pour l'immersion $i : X_* \longrightarrow X$ des points simples de $X$.

Notons $\mathcal{E}_X^{p,q}$ le sous-faisceau de $\mathcal{E}_X^{\cdot}$ des germes de bidegré $(p,q)$. On a alors la décomposition en somme directe

$$\mathcal{E}_X^{s} = \bigoplus ( \mathcal{E}_X^{p,q} : p+q = s ) , \quad s \in \mathbb{N} ,$$

et des homomorphismes de projection $\pi_{p,q} : \mathcal{E}_X^{s} \longrightarrow \mathcal{E}_X^{p,q}$ qui sont compatibles avec les morphismes d'espaces complexes. Comme dans le cas de variétés on définit $\partial_{p,q} = \pi_{p+1,q} \circ d : \mathcal{E}_X^{p,q} \longrightarrow \mathcal{E}_X^{p+1,q}$, $\bar{\partial}_{p,q} = \pi_{p,q+1} \circ d : \mathcal{E}_X^{p,q} \longrightarrow \mathcal{E}_X^{p,q+1}$ et

$$\partial = \sum ( \partial_{p,q} : p+q = s ) : \mathcal{E}_X^{s} \longrightarrow \mathcal{E}_X^{s+1} ,$$

$$\bar{\partial} = \sum ( \bar{\partial}_{p,q} : p+q = s ) : \mathcal{E}_X^{s} \longrightarrow \mathcal{E}_X^{s+1} ;$$

on constate directement que $d = \partial + \bar{\partial}$, $\partial^2 = \bar{\partial}^2 = 0$ et que ces opérateurs sont compatibles avec les morphismes d'espaces complexes.

1.6.5 Formes méromorphes et semiméromorphes. Soit $Y$ une hypersurface de $X$. Une équation de $Y$ dans l'ouvert $W$ de $X$ est une fonction $\varphi \in \mathcal{O}_X(W)$ telle que $V(\varphi) = Y \cap W$. On dit que $Y$ est admissible si elle est localement définissable en $X$ par une équation.

Soit $Y$ une hypersurface admissible de $X$, $U = X-Y$ et $j : U \longrightarrow X$ l'inclusion. Le faisceau $\Omega_X^{\cdot}(*Y)$ des formes différentielles méromorphes de $X$ avec des pôles sur $Y$ est le sous-faisceau de

$j_*\Omega^{\cdot}_U$ dont les sections $\tilde{\omega} \in \Gamma(W-Y, \Omega^{\cdot}_X)$ sur un ouvert quelconque $W$ de $X$ jouissent de la propriété suivante: pour chaque $x \in Y \cap W$ il existe un voisinage $W_x$ de $x$, une équation $\varphi$ de $Y$ dans $W_x$ et $\omega \in \Gamma(W_x, \Omega^{\cdot}_X)$ tels que

$$\tilde{\omega} = \frac{\omega}{\varphi} \qquad \text{sur} \quad W_x - Y .$$

La paire $(\varphi, \omega)$ est appellée <u>une représentation de $\tilde{\omega}$ sur $W_x$</u>.

On définit de même le faisceau $\mathcal{E}^{\cdot}_X(*Y)$ des formes différentielles <u>semiméromorphes</u> : ses sections ont des répresentants locaux $\frac{\omega}{\varphi}$, où $\omega$ est une section de $\mathcal{E}^{\cdot}_X$ et $\varphi$ est une équation locale de $Y$. La différentielle dans $\mathcal{E}^{\cdot}_X(*Y)$ et $\Omega^{\cdot}_X(*Y)$ est celle induite par $j_* \mathcal{E}^{\cdot}_U$. Notons

$$\mathcal{E}^{\cdot}_X(*) = \bigoplus ( \mathcal{E}^{\cdot}_X(*Y) : Y \text{ hypersurface admissible de } X ) ;$$

nous utiliserons aussi le faisceau $\mathcal{E}^{\cdot}_X(**)$ des formes différentielles localement semiméromorphes sur $X$ ; c'est le faisceau engendré par le prefaisceau $W \longrightarrow \mathcal{E}_W(*)$, $W$ ouvert dans $X$.

Remarquons finalement que si $\psi$ est une équation de $Y$ dans l'ouvert $W$ de $X$ et $\tilde{\omega} \in \Gamma(W, \mathcal{E}^{\cdot}_X(*Y))$, alors $\tilde{\omega}$ a des representations locales $\frac{\omega}{\psi^n}$ dans $W$, avec $n \in N$. En effet, si $\tilde{\omega}$ a la représentation locale $\frac{\omega}{\varphi}$ dans $W$, par le théorème des zéros on a $\psi^n = g.\varphi$ sur quelque ouvert $W' \subset W$, $g \in \mathcal{O}_X(W')$ ; alors

$$\frac{\omega}{\varphi} = \frac{g.\omega}{g.\varphi} = \frac{g.\omega}{\psi^n} .$$

1.6.6 <u>Courants sur les espaces complexes</u>. Considérons l'espace $\mathcal{D}^{\cdot}(X) = \Gamma_c(X, \mathcal{E}^{\cdot}_X)$ muni de la topologie localement convexe induite par les modèles locaux de $X$ ( [25] , § 4.2 ) . Les éléments du dual topologique $'\mathcal{D}_q(X)$ de $\mathcal{D}^q(X)$ sont les <u>q-courants</u> de $X$ et

$$b. : {}'\mathcal{D}_q(X) \longrightarrow {}'\mathcal{D}_{q-1}(X) \ , \quad q \in N \ ,$$

est la différentielle définie par

$$(b.T)(\alpha) = (-1)^{q+1} T( d\alpha) \ , \quad \alpha \in \mathcal{D}^q(X) \ .$$

Nous notons $'\mathcal{D}_{.;X}$ le faisceau des germes de courants de $X$ ; si $F$ est un fermé de $X$, $'\mathcal{D}_{.;F^\infty}$ désigne le sous-faisceau de $'\mathcal{D}_{.;X}$ des courants avec support contenu dans $F$ . Nous rappelons que la notation $T \wedge \omega$ ( $\omega \in \Gamma(X, \mathcal{E}^{\cdot}_X)$ , $T \in {}'\mathcal{D}_{.}$ ) désigne la courant $(T \wedge \omega)(\alpha) = T(\omega \wedge \alpha)$ , $\alpha \in \mathcal{D}^{\cdot}(X)$ .

1.6.7 <u>Le théorème de Stokes</u>. Soit $X$ un espace analytique réel de dimension $m$ , et $\alpha = [M,c] \in \mathcal{S}_q(X;\mathbb{R})$ . Alors

(1) L'intégrale $I[\alpha](\omega) = \int_{(M^*,c^*)} \omega$ est définie pour toute $\omega \in \mathcal{D}^q(X)$ , où $(M^*,c^*)$ désigne la variété des points simples de $M$ , avec l'orientation et les multiplicités induites par $c$ .

(2) Soit $N \subset M$ un ensemble semianalytique fermé avec $\dim N < q$ ; alors $I[\alpha](\omega) = I[(M-N,c')](\omega)$ , où $c'$ est la

restriction de $c$ sur $M-N$ .

(3) Si $\omega = d\nu$ on a

$$I[\alpha](d\nu) = I[b.\alpha](\nu) .$$

Les réferences pour ces propriétés sont [15] ou [21] ; pour le cas sous-analytique, voir [37] .

1.6.8 <u>Fibrage des courants d'intégration</u>. Soit $\pi : X \longrightarrow T$ un morphisme d'espaces analytiques réels, où $\dim T = t$ , et $\alpha \in [M,c] \in \mathcal{J}_q(X;\mathbb{R})$ un cycle. Supposons que $T$ est orienté par sa classe fondamentale et que $\dim M \cap \pi^{-1}(u) \leq q-t$ quel que soit $u \in T$ , de sorte que le cycle $\pi_\alpha^{-1}[u]$ , $u \in T_*$, est toujours défini ( 1.4 ) . Alors

(1) La fonction $h : u \longrightarrow I[\pi_\alpha^{-1}[u]](\eta)$ est continue sur $T_* = T - sT$ pour chaque $\eta \in \mathcal{E}^{q-t}(X)$ telle que $\sup \eta \cap M$ soit compact;

(2) Pour chaque $\xi \in \mathcal{D}^t(T)$ et chaque ouvert $U \subset T$ on a

$$I[\alpha \cap \pi^{-1}(U)](\pi^*\xi \wedge \eta) = \int_{U \cap T_*} h.\xi .$$

(3) Prenons un ouvert $D \subset\subset X$ tel que $\overline{D}$ soit contenu dans

quelque modèle local $X' \subset W \subset \mathbb{C}^m$, $W$ ouvert de $\mathbb{C}^m$, de $X$. Il existe alors une constante $C > 0$ telle que

$$M_D\left(I[D \cap \pi_\alpha^{-1}[u]]\right) \leq C \quad , \quad u \in T_* \ ,$$

où $M_D(S)$ est la <u>masse</u> de $S \in \mathcal{D}'(X)$ dans $D$, par rapport à la structure riemannienne de $\mathbb{C}^m$.

Nous rappelons à ce sujet que

$$M_D(S) = \sup\left( |S(a)| \ : \ a \in \mathcal{D}_X^{\cdot}(D) \ , \ \nu(a) \leq 1 \right) \ ,$$

où $\nu(a) = \sup(\|a\|(x) \ : \ x \in X)$ est la comasse de $a$ ( [14], [28] ).

Dans le cas qui nous intéresse $S = I[D \cap \pi_\alpha^{-1}[u]]$ est 0-continu, donc on a aussi:

$$M_D(S) = \sup\left( |S(a)| : a \in \mathcal{D}_X^{q-t}(D) \ , \ \nu_{\text{supp } S}(a) \leq 1 \right),$$
$$\nu_{\text{supp } S} = \sup\left( \|a\|(x) \ : \ x \in \text{supp } S = D \cap \pi^{-1}(u) \right) \qquad (4)$$

les résultats (1) et (2) sont dus essentiellement a J.King dans le cas complexe ( [28]) , à R.M.Hardt dans le cas semianalytique ( [18]) et à J.B.Poly ([37]) et A.Dubson (non publié) dans le cas sous-analytique.

Dans le cas où $T$ est lisse, la propriété (2) est conséquence des propriétés générales du "slicing" à la Fedderer ( [14] ; [28] ,2.3) , et de l'identification entre la fibre géométrique $\pi_\alpha^{-1}[u]$ et le "slice"

$\langle I[\alpha], \pi, u \rangle$ qui est faite dans [37] . Dans notre cas les hypothèses sur $\pi$ impliquent que $\dim M \cap \pi^{-1}(sT) < q$ , ce qui donne $I[M,c] = I[M \cap \pi^{-1}(T_*), c']$ par 1.6.7(2) ; on se réduit ainsi au cas où T est lisse.

La majoration de (3) est donnée dans [18] et [37] pour T lisse. Elle peut s'en déduire pour T singulier par la méthode de J.King ([28], 3.3 ) , que nous devrons adapter au cas semianalytique au no. 4.2.3(B) .

## 1.7 Enoncé des résultats principaux. Le cas absolu

Dans tout ce numéro, $\gamma = [X,c]$ désigne an n-cycle analytique complexe (1.5.1) dont la classe d'orientation $c \in H_{2n}(X;\mathbb{Z})$ n'est pas nécessairement une classe fondamentale de $X$. Les orientations des tubes $T^{p+1}(\varphi)$ et $D^{p+1}(\varphi)$ qui se présentent seront définies par rapport a $\gamma$, d'après le no. 1.5(1) et (2). Cette généralité est convenable pour la construction du résidu fibré (1.8.2), qui est à son tour utiliséepour la démonstration des propriétés de "pureté" 1.7.6(4) et 1.7.7(5).

1.7.1 Une suite $\mathcal{F} = \{Y_1,\ldots,Y_{p+1}\}$ de $p+1$ hypersurfaces dans $X, p\geq 0$, est localement principalesi chaque $Y_j$, $1 \leq j \leq p+1$, est localement définissable en $X$ par une équation. Introduisons les notations

$$\mathcal{F}(j) = \{Y_1,\ldots,Y_{j-1},Y_{j+1},\ldots,Y_{p+1}\}$$

$$\cup\mathcal{F} = \bigcup(Y_j : 1 \leq j \leq p+1)$$

$$\cap\mathcal{F} = \bigcap(Y_j : 1 \leq j \leq p+1) .$$

Nous ne faisons pour le moment aucune hypothèse sur la dimension de $\cap\mathcal{F}$. On accepte même la possibilité que $Y_j = Y_1$, $2 \leq j \leq p+1$.

Une trajectoire admissible en $\mathbb{R}^p$, $p \geq 2$, est une application analytique

$$\delta = (\delta_1(\delta), \ldots, \delta_p(\delta)) : (0,1) \longrightarrow \mathbb{R}^p_>$$

telle que $\lim_{\delta \to 0} \delta_p(\delta) = 0$ et

$$\lim_{\delta \to 0} \delta_j / \delta_{j+1}^q = 0 \quad , \quad 1 \le j \le p-1 \quad ,$$

pour chaque $q \in \mathbb{N}$ .

On voit immédiatement que, étant données des $\nu_j \in \mathbb{R}$ , $1 \le j \le p$ , on a

$$\lim_{\delta \to 0} \prod_{j=1}^{p} \delta_j(\delta)^{\nu_j} = \begin{cases} 0 & \text{si } \nu_1 > 0 \\ +\infty & \text{si } \nu_1 < 0 \ . \end{cases}$$

Les résultats dans les paragraphes 1.7.2 - 1.7.7 suivants se démontreront aux ch. 2, 3 et 4 , à l'aide de la résolution des singularités.

1.7.2 <u>Théorème</u>.

Soit $\mathcal{F} = \{ Y_1, \ldots, Y_{p+1} \}$ une suite localement princ. d'hypersurfaces dans $X$ , $0 \le p \le n-1$ . Choisissons des équations $\varphi_j$ de $Y_j$ sur l'ouvert relativement compact $W$ de $X$ , $1 \le j \le p+1$ , et une trajectoire admissible $\underline{\delta}$ dans $\mathbb{R}^{p+1}$ ; notons $\varphi = (\varphi_1, \ldots, \varphi_{p+1})$ .

Les tubes $T^{p+1}_{\gamma;\underline{\delta}}(\varphi)$ et $D^{p+1}_{\gamma;\underline{\delta}}(\varphi)$ sont alors définis pour $\delta$ assez petit (cf. 1.5.5(1') et (2') ) , et les limites

(1) $$R^p P^{p+1}(\tilde{\alpha}) = \lim_{\delta \to 0} I[D^{p+1}_{\gamma;\underline{\delta}}(\varphi)](\tilde{\alpha}) \quad ,$$

$$\tilde{\alpha} \in \Gamma_c(W, \mathcal{E}_X^{2n-p}(*\cup \mathcal{F})) \quad ,$$

(2) et $$R^{p+1}(\tilde{\beta}) = \lim_{\delta\to 0} I[T^{p+1}_{\gamma;\delta}(\varphi)](\tilde{\beta}) ,$$

$$\tilde{\beta} \in \Gamma_c(W, \mathcal{E}^{2n-p-1}_X(*\cup\mathcal{F})) ,$$

existent et vérifient les propriétés suivantes:

(3) Les limites (1) et (2) sont indépendantes des choix de la trajectoire $\delta$ et des équations $\varphi_j$ , $1 \leq j \leq p+1$ .

(4) Les limites (1) et (2) ont les bidegrés (n,n-p) et (n,n-p-1) respectivement, c.à.d (cf. 1.6.4) :

$$R^pP^{p+1}(\tilde{\alpha}) = R^pP^{p+1}(\pi_{n,n-p}(\tilde{\alpha}))$$

et $$R^{p+1}(\tilde{\beta}) = R^{p+1}(\pi_{n,n-p-1}(\tilde{\beta})) .$$

En particulier,

$$R^pP^{p+1}(\bar{\partial}\tilde{\nu}) = (-1)^{p+1} R^{p+1}(\tilde{\nu})$$

et $$R^{p+1}(\bar{\partial}\tilde{\gamma}) = 0 ,$$

pour $\tilde{\nu} \in \Gamma_c(W, \mathcal{E}^{2n-p-1}_X(*\cup\mathcal{F}))$ et $\tilde{\gamma} \in \Gamma_c(W, \mathcal{E}^{2n-p-2}_X(*\cup\mathcal{F}))$ .

(5) Pour chaque $\tilde{\lambda} \in \Gamma(W, \mathcal{E}_X^{q-p}(* \cup \mathcal{F}))$ , les fonctionnelles

$$R^p P^{p+1}[\tilde{\lambda}](\alpha) = R^p P^{p+1}(\tilde{\lambda} \wedge \alpha) \quad , \quad \alpha \in \mathcal{D}^{2n-q}(W) \, ,$$

et

$$R^{p+1}[\tilde{\lambda}](\beta) = R^{p+1}(\tilde{\lambda} \wedge \beta) \quad , \quad \beta \in \mathcal{D}^{2n-q-1}(W) \, ,$$

sont continues, si l'on considère l'espace $\mathcal{D}'(W)$ avec la topologie usuelle (1.6.6) .

(6) Il existe des ensembles analytiques complexes $V_e(\mathcal{F})$ et $\tilde{V}_e(\mathcal{F})$ dans X canoniquement attachés a $\mathcal{F}$, de dimension pure n-p-1 et n-p , contenant respectivement les supports des courants $R^p P^{p+1}[\tilde{\lambda}]$ et $R^{p+1}[\tilde{\lambda}]$ .

(7) Soit $W$ relativement compact; pour chaque trajectoire admissible $\underline{\delta}$ dans $\mathbb{R}^p$ on peut trouver $\delta^o_{p+1} > 0$ tel que pour chaque $\delta_{p+1}$ fixe, $0 < \delta_{p+1} < \delta^o_{p+1}$ , la limite

$$\lim_{\underline{\delta} \to 0} I\left[D^{p+1}_{\gamma;\underline{\delta};\delta_{p+1}}(\varphi)\right](\tilde{\alpha})$$

existe, et en outre:

$$R^p P^{p+1}(\tilde{\alpha}) = \lim_{\delta_{p+1} \to 0} \lim_{\underline{\delta} \to 0} I\left[D^{p+1}_{\gamma;\underline{\delta};\delta_{p+1}}(\varphi)\right](\tilde{\alpha}) \, .$$

1.7.3 Ces définitions locales de $R^pP^{p+1}$ et $R^{p+1}$ se recollent sur X, en vertu de 1.7.2(3), et donnent des homomorphismes

$$RP_{\gamma;\mathcal{F}} \; : \; \Gamma_c(X, \mathcal{E}_X^{2n-p}(*\cup\mathcal{F})) \longrightarrow \mathbb{C} \tag{1}$$

$$R_{\gamma;\mathcal{F}} \; : \; \Gamma_c(X, \mathcal{E}_X^{2n-p-1}(*\cup\mathcal{F})) \longrightarrow \mathbb{C} \tag{2}$$

dont les valèurs sur des formes $\tilde{\alpha}$ et $\tilde{\beta}$ seront appellées le <u>p-résidu-valeur principal</u> de $\tilde{\alpha}$ et le <u>(p+1)-résidu</u> de $\tilde{\beta}$, respectivement.

Pour chaque $\tilde{\lambda} \in \Gamma(X, \mathcal{E}_X^{q-p}(*\cup\mathcal{F}))$, $q \geq p$, nous définissons les opérateurs

$$RP_{\gamma;\mathcal{F}}[\tilde{\lambda}](\alpha) = RP_{\gamma;\mathcal{F}}(\tilde{\lambda}\wedge\alpha) \quad , \quad \alpha \in \mathcal{D}^{2n-q}(X)$$

et

$$R_{\gamma;\mathcal{F}}[\tilde{\lambda}](\beta) = R_{\gamma;\mathcal{F}}(\tilde{\lambda}\wedge\beta) \quad , \quad \beta \in \mathcal{D}^{2n-q-1}(X) \; ;$$

ils sont des courants sur X grace à 1.7.2(5), et seront appellés le <u>p-résidu-valeur principale de</u> $\tilde{\lambda}$ et le <u>(p+1)-résidu de</u> $\tilde{\lambda}$. Dans le cas $p = 0$, on obtient les courants <u>valeur principale PV</u> et <u>résidu Res</u> de [25]. Nous les noterons parfois dans ce travail $P_\gamma$ et $R_\gamma$, respectivement.

Pour décrire convenablement les supports de ces courants, nous introduisons la notion de <u>l'intersection essentielle</u> de la suite $\mathcal{F}$.

1.7.4 <u>L'intersection essentielle.</u>

Soit $\mathcal{F} = \{Y_1, \dots, Y_{p+1}\}$ une suite loc. princ. d'hypersurfaces dans $X$ ( $0 \le p \le n-1$ ) et $\varphi_j \in \mathcal{O}(W)$ des équations de $Y_j$ sur l'ouvert $W$ de $X$. Soit $\underset{\sim}{\delta} = \underset{\sim}{\delta}(\delta)$ une trajectoire admissible dans $\mathbb{R}^{p+1}$.

Définissons l'ensemble $\tilde{V}_e(\varphi)$ ( respectivement $V_e(\varphi)$ ) des points $x \in W$ tels que pour chaque voisinage $U$ de $x$ et chaque $\delta_0 > 0$, il existe $\delta$, $0 < \delta < \delta_0$, tel que $U \cap |D_{\underset{\sim}{\delta}}^{p+1}(\varphi)| \neq \emptyset$ ( respect. $U \cap |T_{\underset{\sim}{\delta}}^{p+1}(\varphi)| \neq \emptyset$ ).

Il est clair que

$$\tilde{V}_e(\varphi) \subset \cap \mathcal{F}(p+1) \qquad \text{et} \qquad V_e(\varphi) \subset \cap \mathcal{F} ,$$

et que dans les conditions du théorème 1.7.2 on a

$$\begin{aligned} R^p P^{p+1}(\tilde{\alpha}) &= 0 \qquad \text{si} \qquad \operatorname{supp}(\tilde{\alpha}) \cap \tilde{V}_e(\varphi) = \emptyset , \\ R^{p+1}(\tilde{\beta}) &= 0 \qquad \text{si} \qquad \operatorname{supp}(\tilde{\beta}) \cap V_e(\varphi) = \emptyset . \end{aligned} \tag{1}$$

Nous démontrerons au no. 3.2 que les ensembles $\tilde{V}_e(\varphi)$ et $V_e(\varphi)$ sont indépendants de la trajectoire $\underset{\sim}{\delta}$ et des équations $\varphi_j$ choisies pour les construire. Nous pouvons ainsi définir les ensembles $\tilde{V}_e(\mathcal{F})$ et $V_e(\mathcal{F})$ dans $X$, appelés <u>les intersections essentielles de la famille $\mathcal{F}$</u>, qui coincident localement avec les $\tilde{V}_e(\varphi)$ et $V_e(\varphi)$.

D'après (1) les supports des courants $RP_{\gamma;\mathcal{F}}[\tilde{\lambda}]$ et $R_{\gamma;\mathcal{F}}[\tilde{\lambda}]$ sont contenus dans $\tilde{V}_e(\mathcal{F})$ et $V_e(\mathcal{F})$, respectivement.

Nous verrons au no. 3.2 (cf. aussi 2.17 ) que l'on peut construire $\tilde{V}_e(\mathcal{F})$ et $V_e(\mathcal{F})$ par récurrence, comme suit: soit $Y'_o = X$ et , pour chaque $j$ , $1 \leq j \leq p$ , soit $Y'_j$ = la réunion des composantes irréductibles de $Y'_{j-1} \cap Y_j$ qui ne sont pas contenues dans $Y_{j+1}$ . Alors

$$\tilde{V}_e(\mathcal{F}) = Y'_p \qquad \text{et} \qquad V_e(\mathcal{F}) = Y'_p \cap Y_{p+1} .$$

On déduit de cette construction les conséquences suivantes:

a) Si $\tilde{V}_e(\mathcal{F})$ ( respect. $V_e(\mathcal{F})$ ) n'est pas vide, c'est un ensemble analytique dans $X$ de dimension pure $n-p$ ( respect. $n-p-1$).

b) Si $\dim \cap \mathcal{F}(p+1) = n-p$ , alors $\tilde{V}_e(\mathcal{F})$ est l'union des composantes irréductibles de $\cap \mathcal{F}(p+1)$ qui ne sont pas contenues dans $Y_{p+1}$ .

c) Si $\dim \cap \mathcal{F} = n-p-1$ ( le cas d'intersection complète), alors

$$\tilde{V}_e(\mathcal{F}) = \cap \mathcal{F}(p+1) \qquad \text{et} \qquad V_e(\mathcal{F}) = \cap \mathcal{F} .$$

Nous remarquons qu' en général $\tilde{V}_e(\mathcal{F})$ et $V_e(\mathcal{F})$ dépendent de l'ordre de $\mathcal{F}$ , comme on le voit dans le cas $Y_1 = (z_1 \cdot z_2 = 0)$ , $Y_2 = (z_2 = 0)$: $V_e(Y_1, Y_2) = \{0\}$ , $V_e(Y_2, Y_1) = \emptyset$ .

<u>Propriétés dans le cas général ( $\dim \cap \mathcal{F}$ = quelconque )</u> .

1.7.5 <u>Théorème</u>.

Soit $\gamma = [X,c]$ un n-cycle analytique complexe et $\mathcal{F} = \{Y_1,\dots,Y_{p+1}\}$ une suite loc. princ. d'hypersurfaces dans $X$. Les opérateurs

$$RP_{\gamma;\mathcal{F}} : \mathcal{E}_X^{\cdot-p}(*\cup\mathcal{F}) \longrightarrow {}'\mathcal{D}_{2n-\cdot\,;\,\tilde{V}_e(\mathcal{F})}^{\infty}$$

$$R_{\gamma;\mathcal{F}} : \mathcal{E}_X^{\cdot-p}(*\cup\mathcal{F}) \longrightarrow {}'\mathcal{D}_{2n-\cdot-1;\,V_e(\mathcal{F})}^{\infty}$$

sont des homomorphismes de faisceaux (sur $\mathbb{C}$) avec les propriétés suivantes:

(1) $$b.RP_{\gamma;\mathcal{F}}[\tilde{\lambda}] + (-1)^{p+1} RP_{\gamma;\mathcal{F}}[d\tilde{\lambda}] = R_{\gamma;\mathcal{F}}[\tilde{\lambda}] ,$$

pour chaque $\tilde{\lambda} \in \Gamma(W, \mathcal{E}_X^{\cdot}(*\cup\mathcal{F}))$, $W$ ouvert dans $X$.

(2) Soient $\tilde{j} : \tilde{V}_e(\mathcal{F}) \cap W \longrightarrow W$ et $j : V_e(\mathcal{F}) \cap W \longrightarrow W$ les immersions, et $\omega \in \Gamma(W, \Omega_X^r)$. Alors $R_{\gamma;\mathcal{F}} \wedge \bar{\omega} = 0$ si $j^*(\omega) = 0$, et $RP_{\gamma;\mathcal{F}} \wedge \bar{\omega} = 0$ si $\tilde{j}^*(\omega) = 0$ et $p \geq 1$.

(3) Si $\tilde{\lambda} \in \Gamma(W, \mathcal{E}_X^{\cdot-p}(*\cup\mathcal{F}(1)))$, alors $R_{\gamma;\mathcal{F}}[\tilde{\lambda}] = 0$ ; si en plus $p \geq 1$, alors $RP_{\gamma;\mathcal{F}}[\tilde{\lambda}] = 0$.

(4) Supposons que $\tilde{V}_e(\mathcal{F}) = V_e(\mathcal{F}(p+1))$ et $\tilde{\lambda} \in \Gamma(W, \mathcal{E}_X^{\cdot-p}(*\cup\mathcal{F}(p+1)))$; alors $R_{\gamma;\mathcal{F}}[\tilde{\lambda}] = 0$ et, si en plus $p \geq 1$, on a

$$RP_{\gamma;\mathcal{F}}[\tilde{\lambda}] = R_{\gamma;\mathcal{F}(p+1)}[\tilde{\lambda}] .$$

(5) Soit $\mathcal{F}' = \{ Y'_1 , \dots , Y'_{p+1} \}$ une autre suite localement principale dans $X$ telle que:

(5.1) $Y'_1 \supset Y_1$ , $Y'_{p+1} \supset Y_{p+1}$ et $Y'_j = Y_j$ , $2 \leq j \leq p$ ;

(5.2) $\tilde{V}_e(\mathcal{F}') \supset \tilde{V}_e(\mathcal{F})$ (ce qui implique $V_e(\mathcal{F}') \supset V_e(\mathcal{F})$ ) .

Alors les diagrammes suivants sont commutatifs , avec les inclusions horizontales évidentes:

$$\text{(5.3)} \qquad \begin{array}{ccc} \mathcal{E}_X^{\bullet-p}(*\cup\mathcal{F}) & \longrightarrow & \mathcal{E}_X^{\bullet-p}(*\cup\mathcal{F}') \\ \Big\downarrow {\scriptstyle RP_{\gamma;\mathcal{F}}} & & \Big\downarrow {\scriptstyle RP_{\gamma;\mathcal{F}'}} \\ {}'\mathcal{D}_{2n-\bullet;\,\tilde{V}_e(\mathcal{F})^{\infty}} & \longrightarrow & {}'\mathcal{D}_{2n-\bullet;\,\tilde{V}_e(\mathcal{F}')^{\infty}} \end{array}$$

et

$$\text{(5.4)} \qquad \begin{array}{ccc} \mathcal{E}_X^{\bullet-p}(*\cup\mathcal{F}) & \longrightarrow & \mathcal{E}_X^{\bullet-p}(*\cup\mathcal{F}') \\ \Big\downarrow {\scriptstyle R_{\gamma;\mathcal{F}}} & & \Big\downarrow {\scriptstyle R_{\gamma;\mathcal{F}'}} \\ {}'\mathcal{D}_{2n-\bullet-1;\,V_e(\mathcal{F})^{\infty}} & \longrightarrow & {}'\mathcal{D}_{2n-\bullet-1;\,V_e(\mathcal{F}')^{\infty}} \end{array}$$

(6) Supposons que $\gamma = \gamma_1 + \gamma_2$ , où $\gamma_1 = [X_1, c_1]$ et $\gamma_2 = [X_2, c_2]$ sont des $n$-cycles analytiques complexes dans l'espace analytique complexe $X$ ; notons $\mathcal{F}_1 = \mathcal{F} \cap X_1$ et $\mathcal{F}_2 = \mathcal{F} \cap X_2$. Alors

$$RP_{\gamma;\mathcal{F}} = RP_{\gamma_1;\mathcal{F}_1} + RP_{\gamma_2;\mathcal{F}_2} \quad \text{et} \quad R_{\gamma;\mathcal{F}} = R_{\gamma_1;\mathcal{F}_1} + R_{\gamma_2;\mathcal{F}_2} .$$

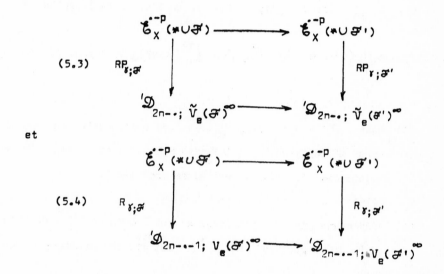

Propriétés dans le cas d'intersections complètes.

1.7.6 Théorème.

Soit $\gamma = [X,c]$ un n-cycle analytique complexe et $\mathcal{F} = \{Y_1, \dots, Y_{p+1}\}$ une suite loc.princ. dans X telle que $\dim_{\mathbb{C}} \cap \mathcal{F} = n-p-1$. Alors, outre les propriétés du 1.7.5 on a:

(1) $R_{\gamma;\mathcal{F}}$ dépend de façon alternée de l'ordre de la suite $\mathcal{F}$.

(2) $R_{\gamma;\mathcal{F}}[\tilde{\lambda}] = 0$ si $\tilde{\lambda} \in \Gamma(W, \overset{\bullet -p}{\mathcal{E}_X}(* \cup \mathcal{F}(j)))$ pour quelque j, $1 \leq j \leq p+1$.

(3) Soit $\mathcal{F}' = \{Y'_1, \dots, Y'_{p+1}\}$ une autre suite loc. princ. dans X telle que $Y'_j \supset Y_j$, $1 \leq j \leq p+1$, et $\dim_{\mathbb{C}} \cap \mathcal{F}' = n-p-1$. Le diagramme 1.7.5(5.4) est alors commutatif.

(4) Supposons que X soit lisse et que $\tilde{\lambda} \in \Gamma(W, \overset{\bullet -p}{\Omega_X}(* \cup \mathcal{F}))$ ; alors le support de $R_{\gamma;\mathcal{F}}[\tilde{\lambda}]$ est l'union de quelques composantes irréductibles de $\cap \mathcal{F}$.

1.7.7 Théorème.

Soit $\gamma = [X,c]$ un n-cycle analytique complexe et $\mathcal{F} = \{Y_1, \dots, Y_{p+1}\}$ une suite loc. princ. dans X telle que $\dim_{\mathbb{C}} \cap \mathcal{F} = n-p-1$ et $\dim_{\mathbb{C}} \cap \mathcal{F}(p+1) = n-p$. Outre les propriétés du 1.7.5 on a:

(1) $RP_{\gamma;\mathcal{F}}$ dépend de façon alternée de l'ordre de la suite $\mathcal{F}(p+1)$.

(2) $RP_{\gamma;\mathcal{F}}[\tilde{\lambda}] = 0$ si $\tilde{\lambda} \in \Gamma(W, \mathcal{E}_X^{\cdot-p}(*\cup\mathcal{F}(j)))$ pour quelque $j$, $1 \leq j \leq p$.

(3) Si $\tilde{\lambda} \in \Gamma(W, \mathcal{E}_X^{\cdot-p}(*\cup\mathcal{F}(p+1)))$ et $p \geq 1$, on a

$$RP_{\gamma;\mathcal{F}}[\tilde{\lambda}] = R_{\gamma;\mathcal{F}(p+1)}[\tilde{\lambda}] .$$

(4) Soit $\mathcal{F}' = \{Y'_1, \ldots, Y'_{p+1}\}$ une autre suite loc. princ. dans $X$ telle que $Y'_j \supset Y_j$, $1 \leq j \leq p+1$, $\dim_{\mathbb{C}} \cap \mathcal{F}' = n-p-1$ et $\dim_{\mathbb{C}} \cap \mathcal{F}'(p+1) = n-p$. Le diagramme 1.7.5(5.3) est alors commutatif.

(5) Supposons que $X$ soit lisse et que $\tilde{\lambda} \in \Gamma(X, \Omega_X^{\cdot-p}(*\cup\mathcal{F}))$ ; le support de $RP_{\gamma;\mathcal{F}}[\tilde{\lambda}]$ est alors la réunion de quelques composantes irréductibles de $\cap\mathcal{F}(p+1)$.

1.7.8 <u>Remarques</u>.

(1) Nous ne savons pas si les analogues des propriétés 1.7.5(3) et (4) restent vrais, pour $1 < j < p+1$. Nous ignorons aussi si les restrictions d'intersection complète sont nécessaires pour les commutativités de 1.7.6(3) et 1.7.7(4). Ces propriétés sont appellées "de l'invariance des tubes" dans [39]. Nous ne savons non plus si les propriétés "de pureté" ([39]) 1.7.6(4) et 1.7.7(5) sont valides dans les intersections non-complètes.

(2) La propriété 1.7.6(1) d'antisymétrie ne se vérifie pas dans les intersections non-complètes, comme le montre l'example $\gamma = \mathbb{C}^2$, $\varphi_1 = z_1.z_2$, $\varphi_2 = z_2$ et

$$\tilde{\beta} = a.dz_1 \wedge dz_2 / \varphi_1.\varphi_2 \quad , \quad a \in \mathcal{D}^0(\mathbb{C}^2) \;;$$

dans ce cas, si $\mathcal{F} = \{V(\varphi_1), V(\varphi_2)\}$ et $\mathcal{F}' = \{V(\varphi_2), V(\varphi_1)\}$, on a

$$(2\pi i)^2 . R_{\gamma;\mathcal{F}}[\tilde{\beta}] = \frac{\partial a}{\partial z_2}(0,0) \quad , \quad R_{\gamma;\mathcal{F}'}[\tilde{\beta}] = 0 \;.$$

(3) Dans le théorème 1.7.2 le cas $p > n$ n'a pas d'intérêt: on démontre que $T^p_{\underline{\delta}}(\varphi)$ et $D^p_{\underline{\delta}}(\varphi)$ sont vides pour $\underline{\delta}$ (admissible) assez petite, sauf $D^{n+1}_{\underline{\delta}}(\varphi)$ ; ce tube devient (localement) vide ou égal à $T^n_{\underline{\delta}}(\varphi)$.

En général, la plupart des propriétés de $R^p$ correspondent à des propriétés de $R^pP^{p+1}$ pour une famille $\mathcal{F}$ avec $Y_{p+1} = \emptyset$.

## 1.8 Le cas relatif

### 1.8.1 Le résidu ponctuel

Soit $\gamma = [X,c]$ un p-cycle analytique complexe $(p > 0)$ et $\mathcal{F} = \{Y_1,\dots,Y_p\}$ une suite localement principale d'hypersurfaces dans $X$ ; notons $Y = V_e(\mathcal{F})$.

Pour chaque forme $\check{\lambda} \in \Gamma(X, \mathcal{E}^p_X(*\cup\mathcal{F}))$, le support du courant $R_{\gamma;\mathcal{F}}[\check{\lambda}]$ est contenu dans l'ensemble discret $V_e(\mathcal{F})$ (1.7.4(1)). On peut donc définir le <u>résidu ponctuel</u> $res_{\gamma;\mathcal{F};y}(\tilde{\lambda})$ de $\tilde{\lambda}$ au point $y \in Y$ par

$$res_{\gamma;\mathcal{F};y}(\tilde{\lambda}) = R_{\gamma;\mathcal{F}}[\tilde{\lambda}](\alpha) \quad , \tag{1}$$

$$\alpha \in \mathcal{D}^{o}(W) \quad ,$$

où $W$ est un voisinage de $y$ tel que $\overline{W} \cap Y = \{y\}$ et $\alpha \equiv 1$ sur quelque voisinage de $y$. Cette définition ne dépend pas du choix de $W$ ou $\alpha$.

Si les $\varphi_1, \ldots, \varphi_p \in \mathcal{O}_X(W')$ sont des équations de $Y_1, \ldots, Y_p$ sur l'ouvert $W'$, $\overline{W} \subset W'$, on obtient immédiatement

$$res_{\gamma;\mathcal{F};y}(\tilde{\lambda}) = \lim_{\delta \to 0} I[W \cap T^p_{\underset{\sim}{\delta}}(\varphi)](\tilde{\lambda}) \quad , \tag{2}$$

pour chaque trajectoire admissible $\underset{\sim}{\delta} \subset \mathbb{R}^p$. On déduit cette égalité du fait que $T^p_{\underset{\sim}{\delta}}(\varphi)$ est contenu dans tout voisinage de $y$, pour $\underset{\sim}{\delta}$ assez petit.

Supposons en particulier que $\tilde{\lambda} \in \Gamma(X, \Omega^p_X(* \cup \mathcal{F}))$. On verra au 4.1 que, par le théorème de Stokes, l'intégrale à droite dans (2) ne dépend pas de $\delta$, pour $\delta$ assez petit. Si en outre $\mathcal{F}$ est une intersection complète en $y$, $(\cap \mathcal{F}) \cap W = \{y\}$, $X$ lisse, et si $\tilde{\lambda}|W = \lambda/\varphi_1 \ldots \varphi_p$ avec $\lambda \in \Gamma(X, \Omega^p_X)$, alors $res_{\gamma;\mathcal{F};y}(\tilde{\lambda})$ est égale au symbole de Grothendieck $Res_y\left[\begin{matrix} \lambda \\ \varphi_1 \ldots \varphi_p \end{matrix}\right]$ (cf [19], [2], [12]).

Nous pouvons maintenant montrer, en guise d'application des propriétés des courants résiduels, la généralisation suivante d'un théorème de P.Griffiths ( [17] ) :

Théorème.

Supposons que $X$ soit compact et $\tilde{\lambda} \in \Gamma(X, \Omega_X^p(* \cup \mathcal{F}))$ . La somme des résidus ponctuels de $\tilde{\lambda}$ aux points de l'intersection essentielle $V_e(\mathcal{F})$ de $\mathcal{F}$ est zero:

$$\sum \left( \mathrm{res}_{\gamma;\mathcal{F};y}(\tilde{\lambda}) \ : \ y \in V_e(\mathcal{F}) \right) = 0 \ .$$

D) En effet, on déduit de (1) et (2) que cette somme est égale à l'évaluation de $R_{\gamma;\mathcal{F}}[\tilde{\lambda}]$ sur la fonction unité de $X$ . D'après 1.7.5(1) , cette évaluation est nulle, parce que $d\tilde{\lambda} = 0$ et $b. RP_{\gamma;\mathcal{F}}[\tilde{\lambda}](1) = RP_{\gamma;\mathcal{F}}[\tilde{\lambda}](d1) = 0$ ,

Le résultat de Griffiths est énoncé dans le cas où $X$ est lisse et $\dim \cap \mathcal{F} = o$ , et sa démonstration n'utilise pas la résolution des singularités. Il démontre aussi une sorte de réciproque au théoreme ci-dessus.

1.8.2 Le résidu fibré

Soit $\gamma = [X, c]$ un n-cycle analytique complexe et $\mathcal{F} = \{Y_1, \dots, Y_{p+1}\}$ une suite loc. princ d'hypersurfaces dans $X$ , $0 < p < n$ , telle que

$$\dim \cap \mathcal{F}(p+1) = n-p \quad \text{et} \quad \dim \cap \mathcal{F} \leq n-p-1 \ ; \tag{1}$$

notons $Y = \cap \mathcal{F}(p+1)$ , et $i : Y \longrightarrow X$ l'immersion. Soit $\pi : X \longrightarrow T$ un morphisme de $X$ dans un espace complexe réduit $T$ de dimension pure $n-p$ , orienté par sa classe fondamentale. Supposons que

$$(2)\quad \dim_{\mathbb{C}} \pi^{-1}(t) = p \ , \qquad\qquad (t \in T)$$

$$(3)\quad \dim_{\mathbb{C}} (\pi \circ i)^{-1}(t) = 0 .$$

Notons $sT$ l'ensemble singulier de $T$ et $T_* = T - sT$ l'ensemble des points simples de $T$. La condition (2) assure que l'on peut définir la fibre orientée $\pi_\gamma^{-1}[t]$ pour chaque $t \in T_*$ ( 1.4.1(5) et 1.4.2(10) ): c'est un p-cycle analytique complexe.

L'ensemble $Y \cap \pi^{-1}(T_*)$ étant un ouvert dense de $Y$, par (1) et (3), il en est de même de $\tilde{Y} = (Y - Y_{p+1}) \cap \pi^{-1}(T_*)$. Pour chaque $y \in \tilde{Y}$ considérons le sous-espace réduit $X_y = \pi^{-1}(\pi(y))$ de $X$, l'immersion $i_y : X_y \longrightarrow X$ et le p-cycle $[X_y] = \pi^{-1}[\pi(y)]$. D'après (3), $\mathcal{F}_y = \{ Y_1 \cap X_y , \ldots , Y_p \cap X_y \}$ est une suite loc. princ. d'hypersurfaces dans $X_y$ telle que $\dim \cap \mathcal{F}_y = 0$. Si $\tilde{u} \in \Gamma(X, \mathcal{E}_X^p(* \cup \mathcal{F}))$ on a alors

$$i_y^*(\tilde{u}) \in \Gamma(X_y - Y_{p+1} , \mathcal{E}^p_{X_y}(* \cup \mathcal{F}_y)) \ ,$$
$$y \in \tilde{Y} = (Y - Y_{p+1}) \cap \pi^{-1}(T_*) . \qquad (4)$$

Nous pouvons donc définir sur $\tilde{Y}$ la fonction $\mathrm{res}_{\mathcal{F};\pi}(\tilde{u})$ suivante ( 1.8.1 ):

$$\mathrm{res}_{\mathcal{F};\pi}(\tilde{u})(y) = \mathrm{res}_{[X_y];\mathcal{F}_y;y}\left(i_y^*(\tilde{u})\right) \ , \quad y \in \tilde{Y} \ , \qquad (5)$$

que l'on appelle le <u>résidu fibré</u> de $\tilde{u}$ par $\pi$. En fait, pour être précis, on devrait remplacer dans cette notation le cycle $[X_y]$ par sa restriction $[X_y]\cap(X_y - Y_{p+1})$ , mais ceci ne donnera pas lieu à confusion.

L'opérateur $\tilde{u} \longrightarrow \mathrm{res}_{\mathcal{F};\pi}(\tilde{u})$ est visiblement $\mathbb{C}$-linéaire et compatible avec la restriction aux sous-espaces ouverts de $X$ . D'après le prochain théorème, c'est un homomorphisme de faisceaux

$$\mathrm{res}_{\mathcal{F};\pi} \ : \ \mathcal{E}^p_X(*\cup\mathcal{F}) \longrightarrow i\,\mathcal{E}^o_Y(**) \qquad (6)$$

où $i\,\mathcal{E}^o_Y(**)$ désigne l'image par $i$ du faisceau des formes localement semi-méromorphes sur $Y$ (1.6.5) .

1.8.3 Théorème

i) Dans les conditions précedentes, $\mathrm{res}_{\mathcal{F};\pi}(\tilde{u})$ est une fonction localement semi-méromorphe sur $Y$ , pour chaque $\tilde{u} \in \Gamma(X, \mathcal{E}^p_X(*\cup\mathcal{F}))$ .

ii) Supposons de plus que $\tilde{u} \in \Gamma_c(X, \mathcal{E}^p_X(*\cup\mathcal{F}))$ . Pour toute $\varphi \in \mathcal{D}^{2(n-p)}(T)$ on a alors

$$RP_{\gamma;\mathcal{F}}(\tilde{u}\wedge\pi^*\varphi) = P_Y(\mathrm{res}_{\mathcal{F};\pi}(\tilde{u})\wedge\pi^*\varphi) \ ,$$

où le courant à droite désigne la valeur principale sur $Y$ ( 1.7.3 ) .

1.8.4 Proposition

Soit $\gamma = [X,c]$ un n-cycle analytique complexe et $\mathcal{F}' = \{Y_1,\dots,Y_p\}$ une suite admissible localement principale d'hypersurfaces dans $X$ , $1 \leq p < n$ , telle que $\dim \wedge \mathcal{F}' = n-p$ . Soit $\pi : X \to T$ un morphisme dans un espace complexe réduit $T$ de dimension pure $n-p$ , orienté par sa classe fondamentale. Supposons que $\dim \pi^{-1}(t) = p$ , $t \in T$ , et que $\pi \circ i$ soit à fibre finie, où $i : \wedge \mathcal{F}' \to X$ est l'immersion. Alors

i) Pour chaque $\tilde{u} \in \Gamma(X, \Omega_X^p(* \cup \mathcal{F}'))$ la "trace" $\pi_* \mathrm{res}_{\mathcal{F}';\pi}(\tilde{u})$:

$$\left(\pi_* \mathrm{res}_{\mathcal{F}';\pi}(\tilde{u})\right)(t) = \sum ( \mathrm{res}_{\mathcal{F}';\pi}(\tilde{u})(y) : \pi(y) = t ) ,$$

$t \in T_*$ ,

est une fonction faiblement holomorphe sur $T$ .

ii) Si $\gamma$ est la classe fondamentale de $X$ et $\pi$ est localement isomorphe à une projection $T' \times F' \to T'$ , où $T'$ et $F'$ sont des espaces réduits de dimension pure, alors $\pi_* \mathrm{res}_{\mathcal{F}';\pi}(\tilde{u})$ est holomorphe sur $T$ .

1.8.5 <u>Remarque</u>

(1) Supposons que $\pi$ soit lisse ( c.à.d localement isomorphe à une projection avec fibre $F'$ lisse ) et que $\varphi_1 , \ldots , \varphi_p \in \mathcal{O}_X(X)$ soient des équations globales de $Y_1 , \ldots , Y_p$ . Alors pour chaque $\tilde{u} = u/\varphi_1 \ldots \varphi_p$ , $u \in \Gamma(X, \Omega_X^p)$ , on a ( [13])

$$\pi_* \mathrm{res}_{\mathcal{F}';\pi}(\tilde{u}) = \mathrm{Res}_{X/Y}\begin{bmatrix} u \\ \varphi_1 \ldots \varphi_p \end{bmatrix} ,$$

où l'expression à droite désigne le symbole de Grothendieck. La trace

$\pi_* \mathrm{res}_{\mathcal{F};\pi}(\check{u})$ est ainsi la généralisation de ce symbole au cas d'un morphisme $\pi$ quelconque (satisfaisant les conditions du no. 1.8.4 ) . La démonstration de la proposition 1.8.4 n'utilise pas d'ailleurs la résolution des singularités (cf. 4.3.2) .

(2) On accepte dans 1.8.2(1) la possibilité $Y_{p+1} = \phi$ , on trouve dans ce cas l'analogue de 1.8.3 pour $R_{\gamma;\mathcal{F}}$ .

## 1.9 Le résidu logarithmique

Soit $\gamma = [X,c]$ un n-cycle complexe et $\mathcal{F} = \{Y_1,\dots,Y_p\}$ une suite loc. princ.d'hypersurfaces dans $X$ , $1 \leq p \leq n$ , avec des équations globales $\varphi_1,\dots,\varphi_p \in \mathcal{O}_X(X)$ . Supposons que $\dim_{\mathbb{C}} \cap \mathcal{F} = n-p$ ; notons

$$\frac{d\varphi}{\varphi} = \frac{d\varphi_1}{\varphi_1} \wedge \dots \wedge \frac{d\varphi_p}{\varphi_p} \in \Gamma(X, \Omega^p_X(*\cup\mathcal{F})) .$$

Pour chaque $\omega \in \Gamma(X, \mathcal{E}^q_X)$ on a alors l'égalité

$$\frac{1}{(2\pi i)^p} R_{\gamma;\mathcal{F}}\left[\frac{d\varphi}{\varphi} \wedge \omega\right] = I[\varphi_\gamma^{-1}[0]] \wedge \omega \qquad (1)$$

où l'expression à droite désigne le courant $\alpha \longrightarrow I[\varphi_\gamma^{-1}[0]](\omega \wedge \alpha)$ .

Une démonstration de cette formule dans le cas où $p = 1$ , en utilisant la résolution des singularités, est donnée dans [24] . La preuve que nous présentons au no. 3.6 utilise la continuité de la fibre intégrale et non la résolution des singularités. Elle est due essentièllement à A.Dubson .

Dans le cas où $p = 1$ , $X$ et $Y_1$ sont lisses, $Y_1$ a l'équation locale $s = 0$ et $\tilde{\omega} = \frac{ds}{s} \wedge \omega$ , avec $\omega \in \Gamma(W, \mathcal{E}_X^{2n-1})$ , la forme $\omega | Y_1 \in \Gamma(W \cap Y_1, \mathcal{E}_{Y_1}^{2(n-1)})$ est la forme-résidu de la théorie de Leray [31] . Elle s'identifie au courant $R_{\gamma;\mathcal{Y}} [\frac{d\varphi}{\varphi} \wedge \omega]$ par la formule (1) ci-dessus.

# CHAPITRE II

## Les résidus multiples dans les croisements normaux

Nous faisons dans ce chapitre l'étude locale des résidus multiples associés à des formes semiméromorphes dont l'ensemble polaire a des croisements normaux . Le cas général sera réduit à ce cas dans le chapitre suivant, à l'aide de la résolution des singularités.

On travaillera avec l'opérateur RP (cf. 1.7.3), c.à.d. avec la limite

$$\lim_{\delta \to 0} \quad I\left[D_{\delta}^{p+1}(\varphi)\right](\tilde{\alpha}) \, , \tag{1}$$

plutôt qu'avec l'opérateur R, en vue de ce que l'on pourra toujours envisager R comme un cas particulier de RP.

En fait, il faudra aussi considérer la limite itérée ( 1.7.3(6))

$$\lim_{\delta_{p+1} \to 0} \; \lim_{\underline{\delta} \to 0} \quad I\left[D_{\underline{\delta};\,\delta_{p+1}}^{p+1}(\varphi)\right](\tilde{\alpha}) \, , \tag{2}$$

qui est très utile du point de vue technique. Comme en général l'étude de (1) est tout à fait similaire à celui de (2), mais plus simple, c'est surtout la limite (2) que nous considérerons.

2.1 Notation.

Nous utiliserons dans ce chapitre les notationes suivantes, en plus de celles introduites au Ch.I .

(1) $N$ désigne l'ensemble des entiers non-négatifs.
Pour chaque $z = (z_1,\dots,z_n) \in \mathbb{C}^n$ et $\gamma = (\gamma_1,\dots,\gamma_n) \in N^n$ on écrit:

$$\rho = (\rho_1,\dots,\rho_n) \text{ , ou } \rho_i = |z_i| \text{ , } |\gamma| = \gamma_1 + \dots + \gamma_n \text{ ,}$$

$$z^\gamma = \prod_{i=1}^n z_i^{\gamma_i} \text{ , } \rho^\gamma = \prod_{i=1}^n \rho_i^{\gamma_i} \text{ .}$$

Soit $\Lambda(p,n)$ la famille des ensembles $I = \{i_1,\dots,i_p\} \subset \{1,\dots,n\}$, $1 \leq i_1 < \dots < i_p \leq n$ . Pour chaque $I \in \Lambda(p,n)$ on note:

$$z_I = \prod_{i\in I} z_i \text{ , } z_I^\gamma = \prod_{i \in I} z_i^{\gamma_i} \text{ , } \rho_I^\gamma = \prod_{i\in I} \rho_i^{\gamma_i} \text{ ;}$$

si $J = \{j_1,\dots,j_{n-p}\} = \{1,\dots,n\} - I$ , $1 \leq j_1 < \dots < j_{n-p} \leq n$ , alors

$$z(I) = (z_{j_1},\dots,z_{j_{n-p}}) \quad \text{et} \quad z(I)^\gamma = \prod_{j\in J} z_j^{\gamma_j} \text{ ;}$$

en outre:

$$\|z\| = \max(|z_i| : 1 \leq i \leq n) \text{ , } \|z(I)\| = \max(|z_j| : j \in J) \text{ ,}$$

$$B = \{ z \in \mathbb{C}^n : \|z\| < 1 \} \text{ , } B(I) = \{ z(I) : \|z(I)\| < 1 \} \text{ ,}$$

et pour chaque $\delta > 0$ :

$$B_\delta^\gamma = \{ z \in B : |z^\gamma| > \delta \} , \quad B(I)_\delta^\gamma = \{ z(I) \in B(I) : \|z(I)^\gamma\| > \delta \}.$$

(2) $M_{p,n}(N)$ désigne la famille de matrices de $p$ lignes et $n$ colonnes avec éléments dans $N$. Soit $\alpha \in M_{p,n}(N)$ ; alors:

$\alpha_{i,j}$ est l'élément dans la $i^e$ ligne et la $j^e$ colonne de $\alpha$ ;

$\alpha_i = (\alpha_{i1}, \ldots, \alpha_{in})$ est la $i^e$ ligne de $\alpha$ ;

$\alpha_{(i,j)}$ est la matrice obtenue en supprimant la $i^e$ ligne et la $j^e$ colonne de $\alpha$ ;

$\alpha_I$ est la matrice carré construite avec les $p$ lignes et les colonnes $i_1 < \ldots < i_p$ de $\alpha$ ( $p \leq n$ ) .

Si $\alpha \in M_{p+1,n}(N)$ , $\alpha_I(p+1)$ désigne la matrice construite avec les $p$ prèmières lignes et les colonnes $i_1 < \ldots < i_p$ de $\alpha$, et $\alpha(p+1)$ désigne la matrice construite avec les $p$ premières lignes de $\alpha$.

(3) On note aussi

$$dz_I = dz_{i_1} \wedge \ldots \wedge dz_{i_p} , \quad d\bar{z}_I = d\bar{z}_{i_1} \wedge \ldots \wedge d\bar{z}_{i_p} ,$$

$$dw_I = dz_{i_1} \wedge d\bar{z}_{i_1} \wedge \ldots \wedge dz_{i_p} \wedge d\bar{z}_{i_p} .$$

Si $A \subset \{ 1, \ldots, n \}$, on désigne le cardinal de $A$ par $|A|$ , ou même par $a$ , s'il n'y a pas lieu à confusion.

Une forme $\omega \in \Gamma(\mathbb{C}^n, \mathcal{E}^{2n-p}) = \mathcal{E}^{2n-p}(\mathbb{C}^n)$ , $0 \leq p \leq n$ , admet une répresentation unique, l'expression canonique de $\omega$ :

$$\omega = \sum_{A,B,M} a_{A,B,M}(z,\bar{z})\ dz_A \wedge d\bar{z}_B \wedge dw_M ,$$

où A,B et M sont des sous-ensembles ordonnées de $\{1,\ldots,n\}$ deux à deux disjoints et tels que $a + b + 2m = 2n-p$ ; on a alors nécessairement $a + b + m \leq n$ et $m \geq n-p$ .

(4) On dit que $\alpha \in M_{p,p}(N)$ est normale si $\det(\alpha) \neq 0$ et si $\alpha$ est transformable dans une matrice triangulaire superieure moyennant une permutation de ses colonnes. On dit que $\alpha \in M_{p+1,p}(N)$ est normale si $\alpha_{p+1} = 0$ et $\alpha(p+1)$ est normale.

Considérons l'expression canonique $\omega = b\ dz_A \wedge dz_B \wedge dw_M \in \mathcal{E}^{2n-p}(\mathbb{C}^n)$ ; on dit que $\omega$ est normale par rapport à $\alpha \in M_{p,n}(N)$ ou $\alpha \in M_{p+1,n}(N)$ (ou simplement que $\omega$ est normale, s'il n'y a pas lieu à confusion) si: $|B| = 0$ , $|M| = n-p$ et $\alpha_A$ est normale.

(5) Soient $\alpha \in M_{p+1,n}(N)$ et $h_1,\ldots,h_{p+1}$ des fonctions inversibles dans $\mathcal{O}(\bar{B})$ , $B \subset \mathbb{C}^n$ ; notons $\varphi_i = h_i z^{\alpha_i}$ , $1 \leq i \leq p+1$ . Les chaînes semianalytiques dans B, $T^{p+1}_{\underset{\sim}{\delta}}(\varphi)$ , $D^{p+1}_{\underset{\sim}{\delta}}(\varphi)$ et $D^{p+1}_{\underset{\sim}{\delta};\delta_{p+1}}(\varphi)$ , associées a $\varphi = (\varphi_1,\ldots,\varphi_{p+1})$ (1.5.1) seront notées dans ce chapitre par $T^{\alpha}_{\underset{\sim}{\delta}}(h)$, $D^{\alpha}_{\underset{\sim}{\delta}}(h)$ et $D^{\alpha}_{\underset{\sim}{\delta};\delta_{p+1}}(h)$ , respectivement; dans le cas où $h_1 = \ldots = h_{p+1} = 1$ , on écrira simplement $T^{\alpha}_{\underset{\sim}{\delta}}$ , $D^{\alpha}_{\underset{\sim}{\delta}}$ et $D^{\alpha}_{\underset{\sim}{\delta};\delta_{p+1}}$ .

(6) Soient $k \in \mathcal{E}^0(\mathbb{C}^n)$ , $\gamma \in N^n$ et $I \in \Lambda(p,n)$ . Alors

$$\partial_j k = \frac{\partial k}{\partial z_j} , \quad \bar{\partial}_j k = \frac{\partial k}{\partial \bar{z}_j} , \quad \partial^{\gamma} K = \partial_1^{\gamma_1} \ldots \partial_n^{\gamma_n} k ,$$

$$\partial^{\gamma}(I)\, k = \partial_{i_1}^{\gamma_{i_1}} \dots \partial_{i_p}^{\gamma_{i_p}} k ,$$

$$\gamma ! = \gamma_1 ! \dots \gamma_n ! , \quad \gamma(I)! = \gamma_{i_1} ! \dots \gamma_{i_p} ! ,$$

$$k^{\gamma}(I) = \frac{1}{\gamma(I)!} \left[ \partial^{\gamma}(I)\, k \right]_{z_{i_1} = \dots = z_{i_p} = 0} , \quad \tilde{k}^{\gamma}(I) = z_I^{\gamma} . \, k^{\gamma}(I) ;$$

si $r$ et $s \in N^p$ on note aussi:

$$k^{r,s}(I) = \frac{1}{r!s!} \left[ \partial^r \bar{\partial}^s k \right]_{z_{i_1} = \dots = z_{i_p} = 0} , \quad \tilde{k}^{r,s}(I) = z_I^r \, \bar{z}_I^s \, k^{r,s}(I) .$$

Le développement de Taylor d'ordre $q$ de $k$ par rapport aux variables $z_i$ , $i \in I$ , peut donc s'écrire:

$$k = \sum_{r+s<q} \tilde{k}^{r,s}(I) + \sum_{r+s=q} z_I^r \, \bar{z}_I^s \, K_{r,s}(z,\bar{z}) ,$$

où $K_{r,s} \in \mathcal{E}^0(C^n)$ .

Soient $r$ et $s \in N^n$ ; alors

$$r - 1 = (r_1 - 1, \dots, r_n - 1) ,$$

$$r \leq s \iff r_i \leq s_i , \quad 1 \leq i \leq n .$$

2.2 Soient $\alpha \in M_{p+1,n}(N)$ et $h_1,\dots,h_{p+1}$ des fonctions holomorphes inversibles dans $\mathcal{O}(\bar{B})$, $B \subset \mathbb{C}^n$ ; soit $\underset{\sim}{\delta}$ une trajectoire admissible dans $\mathbb{R}^{p+1}$.

2.2.1 Lemme.

Si $\operatorname{rang} \alpha(p+1) < p$, il existe $\delta_0 > 0$ tel que pour toute $\delta < \delta_0$ et $\delta_{p+1} > 0$ l'ensemble $|D^{\alpha}_{\underset{\sim}{\delta},\delta_{p+1}}(h)|$ est vide.

D) En effet, nous avons une relation $t_1 \cdot \alpha_1 + \dots + t_p \cdot \alpha_p = 0$, $t_i \in \mathbb{Z}$, où l'on peut supposer que $t_s$, le premier $t_i$ non nul, est positif. Les points dans $|D^{\alpha}_{\underset{\sim}{\delta},\delta_{p+1}}(h)|$ vérifient $|h_i z^{\alpha_i}| = \delta_i$, $1 \leq i \leq p$, donc aussi:

$$\prod_{i=s}^{p} |h_i z^{\alpha_i}|^{t_i} = \prod_{i=s}^{p} |h_i(z)|^{t_i} = \delta_s^{t_s} \dots \delta_p^{t_p} .$$

La limite quand $\delta \to 0$ de l'expression à droite est toujours zéro (1.7.1), ce qui contredit le fait que les $h_i$ sont inversibles sur $\bar{B}$, d'où notre assertion.

2.2.2 Lemme.

Supposons que $\operatorname{rang} \alpha < p+1$ et $\alpha_{p+1} \neq 0$. Pour chaque $\delta_{p+1} > 0$ il existe alors $\delta_0 > 0$ tel que $|D^{\alpha}_{\underset{\sim}{\delta},\delta_{p+1}}(h)|$ est vide, $0 < \delta < \delta_0$.

Cette propiété est un cas particulier du suivant

2.2.3 Lemme.

Supposons qu'il n'existe pas $A \in \Lambda(p,n)$ tel que $\alpha_A$ soit normale. Alors

a) $|D^{\alpha}_{\underset{\sim}{\delta}}(h)|$ est vide pour $\delta$ assez petit;

b) Pour chaque $\delta_{p+1} > 0$ fixe, il existe $\delta_o > 0$ tel que $D^{\alpha}_{\underline{\delta}, \delta_{p+1}}(h)$ est vide, $0 < \delta < \delta_o$.

D) Pour chaque $s = 1,\ldots,p$, soit

$$I_s = \left\{ 1 \leq i \leq n : \alpha_{si} > 0 , \alpha_{s+1,i} = \cdots = \alpha_{p+1,i} = 0 \right\} .$$

Si $I_1 \neq \emptyset$, ..., $I_p \neq \emptyset$, pour chaque $s = 1,\ldots,p$ il est possible de choisir $i_s$ tel que $\alpha_{s,i_s} > 0$ et $\alpha_{s+1,i_s} = \cdots = \alpha_{p+1,i_s} = 0$ ; la matrice $\alpha_A$, avec $A = \{ i_1,\ldots,i_p \}$, est alors normale, contre notre supposition.

Il existe donc $I_r = \emptyset$, $1 \leq r \leq p$, d'où l'on déduit l'existence des nombres $k_{r+1},\ldots, k_{p+1} \in \mathbb{N}$ tels que

$$\alpha_{ri} \leq k_{r+1} \alpha_{r+1,i} + \cdots + k_{p+1} \alpha_{p+1,i} , \quad 1 \leq i \leq n . \tag{1}$$

Les points dans $|D^{\alpha}_{\underline{\delta}, \delta_{p+1}}(h)|$ vérifient $|h_i z^{\alpha_i}| = \delta_i$, $1 \leq i \leq p$, et $|h_{p+1} z^{\alpha_{p+1}}| > \delta_{p+1}$ ; si l'on définit

$$m = \inf (|h_r(z)| : z \in \overline{B} ) > 0 ,$$

$$M = \sup (|h^{k_{r+1}}_{r+1} \cdots h^{k_{p+1}}_{p+1}(z)| : z \in \overline{B} ) > 0 ,$$

on déduit de (1) :

$$\begin{aligned} \delta_r = |h_r z^{\alpha_r}| &\geq m \left| z^{k_{r+1} \alpha_{r+1} + \cdots + k_{p+1} \alpha_{p+1}} \right| \\ &\geq \frac{m}{M} \left| h^{k_{r+1}}_{r+1} \cdots h^{k_{p+1}}_{p+1} z^{k_{r+1} \alpha_{r+1} + \cdots + k_{p+1} \alpha_{p+1}} \right| \\ &\geq \frac{m}{M} \delta^{k_{r+1}}_{r+1} \cdots \delta^{k_{p+1}}_{p+1} , \end{aligned}$$

ou aussi $\delta_r.(\delta_{r+1}^{k_{r+1}} \ldots \delta_{p+1}^{k_{p+1}})^{-1} \geq \frac{m}{M}$ . Pour chaque $\delta_{p+1} > 0$ fixe, la dernière inégalité ne se vérifie pas, pour $\delta$ assez petit (1.7.1), ce qui donne (b). On démontre (a) de façon analogue.

2.3 <u>Parametrisation de</u> $D^{\alpha}_{\delta, \delta_{p+1}}$.

Soit $\alpha \in M_{p+1,n}(N)$ telle que rang $\alpha(p+1) = p$ . Moyennant une permutation convenable des variables $z_i$ , nous pouvons supposer que $\Delta =$ $= \det \alpha_A(p+1) > 0$ , où $A = \{1,\ldots,p\}$ . Notons $\Delta_{ij} = (-1)^{i+j} \det \alpha'(i,j)$, où $\alpha' = \alpha_A(p+1)$ . Si $z \in D^{\alpha}_{\delta, \delta_{p+1}}$ , on a

$$\rho^{\alpha_1} = \delta_1 , \ldots , \rho^{\alpha_p} = \delta_p , \rho^{\alpha_{p+1}} > \delta_{p+1} , \qquad (1)$$

et la "régle de Cramer" permet d'en déduire:

$$\rho_i^{\Delta} = \left(\frac{\delta_1}{\rho(A)^{\alpha_1}}\right)^{\Delta_{1i}} \cdots \left(\frac{\delta_p}{\rho(A)^{\alpha_p}}\right)^{\Delta_{pi}} = \frac{\delta_1^{\Delta_{1i}} \cdots \delta_p^{\Delta_{pi}}}{\rho(A)^{\beta_i}} , \qquad (2)$$

$1 \leq i \leq p$ , où l'on a noté $\beta_i = \Delta_{1i}\alpha_1 + \ldots + \Delta_{pi}\alpha_p$ . Du fait que $z \in B$ (donc $\rho_i < 1$ ) on tire:

$$\rho(A)^{\beta_i} > \delta_1^{\Delta_{1i}} \cdots \delta_p^{\Delta_{pi}} , \quad 1 \leq i \leq p . \qquad (3)$$

Si nous remplaçons dans $\rho^{\alpha_{p+1}} > \delta_{p+1}$ les valeurs (1) des $\rho_i$ nous obtenons

$$\left[ \prod_{i=1}^{p} \left( \frac{\delta_1^{\Delta_{1i}} \cdots \delta_p^{\Delta_{pi}}}{\rho(A)^{\beta_i}} \right)^{\frac{\alpha_{p+1,i}}{\Delta}} \right] . \ \rho(A)^{\alpha_{p+1}} > \delta_{p+1} ,$$

ou aussi, si l'on pose $\beta_{p+1} = \Delta . \alpha_{p+1} - \sum_{i=1}^{p} \alpha_{p+1,i} \beta_i$ , l'inégalité

$$\rho(A)^{\beta_{p+1}} > \delta_{p+1}^{\Delta} . \prod_{j=1}^{p} \delta_j^{-(\Delta_{j1} \alpha_{p+1,1} + \cdots + \Delta_{jp} \alpha_{p+1,p})} . \quad (4)$$

Nous notons $V_{\underset{\sim}{\delta}, \delta_{p+1}}$ l'ensemble ouvert dans $B(A)$ défini par les inégalités (3) et (4) . Voyons que

$$V_{\underset{\sim}{\delta}, \delta_{p+1}} \subset \left\{ B(A) : \rho(A)^{\alpha_i} > \delta_i , \quad 1 \leq i \leq p+1 \right\} . \quad (5)$$

En effet, pour chaque $z(A) \in V_{\underset{\sim}{\delta}, \delta_{p+1}}$ définissons $\rho_1, \ldots, \rho_p$ par les formules dans (2); alors $z = (\rho_1, \ldots, \rho_p, z(A))$ vérifie

$$\| \rho \| < 1 \ , \ \rho^{\alpha_1} = \delta_1 \ , \ \ldots \ , \ \rho^{\alpha_p} = \delta_p \ , \ \rho^{\alpha_{p+1}} > \delta_{p+1} \ ;$$

comme on a $\rho_i < 1$ pour tout $i$ , il s'ensuit que $\rho(A)^{\alpha_i} > \delta_i$ , $1 \leq i \leq p$, et (5) est démontré.

Nous remarquons que si $\alpha_A(p+1)$ est triangulaire, $A = \{1, \ldots, p\}$, alors $\Delta > 0$ et $\Delta_{1i} = \cdots = \Delta_{i-1,i} = 0$ , $\Delta_{ii} > 0$ ; (2) se réduit ainsi à

$$\rho_i^{\Delta} = \frac{\delta_i^{\Delta_{ii}} \cdots \delta_p^{\Delta_{pi}}}{\rho(A)^{\beta_i}} \ , \quad 1 \leq i \leq p \ . \quad (6)$$

2.3.1 Dans ces conditions, on déduit de (2) que $|D^{\alpha}_{\underline{\delta},\delta_{p+1}}|$ est une sous-variété (lisse) de $B$ et que l'application

$$(0,2\pi)^p \times V_{\underline{\delta},\delta_{p+1}} \longrightarrow |D^{\alpha}_{\underline{\delta},\delta_{p+1}}|$$

$$(\theta_1,\ldots,\theta_p;z(A)) \longrightarrow (g_1 e^{i\theta_1},\ldots,g_p e^{i\theta_p},z(A)) \quad ,$$

où

$$g_j(\rho) = \left( ( \delta_1^{\Delta_{1j}} \ldots \delta_p^{\Delta_{pj}} ) / \rho(A)^{\beta_j} \right)^{1/\Delta} \quad , \quad 1 \leq j \leq p \; ,$$

est une paramétrisation de $|D^{\alpha}_{\underline{\delta},\delta_{p+1}}|$.

<u>Lemme.</u>

La paramétrisation ci-dessus est compatible avec l'orientation canonique de $(0,2\pi)^p \times V_{\underline{\delta},\delta_{p+1}}$ et celle de $D^{\alpha}_{\underline{\delta},\delta_{p+1}}$ définie au no. 1.5 .

D) Il suffit de montrer que la paramétrisation

$$\lambda_\varphi : \begin{cases} (0,2\pi)^p \times \mathbb{C}_*^{n-p} \longrightarrow T^{\alpha}_{\underline{\delta}} \\ (\theta_1,\ldots,\theta_p,z') \longrightarrow (g_1,\theta_1,\ldots,g_p,\theta_p,z') \end{cases}$$

envoie la classe fondamentale $[U]$ de $U = (0,2\pi)^p \times \mathbb{C}_*^{n-p}$ dans la classe de $T^{\alpha}_{\underline{\delta}}$. L'isomorphisme $\mu$ de $\mathbb{C}_*^p \times \mathbb{C}_*^{n-p}$ donné par

$$\mu(\rho_1,\theta_1,\ldots,\rho_p,\theta_p,z') = (\rho^{\alpha_1},\theta_1,\ldots,\rho^{\alpha_p},\theta_p,z')$$

à l'inverse $\nu = \mu^{-1}$ :

$$\nu(\rho_1,\theta_1,\dots,\rho_p,\theta_p,z') = (h_1,\theta_1,\dots,h_p,\theta_p,z') \ ,$$

où

$$h_j(\rho_1,\dots,\rho_n) = \prod_{k=1}^{p} \left( \rho_k / \rho(A)^{\alpha_k} \right)^{\Delta_{kj}/\Delta} \ , \quad 1 \leq j \leq p \ .$$

Le déterminant jacobien $\partial(\rho_1^{\alpha_1},\dots,\rho_p^{\alpha_p})/\partial(\rho_1,\dots,\rho_p) =$ $= (\rho^{\alpha_1+\dots+\alpha_p}/\rho_1\dots\rho_p)\cdot\Delta$ étant positif, on déduit que $\mu$ et $\nu$ préservent les orientations.

Considérons le diagramme commutatif

$$\begin{array}{ccccc}
 & \nearrow^{\lambda_\varphi} & \mathbb{C}_*^p \times \mathbb{C}_*^{n-p} & \xrightarrow{\ |\varphi|\ } & \mathbb{R}_>^p \\
 & & \uparrow \nu & \nearrow_{|\pi|} & \\
U & \xrightarrow[\lambda]{} & \mathbb{C}_*^p \times \mathbb{C}_*^{n-p} & &
\end{array}$$

où $\lambda$ a été définie en no. 1.5.8 , $\pi$ est la projection $\mathbb{C}_*^p \times \mathbb{C}_*^{n-p} \longrightarrow \mathbb{C}_*^p$ et $|\varphi| = (\rho^{\alpha_1},\dots,\rho^{\alpha_p})$ . Nous avons (1.4.2) :

$$\nu(|\pi|^{-1}[\underset{\sim}{\delta}]) = \nu\nu^{-1}(|\varphi|^{-1}[\underset{\sim}{\delta}]) = |\varphi|^{-1}[\underset{\sim}{\delta}] \ ,$$

et en multipliant par $(-1)^{p(p-1)/2}$ :

$$\nu(\ T_{\underset{\sim}{\delta}}^p(\pi)\ ) = T_{\underset{\sim}{\delta}}^p(\varphi) = T_{\underset{\sim}{\delta}}^{\alpha} \ .$$

Mais aussi (1.5.8) :

$$\lambda_\varphi[U] = \nu\lambda\,[U] = \nu(\ T_{\underset{\sim}{\delta}}^p(\pi)) = T_{\underset{\sim}{\delta}}^{\alpha} \ ,$$

comme voulu.

(2.3.2) Remarque. On déduit du lemme que $\int_{T_{\underset{\sim}{\delta}}^{\alpha}} \frac{dz_1\wedge\dots\wedge dz_p}{z_1\dots z_p} = (2\pi i)^p$, dans le cas où $z^{\alpha_i} = z_i$, $1 \leq i \leq p$

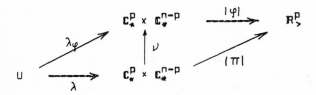

Nous donnons maintenant une version precisée du lemme 6.2 de [25]:

2.4 Lemme.

Soit $k \in \mathcal{E}^0(\mathbb{C}^n)$ et $\gamma \in N^n$. Il existe une décomposition

$$k(z,\bar{z}) = \sum_{j=1}^{n} \Big( \sum z_j^r \bar{z}_j^s \, g_{rs}^j(z(j),\bar{z}(j)) : r+s < \gamma_j \Big) + K(z,\bar{z}) ,$$

$$K(z,\bar{z}) = \sum ( z^{\mu} \bar{z}^{\nu} K_{\mu\nu}(z,\bar{z}) : \mu + \nu = \gamma ) ,$$

telle que:

a) les $g_{rs}^j$ et $K_{\mu\nu}$ sont des fonctions $\mathcal{C}^{\infty}$ sur $\mathbb{C}^n$.

b) $K$ dépend continûment de $k$, par rapport aux seminormes $\max_C ( |D^{\nu}\bar{D}^{\mu} f| : |\nu| + |\mu| \le q)$, pour tout compact $C$ dans $\mathbb{C}^n$ et $q \in N$.

c)

$$g_{rs}^h = \frac{1}{r!s!} \partial_h^r \bar{\partial}_h^s \Big[ k - \sum_{j=1}^{h-1} \Big( \sum_{u+v<\gamma_j} z_j^u \bar{z}_j^v \, g_{uv}^j(z(j),\bar{z}(j)) \Big) \Big]_{z_h=0} ,$$

$h = 1,\dots, n$.

D) Considérons le développement de Taylor de $k$ dans les variables $z_1$ et $\bar{z}_1$, jusqu'au degré $\gamma_1$ :

$$k(z,\bar{z}) = \sum ( z_1^r \bar{z}_1^s \, g_{rs}^1(z(1),\bar{z}(1)) : r+s < \gamma_1 ) + \qquad (1)$$

$$+ \sum ( z_1^r \bar{z}_1^s \, K_{rs}^1(z,\bar{z}) : r+s = \gamma_1 ) ;$$

les fonctions $g_{rs}^1 = \frac{1}{r!s!} \partial_1^r \bar{\partial}_1^s k \Big]_{z_1=0}$ et $K_{rs}^1$ dépendent continûment de k au sens de b) , comme il se déduit de l'expression intégrale du reste dans la formule de Taylor. Si l'on applique cette formule à chaque coefficient $K^1_{rs}$ dans (1) par rapport aux variables $z_2$ et $z_2$ jusqu'au degré $\gamma_2$ , on obtient

$$k_1(z,\bar{z}) = k(z,\bar{z}) - \sum \left( z_1^r \bar{z}_1^s \, g^1_{rs}(z(1),\bar{z}(1)) : r+s < \gamma_1 \right) =$$

$$= \sum \left( z_2^r \bar{z}_2^s \, \tilde{g}^2_{rs}(z(2),\bar{z}(2)) : r+s < \gamma_2 \right) + \qquad (2)$$

$$+ \sum \left( z_2^r \bar{z}_2^s \left( \sum z_1^u \bar{z}_1^v \, K^2_{rsuv}(z,\bar{z}) : u+v = \gamma_1 \right) : r+s = \gamma_2 \right).$$

Développons $k_1(z,\bar{z})$ par Taylor dans les variables $z_2, \bar{z}_2$ jusqu'au degré $\gamma_2$ :

$$k_1(z,\bar{z}) = \sum \left( z_2^r \bar{z}_2^s \, g^2_{rs}(z(2),\bar{z}(2)) : r+s < \gamma_2 \right) + \qquad (3)$$

$$+ \sum \left( z_2^r \bar{z}_2^s \, K^2_{rs}(z,\bar{z}) : r+s = \gamma_2 \right) ,$$

ou $g^2_{rs} = \frac{1}{r!s!} \left[ \partial_2^r \bar{\partial}_2^s k_1 \right]_{z_2=0}$ verifie c) pour $h=2$ . Vue l'unicité du développement de Taylor, la comparaison de (2) et (3) donne $g^2_{rs} = \tilde{g}^2_{rs}$ et

$$\sum \left( z_1^u \bar{z}_1^v \, K^2_{rsuv}(z,\bar{z}) : u+v = \gamma_1 \right) = K^2_{rs}(z,\bar{z}) .$$

Par conséquent

$$k = \sum \left( z_1^r \bar{z}_1^s \, g_{rs}^1(z(1),\bar{z}(1)) \; : \; r+s < \gamma_1 \right) \; +$$

$$\sum \left( z_2^r \bar{z}_2^s \, g_{rs}^2(z(2),\bar{z}(2)) \; : \; r+s < \gamma_2 \right) \; +$$

$$\sum \left( z_1^u \bar{z}_1^v z_2^r \bar{z}_2^s \, K_{rsuv}^2(z,\bar{z}) \; : \; u+v = \gamma_1 \, , \; r+s = \gamma_2 \right) ,$$

où $g_{rs}^1$ et $g_{rs}^2$ vérifient la prescription dans b) . On finit la démonstration par récurrence.

2.4.1 Remarque.

En utilisant la formule c) , on démontre par récurrence sur $p$ l'égalité suivante, qui sera utiliséeau no. 2.12 :

$$\sum_{h=1}^{p} \left( \sum z_h^r \bar{z}_h^s \, g_{rs}^h \; : \; r+s < \gamma_h \right) =$$

$$= \sum_{h=1}^{p} (-1)^{h+1} \left[ \sum \tilde{k}^{\mu,\nu}(I) \; : \; I \in \Lambda(h,p) \, , \; \mu+\nu < \gamma \right] .$$

2.5 Lemme.

Soit $\alpha \in M_{p,p}(\mathbb{R}_{\geq})$ , $\Delta = \det \alpha \neq 0$ et $\Delta_{ij} = (-1)^{i+j} \det \alpha(i,j)$ . Les propriétés suivantes sont équivalentes:

a) Pour chaque $h = 1,\ldots,p$ , le premier terme non-nul de la suite $\frac{\Delta_{1h}}{\Delta}, \ldots, \frac{\Delta_{ph}}{\Delta}$ est positif.

b) Il y a une permutation des colonnes de $\alpha$ qui la transforme dans une matrice triangulaire supérieure.

D) Supposons a) verifiée. Nous montrerons par récurrence sur s que, pour chaque s, $1 \leq s \leq p$, il existe des indices distincts $i_1, \ldots, i_s$ tels que

$$\alpha_{h,i_h} > 0 \ , \quad \alpha_{h+1,i_h} = \ldots = \alpha_{p,i_h} = 0 \ , \qquad (1)$$

pour chaque $h = 1, \ldots, s$.

Observons d'abord que si cette propriété est vérifiée pour un certain s, alors $\Delta_{hj} = 0$ pour $h = 1, \ldots, s$ et $j \notin \{i_1, \ldots, i_s\}$. En effet, la matrice qu'on obtient en supprimant la $h^e$ ligne et la $j^e$ colonne de $\alpha$ a les colonnes $i_1, \ldots, i_h$ linéairement dépendantes.

De l'égalité

$$\alpha_{11} \frac{\Delta_{11}}{\Delta} + \ldots + \alpha_{1p} \frac{\Delta_{1p}}{\Delta} = 1$$

nous deduisons que $\alpha_{1i_1} \cdot \Delta_{1i_1} / \Delta > 0$ pour un certain $i_1$, vue notre hypothèse.

Des égalités

$$\alpha_{j1} \frac{\Delta_{11}}{\Delta} + \ldots + \alpha_{jp} \frac{\Delta_{1p}}{\Delta} = 0 \ , \quad 2 \leq j \leq p \ ,$$

nous tirons $\Delta_{ji_1} = 0$, $2 \leq j \leq p$, puisque $\Delta_{1h}/\Delta \geq 0$ par hypothèse et $\Delta_{1i_1}/\Delta > 0$. La propriété (1) est donc vérifiée pour $s = 1$.

Supposons que (1) se vérifie pour des indices $i_1, \ldots, i_{s-1}$. Les égalités

$$\alpha_{s1} \frac{\Delta_{s1}}{\Delta} + \ldots \quad \alpha_{sp} \frac{\Delta_{sp}}{\Delta} = 1$$

impliquent qu'il existe $i_s$ avec $\alpha_{si_s} \Delta_{si_s} / \Delta > 0$. Nécessairement $i_s \notin \{i_1,\dots,i_{s-1}\}$, par (1). Si $s = p$, (b) est démontré. Supposons $s < p$, et considérons les relations

$$\sum_{h=1}^{p} \alpha_{th} \frac{\Delta_{sh}}{\Delta} = 0 \quad , \qquad s+1 \leq t \leq p . \tag{2}$$

Si $h \in \{i_1,\dots,i_{s-1}\}$, alors $\alpha_{th} = 0$ par (1). Si $h \notin \{i_1,\dots,i_{s-1}\}$, nous avons déjà remarqué que $\Delta_{1h} = \dots = \Delta_{s-1,h} = 0$, d'où $\Delta_{sh} / \Delta \geq 0$ par hypothèse. Comme $\Delta_{si_s} / \Delta > 0$, nous avons $\alpha_{ti_s} = 0$, $s+1 \leq t \leq p$, et le système $\{i_1,\dots,i_s\}$ vérifie (1) aussi. On obtient b) en choisissant $s = p$.

D'autre part, soit $\{i_1,\dots,i_p\}$ une permutation de $\{1,\dots,p\}$ telle que

$$\alpha_{h+1,i_h} = \dots = \alpha_{p,i_h} = 0 \quad , \qquad 1 \leq h \leq p-1 .$$

Il est clair que $\alpha_{h,i_h} > 0$ pour tout $h$, dès que $\Delta \neq 0$. Dans l'égalité

$$\sum_{h=1}^{p} \alpha_{h,i_s} \frac{\Delta_{hi_s}}{\Delta} = 1$$

nous avons $\Delta_{1,i_s} = \dots = \Delta_{s-1,i_s} = 0$, comme on l'a remarqué, et $\alpha_{hi_s} = 0$ si $h > s$. On obtient $\alpha_{s,i_s} \Delta_{s,i_s} / \Delta = 1$, d'où $\Delta_{s,i_s} / \Delta > 0$, ce qui donne (a).

2.6 __Lemme.__

Soient $\alpha \in M_{p,n}(N)$ et $\gamma \in N^n$ telles que $V(z^\gamma) \subset V(\prod_{i=1}^{p} z^{\alpha_i})$ ; soit $\delta \in \mathbb{R}^p_>$ et $U \subset \{ z \in B : \rho^{\alpha_j} > \delta_j , 1 \le j \le p \}$ un ouvert tel que si $z \in U$ alors $(e^{i\theta_1} z_1, \dots, e^{i\theta_n} z_n) \in U$, pour tout $(\theta_1, \dots, \theta_n) \in (0, 2\pi)^n$. Alors

$$\int_U z^{-\gamma} z_h^r \bar{z}_h^s \, g(z(h), \bar{z}(h)) \, dz \wedge d\bar{z} = 0 \tag{1}$$

si $r + s < \gamma_h$ $(r,s \ge 0)$, pour toute $g \in \mathcal{E}^0(\mathbb{C}^n)$ qui soit indépendante de $z_h$ et $\bar{z}_h$, $1 \le h \le n$.

D) Pour chaque $z(h) \in B(h)$, soit $U_{z(h)} = \{ z_h : (z(h), z_h) \in U \}$. L'intégrale dans (1) s'écrit alors

$$\int_{B(h)} z(h)^{-\gamma} J_{z(h)} \, g(z(h), \bar{z}(h)) \, dz(h) \wedge d\bar{z}(h) ,$$

où

$$J_{z(h)} = \int_{U_{z(h)}} z_h^{-\gamma_h} z_h^r \bar{z}_h^s \, dz_h \wedge d\bar{z}_h =$$

$$= -2i \int \rho_h^{-\gamma_h + r + s + 1} \, d\rho_h \int_0^{2\pi} e^{i\theta_h (r - s - \gamma_h)} \, d\theta_h = 0$$

pour toute $z(h) \in B(h)$, puisque $r - s - \gamma_h < 0$.

2.7 **Lemme.**

Soient $\alpha \in M_{p+1,n}(N)$ et $\gamma \in N^n$ telles que $V(z^\gamma) \subset V(\prod_{j=1}^{p+1} z^{\alpha_j})$ et rang $\alpha(p+1) = p$. Pour toute $\tilde{\omega} = k\, dz_A \wedge d\bar{z}_B \wedge dw_M \in \mathcal{E}^{2n-p}(\mathbb{C}^n)$ on a alors

$$\int_{D^{\alpha}_{\delta,\delta_{p+1}}} z^{-\gamma}\, k\, dz_A \wedge d\bar{z}_B \wedge dw_M = 0 ,$$

si dans l'expression canonique de $\tilde{\omega}$ se vérifie $m = |M| > n-p$, ou si $|M| = n-p$ et $\det \alpha_{A \cup B}(p+1) = 0$.

D) On verra que dans les deux cas $dz_A \wedge d\bar{z}_B \wedge dw_M$ est nulle sur $D^{\alpha}_{\delta,\delta_{p+1}}$. Soit $I \subset \{1,\dots,n\}$ tel que $\det \alpha_I(p+1) \neq 0$. Moyennant une permutation des variables on peut supposer que $I = \{1,\dots,p\}$. Soit $I' = \{p+1,\dots,n\}$, $M \cap I = \{h_1,\dots,h_r\}$ et $M - I = \{h_{r+1},\dots,h_m\}$.

Si l'on transforme la différentielle

$$dw_M = \prod_{j=1}^{m} dz_{h_j} \wedge dz_{h_j} = (-2i)^m \left(\prod_{j=1}^{m} \rho_{h_j}\right) d\rho_{h_1} \wedge d\theta_{h_1} \quad \dots \quad d\rho_{h_m} \wedge d\theta_{h_m}$$

par la parametrisation du 2.3.1, on trouve que

$$d\rho_{h_1} \wedge \dots \wedge d\rho_{h_m} = \sum_{j_1,\dots,j_r \in I'} g_{j_1,\dots,j_r}\, d\rho_{j_1} \wedge \dots \wedge d\rho_{j_r} \wedge d\rho_{h_{r+1}} \wedge \dots \wedge d\rho_{h_m}, \qquad (1)$$

compte tenu du fait que les $\rho_{h_1},\dots,\rho_{h_r}$ sont des fonctions des variables $\rho_{p+1},\dots,\rho_n$.

Soit $m > n-p$ . Dans chaque terme de (1) on a alors le produit de $m$ différentielles $d\rho_j$ ( $j \in I'$ ) , il y en a donc qui se repètent; ceci donne $d\omega_M | D^{\alpha}_{\underline{\delta}, \delta_{p+1}} = 0$ .

Supposons que $m = n-p$ , ce qui implique $A \cup B = \{1,\dots,n\} - M$ , et $\det \alpha_{A\cup B}(p+1) = 0$ . On en déduit l'existence de $t = (t_1,\dots,t_p) \in \mathbb{R}^p$ , $t \neq 0$ , tel que

$$\sum_{r=1}^{p} t_r \alpha_{rj} = 0 , \qquad j \in A \cup B . \tag{2}$$

Cette somme n'est pas nulle pour quelque $j \in I$ , puisque $\det \alpha_I(p+1) \neq 0$ . Nécessairement $j \in M$ . Si l'on écrit donc $e_i = \sum_{r=1}^{p} t_r \alpha_{rh_i}$ , $1 \leq i \leq m$ , on a $e_i \neq 0$ pour un certain $i = s$ .

Des relations $\prod_{j=1}^{n} \rho_j^{\alpha_{1j}} = \delta_1 , \dots , \prod_{j=1}^{n} \rho_j^{\alpha_{pj}} = \delta_p$ , valables sur $|D^{\alpha}_{\underline{\delta}, \delta_{p+1}}|$, on conclut, compte tenu du (2) , que

$$\prod_{j=1}^{m} \rho_{h_j}^{e_j} = \delta_1^{t_1} \dots \delta_p^{t_p} \qquad \text{sur} \quad |D^{\alpha}_{\underline{\delta}, \delta_{p+1}}| ,$$

d'où nous obtenons, en différentiant, une relation

$$d\rho_{h_s} = - \frac{\rho_{h_s}}{e_s} \left( \sum_{j \neq s} e_j \frac{d\rho_{h_j}}{\rho_{h_j}} \right)$$

sur $|D^{\alpha}_{\underline{\delta}, \delta_{p+1}}|$ ; on déduit de (1) que $d\omega_M = 0$ sur notre tube, ce qui fini le lemme.

2.8 Nous adoptons à partir de ce moment et pour le reste du chapitre la convention suivante: chaque fois qu'on écrit une intégrale du type:

$$\int_{D^{\alpha}_{\underline{\delta},\delta_{p+1}}} z^{-\gamma}\ k\ dz_A \wedge d\bar{z}_B \wedge dw_M$$

on admet que:

a) $k\ dz_A \wedge d\bar{z}_B \wedge dw_M \in \mathcal{E}^{2n-p}(\mathbb{C}^n)$ est sous la forme canonique 2.1 (3) et $|M| = n-p$ ;

b) $\alpha \in M_{p+1,n}(N)$ et $\operatorname{rang} \alpha_{A\cup B}(p+1) = p$ ;

c) $\gamma \in N^n$ est telle que $V(z^{\gamma}) \subset V(\prod_{j=1}^{p+1} z^{\alpha_j})$ ;

d) $\underline{\delta} = (\delta_1,\ldots,\delta_p)$ est une trajectoire admissible et $\delta_{p+1} > 0$ .

2.9 Lemme.

Soit $g = g(z(j),\bar{z}(j)) \in \mathcal{E}^0(\mathbb{C}^n)$ une fonction indépendante de $z_j$ et $\bar{z}_j$ , et $r,s \in N$ tels que $r+s < \gamma_j$ . Alors

$$\int_{D^{\alpha}_{\underline{\delta},\delta_{p+1}}} z^{-\gamma}\ z_j^r \bar{z}_j^s\ g(z(j),\bar{z}(j))\ dz_A \wedge d\bar{z}_B \wedge dw_M = 0 \qquad (1)$$

si $j \in B \cup M$ . Dans le cas $j \in A$ , l'intégrale est nulle aussi si $s > 0$ ou si $s = 0$ et $r < \gamma_j - 1$ .

D) Supposons $j \in M$ . Soit $U_j = \{ \rho_j < 1 : \rho_j^{\alpha_{hj}} > \delta_h ,\ h=1,\ldots,p+1\}$ et, pour chaque $\rho_j \in U_j$ , soit

$$D_{\rho_j} = \{ \rho(j) \in B(j) : \rho(j)^{\alpha_h} = \delta_j \rho_j^{-\alpha_{hj}} , h = 1,\ldots,p ; \rho(j)^{\alpha_{p+1}} > \delta_{p+1} \rho_j^{-\alpha_{p+1,j}} \}.$$

Si l'on écrit

$$J_{\rho_j} = \int_{D_{\rho_j}} z(j)^{-\gamma} g \, dz_A \wedge d\bar{z}_B \wedge dw_{M-\{j\}} \quad , \quad \rho_j \in U_j \ ,$$

l'intégrale dans (1) est égale à

$$\int_{U_j} z_j^{-\gamma_j} J_{\rho_j} z_j^r \bar{z}_j^s \, dz_j \wedge d\bar{z}_j = -2i \int J_{\rho_j} \rho_j^{r+s-\gamma_j+1} d\rho_j \int_0^{2\pi} e^{i\theta_j(r-s-\gamma_j)} d\theta_j \ ,$$

et elle est donc nulle, puisque $r-s \leq r+s < \gamma_j$ . Les autres cas sont similaires.

2.10 <u>Lemme</u>.

Soit $f$ une fonction mesurable et bornée sur $\mathbb{C}^n$ . Alors

$$\lim_{\delta \to 0} \int_{D^{\alpha}_{\underline{\delta},\delta_{p+1}}} z_I^{-1} f(z,\bar{z}) \, dz_A \wedge d\bar{z}_B \wedge dw_M = 0 \quad , \quad \delta_{p+1} > 0$$

si $I \subset A \cup B$ et $I \neq A \cup B$ .

D) Il suffit de considérer le cas $\Delta = \det \alpha_{A\cup B}(p+1) \neq 0$ et $A \cup B = \{1,\dots,p\}$.

a) Supposons d'abord que, après permutation des colonnes, $\alpha_{A\cup B}(p+1)$ soit une matrice triangulaire supérieure. On a alors $\Delta > 0$ et $\Delta_{11} > 0, \dots, \Delta_{pp} > 0$.

Soit $u \in A\cup B - I$. Nous avons sur $|D^{\alpha}_{\underset{\sim}{\delta},\delta_{p+1}}|$ (cf. 2.3(6) ) :

$$\rho_u^{\Delta} = \left(\frac{\delta_u}{\rho(1,\dots,p)^{\alpha_u}}\right)^{\Delta_{uu}} \cdots \left(\frac{\delta_p}{\rho(1,\dots,p)^{\alpha_p}}\right)^{\Delta_{pu}} \tag{1}$$

avec $\rho_u < 1$, d'où, nécessairement,

$$\rho_{p+1}^{\sigma_{p+1}} \cdots \rho_n^{\sigma_n} > \delta' = \delta_u^{\Delta_{uu}} \cdots \delta_p^{\Delta_{pu}}, \tag{2}$$

où $\sigma_i = \alpha_{ui}\Delta_{uu} + \dots + \alpha_{pi}\Delta_{pu}$, $p+1 \leq i \leq n$. Si l'on note $\sigma = (\sigma_{p+1},\dots,\sigma_n)$, (1) s'écrit

$$\rho_u^{\Delta} = \frac{\delta'}{\rho(1,\dots,p)^{\sigma}}. \tag{3}$$

Comme $\Delta_{uu} > 0$, pour chaque $\sigma_i < 0$ on a $\alpha_{u+h,i} > 0$ pour quelque $h > 0$, donc $\rho_i \geq \rho^{\alpha_{u+h}} = \delta_{u+h}$. Notons $\sigma_{r_1},\dots,\sigma_{r_s}$ les $\sigma_i \geq 0$ ; on déduit de (2) que

$$\prod_{i=1}^{s} \rho_{r_i}^{\sigma_{r_i}} \geq \delta' . \delta'', \tag{4}$$

où $\delta''$ est un produit des puissances positives de $\delta_{u+1},\dots,\delta_p$. Il résulte de la définition de $V_{\underline{\delta},\delta_{p+1}}$ (cf.2.3) que

$$V_{\underline{\delta},\delta_{p+1}} \subset D^{\sigma}_{\delta',\delta''} = \{\rho \in B(1,\dots,p) : \prod_{i=1}^{s} \rho_{r_i}^{\sigma_{r_i}} \geq \delta'.\delta''\}.$$

Au moyen de la paramétrisation de $D^{\alpha}_{\underline{\delta},\delta_{p+1}}$ du 2.3 on voit alors que l'intégrale du lemme est bornée à une constante près par

$$\int_{D^{\sigma}_{\delta',\delta''}} \rho_I^{-1}\, \rho_1\cdots\rho_n\, d\rho_{p+1}\cdots d\rho_n \leq \int_{D^{\sigma}_{\delta',\delta''}} \rho_u\, \rho_{p+1}\cdots\rho_n\, d\rho_{p+1}\cdots d\rho_n .$$

Si nous remplaçons ici $\rho_u$ par son expression (3) et nous intégrons par rapport à $\rho_i$ ( $i \neq r_1,\dots,r_s$ ) nous trouvons que la dernière intégrale est bornée par

$$(\delta')^{1/\Delta} \int_{\tilde{D}^{\sigma}_{\delta',\delta''}} \prod_{i=1}^{s} \left(\rho_{r_i}^{1-\frac{\sigma_{r_i}}{\Delta}}\right) d\rho_{r_1}\cdots d\rho_{r_s} ,$$

$$\tilde{D}^{\sigma}_{\delta',\delta''} = \{(\rho_{r_1},\dots,\rho_{r_s}) : \prod_{i=1}^{s} \rho_{r_i}^{\sigma_{r_i}} > \delta'.\delta'' , \rho_{r_i} < 1\}.$$

Quand tous les $\sigma_{r_i}$ sont nuls cette intégrale tend vers zero avec $\delta$, puisque nous avons le facteur $\delta_u^{\Delta_{uu}}$ dans $\delta'$ ( 1.7.1 ). Dans le cas contraire nous pouvons toujours supposer que l'on a $\sigma_{r_i} > 0$ pour tout $i = 1,\dots,s$.

Dans cette situation, montrons par récurrence sur s que, plus généralement, l'intégrale

$$(\delta')^{1/\Delta} . \delta''' \int_{\tilde{D}^{\sigma}_{\delta',\delta''}} \prod_{i=1}^{s} \rho_i^{1-\frac{\sigma_i}{\Delta}} \, d\rho_1 \dots d\rho_s \qquad (5)$$

tend vers zéro avec $\delta$, si l'on suppose que: a) les $\sigma_i$ et $\Delta$ sont strictement positifs; b) $\delta' = \delta_1^{u_1} \dots \delta_p^{u_p}$ avec $u_1 > 0$ ; c) $\delta''$ et $\delta'''$ sont des produits des puissances quelconques de $\delta_2, \dots, \delta_p$ et d) $\underset{\sim}{\delta} = (\delta_1, \dots, \delta_p)$ est une trajectoire admissible.

Dans le cas $s = 1$ et $1 - \frac{\sigma_1}{\Delta} \neq -1$ nous trouvons par intégration directe que (5) est égale à

$$(\delta')^{1/\Delta} . \delta''' \left( 1 - (\delta'\delta'')^{\frac{1}{\sigma_1}(2 - \frac{\sigma_1}{\Delta})} \right) ,$$

qui tend vers zero avec $\delta$ ( 1.7.1 ) .

Si $1 - \frac{\sigma_1}{\Delta} = -1$ , nous avons $\sigma_1 = 2\Delta$ et $1/\rho_1 < (\delta' . \delta'')^{-\frac{1}{2\Delta}}$ sur $\tilde{D}^{\sigma}_{\delta',\delta''}$ ; il en résulte que l'intégrale (5) est bornée par

$$(\delta')^{1/\Delta} . \delta''' . (\delta'\delta'')^{-1/2\Delta} ,$$

qui tend aussi vers zero avec $\delta$ .

Considérons maintenant l'intégrale (5) , en supposant le résultat vrai pour $s-1$ . Si $1 - \frac{\sigma_s}{\Delta} = -1$ , nécessairement

$$\left( \frac{\delta'\delta''}{\prod_{i=1}^{s-1} \rho_i^{\sigma_i}} \right)^{1/\sigma_s} < \rho_s < 1 ,$$

et l'intégration entre ces limites nous donne

$$(\delta')^{1/\Delta} \cdot \delta'' \int_{\tilde{D}^{\sigma}_{\delta',\delta''}} \prod_{i=1}^{s-1} \rho_i^{1-\frac{\sigma_i}{\Delta}} \, d\rho_1 \ldots d\rho_{s-1} \quad -$$

$$- (\delta')^{1/\Delta} \cdot \delta''' \cdot (\delta'\delta'')^{\frac{2}{\sigma_s}-\frac{1}{\Delta}} \int_{\tilde{D}^{\sigma}_{\delta',\delta''}} \frac{\prod_{i=1}^{s-1} \rho_i^{1-\frac{\sigma_i}{\Delta}}}{\prod_{i=1}^{s-1} \rho_i^{\frac{\sigma_i}{\sigma_s}(2-\frac{\sigma_s}{\Delta})}} \, d\rho_1 \ldots d\rho_{s-1} \, .$$

Ces intégrales tendent vers zéro avec $\delta$, par notre hypothèse. Le cas $1 - \frac{\sigma_s}{\Delta} = -1$ est pareil.

b) Il reste à considérer le cas où $\alpha_{A \cup B}(p+1)$ n'est pas transformable par permutations des colonnes en la forme triangulaire supérieure. On peut en tout cas s'arranger pour que $\Delta = \det \alpha_{A \cup B}(p+1) > 0$. D'après le no. 2.5, il existe $k \in \{1,\ldots,p\}$ tel que le premier terme nonnul de la suite $\Delta_{1k}$, ..., $\Delta_{pk}$, soit $\Delta_{hk}$, est négatif. Sur $|D^{\alpha}_{\underline{\delta},\delta_{p+1}}|$ se vérifie dans ce cas:

$$\rho_k^{\Delta} = \left(\frac{\delta_k}{\rho(1,\ldots,p)^{\alpha_h}}\right)^{\Delta_{hk}} \cdots \left(\frac{\delta_p}{\rho(1,\ldots,p)^{\alpha_p}}\right)^{\Delta_{pk}} = \frac{\delta'}{\rho(1,\ldots,p)^{\beta_k}} \qquad (6)$$

$$\rho(1,\ldots,p)^{\beta_k} > \delta' = \delta_k^{\Delta_{hk}} \cdots \delta_p^{\Delta_{pk}} \, ,$$

où $\beta_k = (\beta_{k1},\ldots,\beta_{kn}) = \sum_{s=h}^{p} \Delta_{sk} \cdot \alpha_s$ ( cf. 2.3 ).

Si les $\beta_{ki}$ , $p+1 \leq i \leq n$ , sont tous positifs nous avons $1 \geq \rho_k \geq \geq \rho_k^{\Delta} \geq \delta'$ , d'où nous tirons que le support $|D^{\alpha}_{\underline{\delta},\delta_{p+1}}|$ est vide pour $\delta$ petit, puisque $\Delta_{hk} < 0$ implique que $\lim\limits_{\delta \to 0} \delta' = +\infty$ . Notre intégrale devient donc nulle.

Si $\beta_{kr_1} < 0$ , ... , $\beta_{kr_s} < 0$ dénotent les $\beta_{ki}$ strictement négatifs, notre intégrale est bornée à une constante près par

$$\int_{V'_{\underline{\delta},\delta_{p+1}}} \rho_I^{-1} \rho_1 \cdots \rho_n \, d\rho_{p+1} \cdots d\rho_n \leq \int_{V'_{\underline{\delta},\delta_{p+1}}} d\rho_{p+1} \cdots d\rho_n \ ,$$

où $V'_{\underline{\delta},\delta_{p+1}} = \left\{ (\rho_{p+1},\ldots,\rho_n) : 0 < \rho_i < 1 \text{ et } \prod_{i=1}^{s} \rho_i^{\beta_{kr_i}} > \delta' \right\}$ . La famille $V'_{\underline{\delta},\delta_{p+1}}$ est décroissante par rapport à $\delta'$ et $\bigcap_{\delta} V'_{\underline{\delta},\delta_{p+1}} = \phi$ , comme on le déduit du fait que $\lim\limits_{\delta \to 0} \delta' = +\infty$ . La dernière intégrale tend donc vers zero avec $\delta$, et la démonstration du lemme est finie.

2.11 <u>Lemme</u>.

Soit $f = f(z(A),\bar{z}(A)) \in \mathcal{E}^0(\mathbb{C}^n)$ une fonction indépendante de $z_i$ et $\bar{z}_i$ $(i \in A)$ . Alors la limite itérée

$$\lim_{\delta_{p+1} \to 0} \lim_{\delta \to 0} \int_{D^{\alpha}_{\underline{\delta},\delta_{p+1}}} z(A)^{-\gamma} \, z_A^{-1} \, f \, dz_A \wedge dw_M \qquad (1)$$

existe, ne dépend pas de la trajectoire admissible choisie et dépend continûment de $f$ , par rapport aux seminormes usuelles (2.4(b)) .

D) a) Supposons que $\alpha_A(p+1)$ ne peut pas se transformer dans une matrice triangulaire supérieure par permutation de ses colonnes. Montrons que dans ce cas

$$\lim_{\delta \to 0} \int_{D^{\alpha}_{\underset{\sim}{\delta}, \delta_{p+1}}} z(A)^{-\gamma} z_A^{-1} f \, dz_A \, dw_M = 0 \qquad (2)$$

pour tout $\delta_{p+1} > 0$.

En effet, nous pouvons supposer $A = \{1, \ldots, p\}$ et $\Delta = \det \alpha_A(p+1)$ positif. Par 2.5, il existe $k \in \{1, \ldots, p\}$ tel que le premier termenon nul de la suite $\Delta_{1k}, \ldots, \Delta_{pk}$, soit $\Delta_{hk}$, est négatif. Les points du tube $|D^{\alpha}_{\underset{\sim}{\delta}, \delta_{p+1}}|$ vérifient donc (2.3(3))

$$\rho(A)^{\beta_k} > \delta_h^{\Delta_{hk}} \ldots \delta_p^{\Delta_{pk}} ,$$

d'où l'on déduit que le tube est vide pour $\delta$ assez petit (1.7.1), pourvu que $\beta_{kj} \geq 0$, $p+1 \leq j \leq n$.

Supposons alors que $\beta_{kr_1}, \ldots, \beta_{kr_s}$ $(s \geq 1)$ est la suite des $\beta_{kj}$ strictement négatifs. Si l'on intègre dans (2) par rapport aux variables $z_1, \ldots, z_p$ on trouve que cette limite est égale, à une constante près, à

$$\lim_{\delta \to 0} \int_{V_{\underset{\sim}{\delta}, \delta_{p+1}}} z(A)^{-\gamma} f \, dw_M , \qquad (3)$$

où $V_{\underset{\sim}{\delta}, \delta_{p+1}} \subset B(A)$ est un ouvert qui vérifie 2.3(5).

Considérons le développement de Taylor de $f$ du 2.4 :

$$f = \sum_{i=p+1}^{n} \left( \sum z_i^r \bar{z}_i^s \, g_{rs}^i(z(i),\bar{z}(i)) \; : \; r+s < \gamma_i \right) + K(z(A),\bar{z}(A)) ,$$

$$K = \sum_{\beta+\eta=\gamma} K_{\beta\eta}(z(A),\bar{z}(A)) \, z^\beta \bar{z}^\eta .$$

Selon 2,9 , la contribution à l'intégrale dans (3) des termes du type $z_i^r \bar{z}_i^s \, g_{rs}^i(z(i),\bar{z}(i))$ est nulle et, d'autre part , $z(A)^{-\gamma} \cdot K$ est bornée sur $B$ . Or, d'après 2.10(6) , les points dans $V_{\delta,\delta_{p+1}}$ vérifient

$$\prod_{i=1}^{s} \rho_{r_i}^{\beta_{kr_i}} \geq \rho_{p+1}^{\beta_{k,p+1}} \cdots \rho_n^{\beta_{kn}} > \delta' = \delta_h^{\Delta_{hk}} \cdots \delta_p^{\Delta_{pk}} , \qquad (4)$$

donc

$$(\delta')^{-1} > \prod_{i=1}^{s} \rho_{r_i}^{-\beta_{kr_i}} > \left( \prod_{i=1}^{s} \rho_{r_i} \right)^{\nu} ,$$

pourvu que $\nu \geq - \sum_{i=1}^{s} \beta_{kr_i}$ . Ainsi, $V_{\delta,\delta_{p+1}} \subset \bigcup_{i=}^{s} \{ \rho \in B(A) \; : \; 0 < \rho_j < (\delta')^{-\frac{1}{s\nu}} \}$ , et compte tenu du fait que $\lim_{\delta \to 0} (\delta')^{-\frac{1}{s\nu}} = 0$ , sa mesure tend vers zero avec $\delta$ . La limite dans (3) est donc nulle.

b) Supposons que $\alpha_A(p+1)$ (après permutation des colonnes) est triangulaire supérieure, et qu'il existe $k \in A = \{1,\ldots,p\}$ tel que $\alpha_{p+1,k} \neq 0$ . Voyons que dans ces conditions la limite (2) est nulle aussi, pour tout $\delta_{p+1} > 0$ . Comme avant, on suppose $\Delta = \det \alpha_A(p+1) > 0$ . Les inégalités 2.3(1) et (2) nous donnent

$$\rho_k^{\Delta} = \frac{\delta_k^{\Delta_{kk}} \cdots \delta_p^{\Delta_{pk}}}{\rho(A)^{\beta_k}}$$

$$\rho_k \geq \rho_k^{\alpha_{p+1,k}} \geq \prod_{i=1}^{p} \rho_i^{\alpha_{p+1,i}} > \frac{\delta_{p+1}}{\rho(A)^{\alpha_{p+1}}} ,$$

d'où l'on déduit

$$\rho(A)^{\alpha_{p+1}\Delta - \beta_k} > \delta_k^{-\Delta_{kk}} \cdots \delta_p^{-\Delta_{pk}} . \delta_{p+1}^{\Delta} .$$

Ici $\lim_{\delta\to 0} \delta_k^{-\Delta_{kk}} = +\infty$ ; si l'on raisonne avec cette inégalité comme on l'a fait avec (4), on obtient (2) .

c) Supposons finalement que $A = \{1,\ldots,p\}$, que $\alpha_A(p+1)$ se transforme en la forme triangulaire supérieure par la permutation $\{j_1,\ldots,j_p\}$ de A, et que $\alpha_{p+1,i} = 0$ pour $i \in A$ . Le signe $\sigma$ de la permutation est le signe de $\det \alpha_A(p+1)$ . Ainsi

$$J_{\underset{\sim}{\delta},\delta_{p+1}} = \int_{D^{\alpha}_{\underset{\sim}{\delta},\delta_{p+1}}} z_A^{-1}\, z(A)^{-\gamma}\, f\, dz_A \wedge dw_M =$$

$$= \sigma . \int_{D^{\alpha}_{\underset{\sim}{\delta},\delta_{p+1}}} z(A)^{-\gamma}\, f\, \frac{dz_{j_1}}{z_{j_1}} \wedge \cdots \wedge \frac{dz_{j_p}}{z_{j_p}} \wedge dw_M .$$

Intégrons ici par rapport à $z_{j_1},\ldots, z_{j_p}$ en utilisant la paramétrisation du 2.3 , qui préserve les orientations;

$$J_{\underset{\sim}{\delta},\delta_{p+1}} = \sigma(2\pi i)^p \int_{V_{\underset{\sim}{\delta},\delta_{p+1}}} z(A)^{-\gamma} f \, dw_M , \tag{5}$$

et développons $f$ d'après 2.4 :

$$f = \sum_{i \notin A} \left( \sum z_i^r \bar{z}_i^s \, g_{rs}^i(z(i),\bar{z}(i)) : r+s < \gamma_i \right) + K(z(A),\bar{z}(A)) .$$

La seule contribution de $f$ dans (5) est celle de $K$ (cf. 2.9). En outre, $V_{\underset{\sim}{\delta},\delta_{p+1}}$ est défini par les inégalités (2.3)

$$\rho(A)^{\beta_i} > \delta_1^{\Delta_{1i}} \cdots \delta_p^{\Delta_{pi}} , \quad 1 \leq i \leq p ,$$

$$\rho(A)^{\alpha_{p+1}} > \delta_{p+1} \quad ;$$

sa limite quand $\delta \to 0$ ( $\delta_{p+1}$ fixe ) est $\{ z(A) \in B(A) : \rho(A)^{\alpha_{p+1}} > \delta_{p+1} \}$ p.p. , puisque les $\Delta_{ii}$ sont positifs. Nous obtenons donc

$$\lim_{\delta \to 0} J_{\underset{\sim}{\delta},\delta_{p+1}} = \sigma(2\pi i)^p \int_{B(A) \cap (\rho(A)^{\alpha_{p+1}} > \delta_{p+1})} z(A)^{-\gamma} K \, dw_M , \tag{6}$$

où $z(A)^{-\gamma} K$ est bornée, et finalement, en prenant la limite quand $\delta_{p+1} \to 0$ :

$$\lim_{\delta_{p+1} \to 0} \lim_{\delta \to 0} J_{\underset{\sim}{\delta},\delta_{p+1}} = \sigma(2\pi i)^p \int_{B(A)} z(A)^{-\gamma} K \, dw_M$$

d'où l'on déduit les assertions du lemme.

2.11.1 Remarque:

L'expression à droite dans (6) est égale à

$$\lim_{\delta\to 0} \sigma(2\pi i)^p \int_{B(A)^{\gamma}_{\delta}\cap(\rho(A)^{\alpha_{p+1}}>\delta_{p+1})} z(A)^{-\gamma} f\, dw_M ,$$

comme on le voit en développant $f$ selon 2.4 , et en appliquant 2.9 .
Quand $\alpha_A$ est normale on a donc:

$$\lim_{\delta\to 0} \int_{D^{\alpha}_{\underline{\delta},\delta_{p+1}}} z(A)^{-\gamma} z_A^{-1} f\, dz_A \wedge dw_M = \lim_{\delta\to 0} \sigma(2\pi i)^p \int_{B(A)^{\gamma}_{\delta}\cap B(A)^{\alpha_{p+1}}_{\delta_{p+1}}} z(A)^{-\gamma} f\, dw_M , \quad (7)$$

$\delta_{p+1}>0$ , et en prenant la limite itérée:

$$\lim_{\delta_{p+1}\to 0}\ \lim_{\delta\to 0} \int_{D^{\alpha}_{\underline{\delta},\delta_{p+1}}} z(A)^{-\gamma} z_A^{-1} f\, dz_A \wedge dw_M = \sigma(2\pi i)^p \lim_{\delta\to 0} \int_{B(A)^{\gamma}_{\delta}} z(A)^{-\gamma} f\, dw_M . \quad (8)$$

On déduit de (7) que la limite à gauche ne dépend pas de la trajectoire admissible choisie.

2.12 **Lemme.**

Pour toute fonction $k \in \mathcal{E}^0(\mathbb{C}^n)$ et $\delta_{p+1} > 0$, on a

$$\lim_{\delta \to 0} \int_{D^{\alpha}_{\underline{\delta},\delta_{p+1}}} z^{-\gamma} \; k \; dz_A \wedge d\bar{z}_B \wedge dw_M = 0$$

si $B$ n'est pas vide.

D) Nous montrerons par récurrence décroissante sur $u$, $0 \leq u \leq |A|$, que si $B \neq \emptyset$ alors

$$\lim_{\delta \to 0} \int_{D^{\alpha}_{\underline{\delta},\delta_{p+1}}} z^{-\gamma} \; z_J^{\gamma - 1} \; b \; dz_A \wedge d\bar{z}_B \wedge dw_M = 0 \tag{1}$$

pour tout $J = \{j_1, \ldots, j_u\} \subset A$ et toute $b \in \mathcal{E}^0(\mathbb{C}^n)$ indépendante de $z_{j_1}, \bar{z}_{j_1}, \ldots, z_{j_u}, \bar{z}_{j_u}$.

Soit $u = |A|$, donc $J = A$ ; le terme $K$ de la décomposition 2.4 de $b$:

$$b = \sum_{i \notin A} \Big( \sum z_i^r \bar{z}_i^s \, g^i_{rs}(z(A \cup \{i\}), \bar{z}(A \cup \{i\})) \; : \; r+s < \gamma_i \Big) \; + \; K(z(A), \bar{z}(A)),$$

n'apporte pas de contribution dans (1) (cf. 2.10 ), $z^{-\gamma} \cdot K$ étant bornée et $J = A \subsetneq B \cup A$ ; les autres termes ne contribuent pas non plus, en vertu de 2.9 .

Supposons que (1) soit vérifiée pour $0 < u \leq |A|$. Soient $J = \{j_1, \ldots, j_{u-1}\} \subset A$, $b = b(z(J), \bar{z}(J))$ et

$$b = \sum_{i \notin J} \Big( \sum z_i^r \bar{z}_i^s \, g^i_{rs} \; : \; r+s < \gamma_i \Big) \; + \; K(z(J), \bar{z}(J))$$

son développement. On déduit comme ci-dessus que $K$ ne contribue pas dans (1) . Quant aux autres termes, ceux qui ne correspondent pas au cas $i \in A$, $s = 0$, $r = \gamma_i - 1$, ne donnent pas de contribution dans (1) , selon 2.9 ; ceux qui restent sont de la forme $z_i^r \, g_{ro}^i$ , avec $r = \gamma_i - 1$ et $i \in A - J$ ; ils ne contribuent pas non plus par notre hypothèse, car $g_{r,o}^i$ est indépendante de $z_j, \bar{z}_j$ ( $j \in J \cup \{i\}$) et le cardinal de $J \cup \{i\} \subset A$ est $u$ . Ceci démontre (1) et le lemme, qui correspond au cas $u = 0$ .

2.13 __Proposition.__

Soient $\alpha \in M_{p+1,n}(N)$ $(1 \leq p \leq n)$ , $\gamma \in N^n$ tel que $V(z^\gamma) \subset V(\prod_{i=1}^{p+1} z^{\alpha_i})$ et $\underset{\sim}{\delta} = (\delta_1, \ldots, \delta_p)$ une trajectoire admissible. Pour toute $\omega \in \mathcal{E}^{2n-p}(\mathbb{C}^n)$ la limite itérée

$$\lim_{\delta_{p+1} \to 0} \lim_{\delta \to 0} \int_{D^\alpha_{\underset{\sim}{\delta}, \delta_{p+1}}} z^{-\gamma} \omega$$

existe, est indépendante de la trajectoire admissible choisie et est continue sur $\mathcal{E}^{2n-p}(\mathbb{C}^n)$ , cet espace étant muni des seminormes usuelles.

En outre, si la forme $\omega = b \, dz_A \wedge dw_M$ est normale (2.1(4)) on a

$$\lim_{\delta \to 0} \int_{D^\alpha_{\underset{\sim}{\delta}, \delta_{p+1}}} z^{-\gamma} \omega = \sigma (2\pi i)^p \lim_{\delta \to 0} \int_{B(A)^\gamma_\delta \cap B(A)^{\alpha_{p+1}}_{\delta_{p+1}}} z(A)^{-\gamma} \, b^{\gamma - 1}(A) \, dw_M \tag{1}$$

et

$$\lim_{\delta_{p+1} \to 0} \lim_{\delta \to 0} \int_{D^\alpha_{\underset{\sim}{\delta}, \delta_{p+1}}} z^{-\gamma} \omega = \sigma (2\pi i)^p \lim_{\delta \to 0} \int_{B(A)^\gamma_\delta} z(A)^{-\gamma} \, b^{\gamma - 1}(A) \, dw_M \tag{2}$$

où $\sigma$ = signe de $\det \alpha_A(p+1)$. Si $\omega = b\, dz_A \wedge d\bar{z}_B \wedge dw_M$ n'est pas normale, alors

$$\lim_{\delta \to 0} \int_{D^{\alpha}_{\underline{\delta}, \delta_{p+1}}} z^{-\gamma} \omega = 0 , \quad \delta_{p+1} > 0 . \tag{3}$$

D) D'après les lemmes 2.2, 2.7, et 2.12 nous pouvons nous borner à considérer le cas où $\omega = b\, dz_A \wedge dw_M$, $|M| = n-p$ et $\det \alpha_A(p+1) \neq 0$. Montrons alors que

$$\lim_{\delta \to 0} \int_{D^{\alpha}_{\underline{\delta}, \delta_{p+1}}} z^{-\gamma} b\, dz_A \wedge dw_M = \lim_{\delta \to 0} \int_{D^{\alpha}_{\underline{\delta}, \delta_{p+1}}} z^{-\gamma} \tilde{b}^{\gamma-1}(A)\, dz_A \wedge dw_M , \tag{4}$$

$\delta_{p+1} > 0$, où la limite à droite existe par 2.11. Pour le faire, nous verrons par récurrence décroissante sur $t$, $0 \leq t \leq p$, que

$$\lim_{\delta \to 0} \int_{D^{\alpha}_{\underline{\delta}, \delta_{p+1}}} z^{-\gamma} \tilde{b}^{\gamma-1}(I)\, dz_A \wedge dw_M = \lim_{\delta \to 0} \int_{D^{\alpha}_{\underline{\delta}, \delta_{p+1}}} z^{-\gamma} \tilde{b}^{\gamma-1}(A)\, dz_A \wedge dw_M , \tag{5}$$

pour tout $I \subset A$ tel que $|I| = t$. Le cas $t = 0$ correspond à (4).

Si $t = p$, $I = A$ et il n'y a rien à prouver. Supposons (5) vérifié pour $t+1, \ldots, p$ ($0 \leq t < p$), et prenons $I \subset A$ tel que $|I| = t$; on peut supposer que $I = \{1, \ldots, t\} \subset A = \{1, \ldots, p\}$. Dans le développement 2.4 de $b_1 = b^{\gamma-1}(I)$ :

$$b^{\gamma-1}(I) = \sum_{h=t+1}^{n} \left( \sum z_h^r \bar{z}_h^s g^h_{rs} : r+s < \gamma_h \right) + K(z(I), \bar{z}(I)) ,$$

le terme $K$ ne contribue pas à l'intégrale à gauche de (5), puisque $I \subsetneq A$ (cf. 2.10). De l'autre côté nous avons (2.4.1)

$$\sum_{h=t+1}^{p} \left( \sum z_h^r \bar{z}_h^s \, g_{rs}^h \; : \; r+s < \gamma_h \right) \cdot z_I^{\gamma-1} = \tag{6}$$

$$= \sum_{h=1}^{p-t} (-1)^{h+1} \sum \left( \tilde{b}_1(J)^{\mu,\nu} \; : \; J \subset \{t+1,\dots,p\},\ |J| = h,\ \mu+\nu < \gamma \right) \cdot z_I^{\gamma-1} .$$

De tous ces termes, ceux qui contribuent dans (5) correspondent à $\mu = (\gamma_{j_1}-1,\dots,\gamma_{j_h}-1)$, $\nu = 0$, $J = (j_1,\dots,j_h)$, par 2.9. Or, ils vérifient

$$\breve{b}_1(J)^{\gamma-1,0} \cdot z_I^{\gamma-1} = b(I \cup J) \cdot z_{I \cup J}^{\gamma-1} = \tilde{b}(I \cup J)^{\gamma-1} ,$$

puisque $I \cap J = \emptyset$.

La partie qui compte du deuxième membre de (6) peut donc s'écrire

$$\sum_{h=1}^{p-t} (-1)^{h+1} \sum \left( \tilde{b}(J) \; : \; I \subsetneq J \subset \{1,\dots,p\},\ |J - I| = h \right) . \tag{7}$$

Par l'hypothèse de récurrence ces $\tilde{b}(J)$ vérifient

$$\lim_{\delta \to 0} \int_{D^\alpha_{\underline{\delta},\delta_{p+1}}} z^{-\gamma}\, \breve{b}(J)\, dz_A \wedge dw_M = \lim_{\delta \to 0} \int_{D^\alpha_{\underline{\delta},\delta_{p+1}}} z^{-\gamma}\, \tilde{b}(A)\, dz_A \wedge dw_M \;;$$

comme il y a $\binom{p-t}{h}$ ensembles $J$ tels que $I \subset J \subset \{1,\dots,p\}$, $|J - I| = h$, en remplaçant (7) dans l'intégrale gauche de (5) nous obtenons:

$$\lim_{\delta\to 0}\int_{D^{\alpha}_{\underset{\sim}{\delta},\delta_{p+1}}} z^{-\gamma}\,\tilde{b}(I)\,dz_A\wedge dw_M = \left[\sum_{h=1}^{p-t}(-1)^{h+1}\binom{p-t}{h}\right]\lim_{\delta\to 0}\int_{D^{\alpha}_{\underset{\sim}{\delta},\delta_{p+1}}} z^{-\gamma}\,b(A)\,dz_A\wedge dw_M. \tag{8}$$

La formule du binôme appliquée à $0 = (-1+1)^{p-t}$ nous donne

$$\sum_{h=1}^{p-t}(-1)^{h+1}\binom{p-t}{h} = 1,$$

de façon que (8) se réduit à l'égalité voulue (5). Ceci donne la première partie de la proposition, grâce à 2.11. Quand à la deuxième, l'égalité (1) se déduit de (4) et 2.11.1(7), et (2) se déduit de 2.11.1(8). On obtient (3) de 2.11(a) et (b) et 2.12.

2.14 __Lemme.__

Soit $\omega = k\,dz \wedge d\bar{z}_B \wedge dw_\mu \in \mathcal{E}^{2n-p-1}(\mathbb{C}^n)$. Alors

$$\lim_{\delta\to 0}\int_{D^{\alpha}_{\underset{\sim}{\delta},\delta_{p+1}}} d(z^{-\gamma}\omega) = 0 \tag{1}$$

si $|M| = n-p$ et

$$\lim_{\delta_{p+1}\to 0}\ \lim_{\delta\to 0}\int_{D^{\alpha}_{\underset{\sim}{\delta},\delta_{p+1}}} d(z^{-\gamma}\omega) = 0 \tag{2}$$

si $|M| = n-p-1$, $|B| = 1$, et le support de $k$ est contenu dans $\{z : |z_j| < 1,\ j \in B\cup M\}$.

b) Dans le premier cas, nous pouvons supposer que $M = \{p+1,\dots,n\}$ et $A \cup B = \{2,\dots,p\}$. On a alors

$$\int_{D^{\alpha}_{\underline{\delta},\delta_{p+1}}} d(z^{-\gamma}\omega) = \sum_{j\in B\cup\{1\}} \int_{D^{\alpha}_{\underline{\delta},\delta_{p+1}}} \partial_j(z^{-\gamma} k)\, dz_j \wedge dz_A \wedge d\bar{z}_B \wedge dw_M +$$

$$+ \sum_{j\in A\cup\{1\}} \int_{D^{\alpha}_{\underline{\delta},\delta_{p+1}}} z^{-\gamma}\, \bar{\partial}_j k \quad d\bar{z}_j \wedge dz_A \wedge d\bar{z}_B \wedge dw_M .$$

Selon 2.7, les termes de la deuxième somme avec $j \in A$ sont nuls, et selon 2.12 la limite quand $\delta \to 0$ du terme avec $j = 1$ est nulle aussi. Dans la première somme, les termes avec $j \in B$ sont nuls (2.7). Il ne reste donc à considérer que le terme

$$\int_{D^{\alpha}_{\underline{\delta},\delta_{p+1}}} \partial_1(z^{-\gamma} k)\, dz_1 \wedge dz_A \wedge d\bar{z}_B \wedge dw_M , \tag{3}$$

où nous pouvons supposer $B = \emptyset$ (2.12), $A' = A \cup \{1\} = \{1,\dots,p\}$. Ainsi, (3) s'écrit

$$-\gamma_1 \int_{D^{\alpha}_{\underline{\delta},\delta_{p+1}}} z(1)^{-\gamma} \; z_1^{-\gamma_1 - 1}\; k\; dz_{A'} \wedge dw_M + \int_{D^{\alpha}_{\underline{\delta},\delta_{p+1}}} z^{-\gamma}\partial_1 k\; dz_{A'} \wedge dw_M \;;$$

si l'on applique 2.13(1) à chaque terme de cette somme, on obtient qu'à la limite elle est nulle.

Dans le deuxième cas, en réordonnant au besoin les variables nous pouvons supposer que $A = \{1,\dots,p\}$ , $B = \{p+1\}$, et $M = \{p+2,\dots,n\}$. Le support de $k$ est donc contenu dans $\{z : |z_i| < 1 , p+1 \le i \le n\}$ et $\omega = k\, dz_1 \wedge \dots dz_p \wedge d\bar{z}_{p+1} \wedge dw_M$. Alors

$$\int_{D^{\alpha}_{\underline{\delta},\delta_{p+1}}} d(z^{-\gamma}\cdot\omega) = (-1)^p \int_{D^{\alpha}_{\underline{\delta},\delta_{p+1}}} \partial_{p+1}(z^{-\gamma} k)\, dz_A \wedge dz_{p+1} \wedge d\bar{z}_{p+1} \wedge dw_M +$$

$$+ \sum_{j=1}^{p} \int_{D^{\alpha}_{\underline{\delta},\delta_{p+1}}} z^{-\gamma}\, \bar{\partial}_j k \; d\bar{z}_j \wedge dz_A \wedge d\bar{z}_{p+1} \wedge dw_M .$$

La limite pour $\delta \to 0$ de chaque termede la dernière somme est nulle, d'après 2.12 . Quant au premier terme, on peut supposer que la forme qu'y se trouve est normale. Dans ce cas, sa limite quand $\delta \to 0$ est égale à (2.13) :

$$(-1)^p \sigma (2\pi i)^p \lim_{\delta\to 0} \int_{B(A)^{\gamma}_{\delta} \cap B(A)^{\alpha_{p+1}}_{\delta_{p+1}}} \partial_{p+1}(z(A)^{-\gamma} k^{\gamma-1}(A))\, dz_{p+1} \wedge d\bar{z}_{p+1} \wedge dw_M =$$

$$= (-1)^p \sigma (2\pi i)^p \lim_{\delta\to 0} \int_{B(A)^{\gamma}_{\delta} \cap B(A)^{\alpha_{p+1}}_{\delta_{p+1}}} d(z(A)^{-\gamma} k^{\gamma-1}(A)\, d\bar{z}_{p+1} \wedge dw_M) . \qquad (4)$$

Compte tenu des faits que le support de $k^{\gamma-1}(A)$ est contenu dans $B(A)$, et de ce que(cf. 2.1)

$$\partial\left(B(A)^{\gamma}_{\delta} \cap B(A)^{\alpha_{p+1}}_{\delta_{p+1}}\right) = T(A)^{\gamma}_{\delta} \cap B(A)^{\alpha_{p+1}}_{\delta_{p+1}} + T(A)^{\alpha_{p+1}}_{\delta_{p+1}} \cap B(A)^{\gamma}_{\delta} ,$$

nous avons par le théorème de Stokes que la limite dans (4) est égale à:

$$\lim_{\delta\to 0}\left(\int_{T(A)^{\gamma}_{\delta}\cap B(A)^{\alpha_{p+1}}_{\delta_{p+1}}}+\int_{T(A)^{\alpha_{p+1}}_{\delta_{p+1}}\cap B(A)^{\gamma}_{\delta}}\right) z(A)^{-\gamma}\, k^{\gamma-1}(A)\; d\bar z_{p+1}\wedge dw_M \;.$$

Le premier terme ci-dessus est nul par 2.12 . Voyons que la limite itérée $\lim_{\delta_{p+1}\to 0}\lim_{\delta\to 0}$ du deuxième terme est nulle aussi. En changeant la notation, on doit vérifier la propriété suivante:

2.14.1 Soient $\alpha\in M_{2,n}(N)$ , $\gamma\in N^n$ et $V(z^{\gamma})\subset V(z^{\alpha_1+\alpha_2})$ .

Alors

$$\lim_{\delta_1\to 0}\;\lim_{\delta_2\to 0}\int_{D^{\alpha}_{\delta_1,\delta_2}} z^{-\gamma}\; b\; d\bar z_1\wedge dz(1)\wedge d\bar z(1) \;=\; 0 \tag{1}$$

pour toute $b\in \mathcal{E}^{0}(\mathbb{C}^n)$ .

D) Si l'on considère le développement 2.4.1 de b, on voit que la seule contribution à la limite (1) vient de $z^{-\gamma}\cdot K$ ; il suffit donc de montrer que

$$\lim_{\delta_1\to 0}\;\lim_{\delta_2\to 0}\int_{D^{\alpha}_{\delta_1,\delta_2}} g\; d\bar z_1\wedge dz(1)\wedge d\bar z(1) \;=\; 0 \tag{2}$$

pour toute fonction mésurable et bornée g .

Si $\alpha_{11}=0$ la forme $d\bar z_1\wedge dz(1)\wedge d\bar z(1)$ est nulle sur $D^{\alpha}_{\delta_1,\delta_2}$ .

Supposons donc $\alpha_{11}\neq 0$ , et considérons la paramatrisation

$$\begin{cases} (0,2\pi) \times V_{\delta_1,\delta_2} \longrightarrow D^{\alpha}_{\delta_1,\delta_2} \\ (\theta_j, z(1)) \longrightarrow ((\delta_1/\rho(1)^{\alpha_1})^{1/\alpha_{11}} . e^{i\theta_1}, z(1)), \end{cases}$$

où

$$V_{\delta_1,\delta_2} = \{ z(1) \in B(1) : \rho(1)^{\alpha_{11}\alpha_2 - \alpha_{21}\alpha_1} > \delta_2^{\alpha_{11}} \delta_1^{-\alpha_{21}}, \rho(1)^{\alpha_1} > \delta_1 \}. \quad (3)$$

Intégrons dans (2) par rapport aux $\theta_1,\ldots,\theta_n$ ; on obtient

$$\int_{U_{\delta_1,\delta_2}} G(\rho_1,\ldots,\rho_n)\, \rho_1 \cdots \rho_n \, d\rho_2 \cdots d\rho_n ,$$

où $G$ est une fonction bornée et $U_{\delta_1,\delta_2}$ est le sous-ensemble de $\{\rho_i < 1, 1 \leq i \leq n\}$ défini par les inégalités dans (3) . La limite de cette intégrale quand $\delta_2 \to 0$ est

$$\int_{(\rho(1)^{\alpha_1} > \delta_1)} G(\rho_1,\ldots,\rho_n)\, \rho_1 \cdots \rho_n \, d\rho_2 \cdots d\rho_n \quad ;$$

si l'on remplace ici $\rho_1$ par sa valeur $\left(\delta_1/\rho(1)^{\alpha_1}\right)^{1/\alpha_{11}}$ on a

$$\delta_1^{1/\alpha_{11}} \int_{\rho(1)^{\alpha_1} > \delta_1} \prod_{i=2}^{n} \rho_1^{1 - \frac{\alpha_{1i}}{\alpha_{11}}} \, d\rho_2 \cdots d\rho_n \quad ;$$

la limite de cette intégrale quand $\delta_1 \to 0$ est zero (cf. la démonstration de 2.10(5) ), ce qui donne 2.14.1 , et fini le lemme 2.14 .

2.15 <u>Proposition</u>.

Soient $\alpha \in M_{p+1,n}(N)$ , $0 \leq p \leq n$ , et $\gamma \in N^n$ telles que $V(z^\gamma) \subset V(\prod_{i=1}^{p+1} z^{\alpha_i})$ ; soient $h = (h_1, \dots, h_{p+1})$ , où les $h_i$ sont des fonctions holomorphes inversibles sur $\overline{B}$ , $c = \inf(|h_{p+1}(z)| : z \in \overline{B})$ et $\underset{\sim}{\delta}$ une trajectoire admissible dans $\mathbb{R}^p$. Alors il existe un voisinage ouvert $\tilde{B} \subset \mathbb{C}^n$ de l'origine tel que:

a) Pour toute $\omega \in \mathcal{D}^{2n-p}(\tilde{B})$ , la limite

$$\lim_{\delta \to 0} \int_{D^{\alpha}_{\underset{\sim}{\delta}, \delta_{p+1}}(h)} z^{-\gamma} \omega \quad , \quad 0 < \delta_{p+1} < c \ , \tag{1}$$

(cf. 2.1(5))

existe et ne dépend pas de la trajectoire admissible choisie $\gamma$. En outre,

$$\lim_{\delta_{p+1} \to 0} \lim_{\delta \to 0} \int_{D^{\alpha}_{\underset{\sim}{\delta}, \delta_{p+1}}(h)} z^{-\gamma} \omega = \lim_{\delta_{p+1} \to 0} \lim_{\delta \to 0} \int_{D^{\alpha}_{\underset{\sim}{\delta}, \delta_{p+1}}} z^{-\gamma} \omega \ , \tag{2}$$

et

b$_1$) Si $\omega = b(z,\bar{z})\, dz_A \wedge d\bar{z}_B \wedge dw_M \in \mathcal{D}^{2n-p}(\tilde{B})$ n'est pas normale, la limite (1) est nulle;

b$_2$) Si $\omega = b(z,\bar{z})\, dz_A \wedge dw_M \in \mathcal{D}^{2n-p}(\tilde{B})$ , $|M| = n-p$ , et $b^{\mu}(A) = 0$ pour tout $\mu \in N^n$ tel que $\mu \leq \gamma - 1$ , alors la limite (1) est nulle.

D) Le cas $p = 0$ est contenu dans la prop. 6.6 de [H-L]. Si $\alpha_{p+1} = 0$, on a $D^{\alpha}_{\delta,\delta_{p+1}}(h) = T^{\alpha}_{\delta}(h)$ pour $0 < \delta_{p+1} < c$ ; cette situation est similaire, mais plus simple, que celle où $\alpha_{p+1} \neq 0$, et nous ne la considérerons pas ici. Si $\alpha_{p+1} \neq 0$ mais $\operatorname{rang} \alpha < p+1$, $D^{\alpha}_{\delta,\delta_{p+1}}$ et $D^{\alpha}_{\delta,\delta_{p+1}}(h)$ sont nulles pour $\delta$ petit ( 2.2 ) et la proposition est évidente.

En conséquence, nous étudierons ici seulement le cas où $p \geq 1$ et $\operatorname{rang} \alpha = p+1$. Nous montrerons d'abord que:

A) Il existe un voisinage $\tilde{B}_1$ de l'origine tel que pour toute $\omega \in \mathcal{D}^{2n-p}(\breve{B}_1)$, la limite (1) existe et ne dépend pas du choix de la trajectoire, et le premier membre de (2) existe.

Supposons par simplicité que $\Delta = \det \alpha_J > 0$, où $J = \{1,\dots,p+1\}$ ; notons $\Delta_{ij} = (-1)^{i+j} \det \alpha_J(i,j)$ et

$$k_i = h_1^{\Delta_{1i}/\Delta} \cdots h_{p+1}^{\Delta_{p+1,i}/\Delta} \quad , \quad i \in J , \tag{3}$$

où l'on a choisi des déterminations $h_i^{1/\Delta} \in \mathcal{O}(\bar{B})$. Voyons qu'on peut supposer $|k_i| > 1$ sur $\bar{B}$, $i \in J$. Soit $M > 0$ tel que $M.|k_i| > 1$ sur $\tilde{B}$, pour $i \in J$, et soient

$$e_i = M^{\alpha_{i1} + \dots + \alpha_{i,p+1}} \quad , \quad i \in J ;$$

les relations

$$\Delta = \sum_{j=1}^{p+1} (\alpha_{j1} + \dots + \alpha_{j,p+1}) . \Delta_{ji} \quad , \quad i \in J ,$$

nous donnent $e_1^{\Delta_{1i}} \dots e_{p+1}^{\Delta_{p+1,i}} = M^{\Delta}$ , $i \in J$ , donc les fonctions $g_i = M.k_i$ vérifient

$$g_i = \left( e_1^{\Delta_{1i}} \dots e_{p+1}^{\Delta_{p+1,i}} \right)^{1/\Delta} . k_i = (e_1 h_1)^{\Delta_{1i}/\Delta} \dots (e_{p+1} h_{p+1})^{\Delta_{p+1,i}/\Delta} ,$$

$$|g_i| > 1 \quad \text{sur } \bar{B} , \quad i \in J .$$

Des égalités

$$D^{\alpha}_{e\underset{\sim}{\delta}, e_{p+1}\delta_{p+1}}(eh) = D^{\alpha}_{\underset{\sim}{\delta}, \delta_{p+1}}(h) , \tag{4}$$

où $eh = (e_1 h_1, \dots, e_{p+1} h_{p+1})$ et $e\underset{\sim}{\delta} = (e_1 \delta_1, \dots, e_p \delta_p)$ , on déduit qu'il suffit de prouver (A) pour les fonctions $eh$ , donc qu'on peut se placer dans le cas où

$$g_i = h_1^{\Delta_{1i}/\Delta} \dots h_{p+1}^{\Delta_{p+1,i}/\Delta} , \quad i \in J , \tag{5}$$

$$|g_i| \geq 1 \quad \text{sur } \bar{B} . \tag{6}$$

Considérons la transformation $\Psi(z) = t$ définie par $t_i = z_i g_i$, $i \in J$ , et $t_i = z_i$ , $p+2 \leq i \leq n$ . Le déterminant jacobien de $\Psi$ à l'origine étant différent de zéro, il existe des voisinages ouverts de l'origine, U et V, tels que $\Psi$ définit un isomorphisme de U sur V. Soit $r > 0$ tel que $\{\|z\| < r\} \subset U$ , $B_r = \{\|t\| < r\} \subset V$ ; notons

$$\tilde{B}_r = \{ z : \|z\| < r \quad \text{et} \quad |z_i g_i| < 1 \quad , i \in J \} .$$

On voit facilement, grâce à (6), que $\Psi$ induit un isomorphisme de $\tilde{B}_r$ sur $B_r$, dont l'inverse $\Psi^{-1}$ à des composantes

$$\Psi^{-1} = \begin{cases} z_i = t_i . b_i(t) & , \quad i \in J , \\ z_i = t_i & , \quad p+2 \leq i \leq n ; \end{cases} \tag{7}$$

les $b_i$ sont ici des fonctions inversibles de $\mathcal{O}(\bar{B})$.

Nous tirons de (5) que

$$g_1^{\alpha_{i1}} \dots g_{p+1}^{\alpha_{i,p+1}} = h_i \quad , \quad 1 \leq i \leq p+1 ,$$

donc $(h_i z^{\alpha_i}) \circ \Psi^{-1} = t^{\alpha_i}$, $i \in J$ ; en conséquence

$$\Psi_* \left( D^{\alpha}_{\underset{\sim}{\delta}, \delta_{p+1}}(h) \cap \tilde{B}_r \right) = D^{\alpha}_{\underset{\sim}{\delta}, \delta_{p+1}} \cap B_r ,$$

et pour chaque $\omega \in \mathcal{D}^{2n-p}(\tilde{B}_r)$ on a :

$$\int_{D^{\alpha}_{\underset{\sim}{\delta}, \delta_{p+1}}(h)} z^{-\gamma} . \omega = \int_{D^{\alpha}_{\underset{\sim}{\delta}, \delta_{p+1}}} (\Psi^{-1})^* ( z^{-\gamma} \omega) . \tag{8}$$

Si l'on applique les résultats de 2.13 au deuxième membre de cette égalité on obtient (A).

B) Nous montrons maintenant que $b_1)$ est vérifié par les formes $\omega \in \mathcal{D}^{2n-p}(\breve{B}_r)$.

En premier lieu, si $\omega \in \mathcal{D}^{2n-p}(\breve{B}_r)$ n'a pas de composante de bidegré $(n,n-p)$, $(\psi^{-1})^*\omega$ n'en a pas non plus. Dans le deuxième membre de (8) il n'y a pas de composantes normales, et sa limite quand $\delta \to 0$ est zéro ( 2.13(3) ). Ceci donne $b_1)$.

Il suffit donc de vérifier $b_1)$ pour une forme $\omega = b\, dz_A \wedge d\bar{w}_M$ telle que $|M| = n-p$ et $\alpha_A$ ne soit pas normale. Nous verrons que dans ce cas $(\psi^{-1})^*(dz_A \wedge d\bar{w}_M)$ est une somme de formes d'expression canonique $a(t,\bar{t})\, dt_{A'} \wedge d\bar{w}_{M'}$, et telles que si $A' \neq A$ alors $\bar{t}_i$ est facteur de $a(t,\bar{t})$, pour quelque $i \in A'$ ; ceci implique $\partial^{\gamma-1}(f.a)(A') = 0$ pour toute $f \in \mathcal{E}^o(\mathbb{C}^n)$, et, par 2.13(1), que la limite quand $\delta \to 0$ du deuxième membre de (8) est zero.

Soit $M_1 = M \cap \{1,\dots,p+1\}$ et $M_2 = M - M_1$. Si $h \in M_1$, $z_h = t_h.b_h(t)$ par (7) et

$$d\bar{z}_h = \bar{t}_h\Big(\sum_{j\neq h} \bar{\partial}_j \bar{b}_h\, d\bar{t}_j\Big) + (\bar{b}_h + \bar{t}_h \bar{\partial}_h \bar{b}_h)\, d\bar{t}_h \;;$$

par conséquent

$$d\bar{z}_{M_1} = \bigwedge_{h\in M_1} d\bar{z}_h = \sum_{M_1' \in \mathcal{F}} \Big(\prod_{h\in M_1-M_1'} \bar{t}_h\Big) . c_{M_1'}(\bar{t})\, d\bar{t}_{M_1'} \;,$$

où $\mathcal{F}$ est la famille de sous-ensembles de $\{1,\dots,n\}$ de cardinal $|M_1|$ et les $c_{M_1'} \in \mathcal{E}^o(\mathbb{C}^n)$ sont des fonctions convenables. Ainsi, si $dz_A \wedge dw_M = \pm dz_{A\cup M_1} \wedge d\bar{z}_{M_1} \wedge dw_{M_2}$ , $(\psi^{-1})^*(dz_A \wedge dw_M)$ peut s'exprimer comme

$$\sum_{M_1' \in \mathcal{F}'} a_{M_1'}(t,\bar{t}) \cdot \Big( \prod_{h \in M_1 - M_1'} \bar{t}_h \Big) \, dt_{A'} \wedge dw_{M_1' \cup M_2} \, , \qquad (9)$$

ou $\mathcal{F}'$ est la famille de sous-ensembles de $\{1,\ldots,n\} - M_2$ de cardinal $|M_1|$ et $A' = \{1,\ldots,n\} - M_1' \cup M_2$ .

Dans ces conditions, si un terme de (9) a $M_1' = M_1$ , alors nécessairement $A' = A$ et le terme n'est pas normal puisque $\alpha_A$ ne l'est pas; si on a par contre $M_1' \neq M_1$ , il existe $h \in M_1 - M_1'$ et l'on trouve le facteur $\bar{t}_h$ dans son coefficient. Dans les deux cas on déduit, par 2.13 , que la limite (1) est nulle.

C) Soit $A \subset \{1,\ldots,n\}$ tel que $|A| = p$ et $\alpha_A$ soit normale.

Nous allons trouver un voisinage $\tilde{B}_A$ de l'origine tel que pour toute $\omega = b\, dz_A \wedge dw_M \in \mathcal{D}^{2n-p}(\tilde{B}_A)$ , $M = \{1,\ldots,n\} - A$ , on a

$$\lim_{\delta \to 0} \int_{D^{\alpha}_{\underset{\sim}{\delta},\delta_{p+1}}(h)} z^{-\gamma}\, b \, dz_A \wedge dw_M =$$

$$= \lim_{\delta \to 0} \sum_{\mu \leq \gamma - 1} \int_{\tilde{D}^{\alpha}_{\underset{\sim}{\delta},\delta_{p+1}}(h)} z^{-\gamma}\, \tilde{b}^{\mu}(A)\, dz_A \wedge dw_M \, , \qquad (10)$$

où $\tilde{D}^{\alpha}_{\underset{\sim}{\delta},\delta_{p+1}}(h) = D^{\alpha}_{\underset{\sim}{\delta},\delta_{p+1}}(h) \cap \tilde{B}_A$ .

Observons d'abord que des faits que rang $\alpha = p+1$ et que $\alpha_A$ soit normale on déduit l'existence de $k \in \{1,\dots,n\} - A$ tel que $\det \alpha_{A\cup\{k\}} \neq 0$ . Comme on l'a fait dans la section (A) , on peut construire un isomorphisme $\psi : \tilde{B}_{r_1}(z) \longrightarrow B_{r_1}(t)$ , $r_1 > 0$ , tel que $\psi_*\left(D^{\alpha}_{\underset{\sim}{\delta},\delta_{p+1}}(h)\right) = D^{\alpha}_{\underset{\sim}{\delta},\delta_{p+1}}$ . On peut aussi changer de variables pour avoir $r_1 = 1$ , ce qui sera utile par la suite.

Ceci fait, voyons que pour toute $f \in \mathcal{E}^0(\mathbb{C}^n)$ on a

$$\lim_{\delta\to 0} \int_{\tilde{D}^{\alpha}_{\underset{\sim}{\delta},\delta_{p+1}}(h)} z^{-\gamma} z_i^r \bar{z}_j^s \; f \; dz_A \wedge dw_M = 0 \tag{11}$$

si $i \in A$ et $r \geq \gamma_i$ , ou si $j \in A$ et $s > 0$ .

On peut toujours supposer que $A = \{1,\dots,p\}$ et $k = p+1$ , de façon que $\psi^{-1}$ est donnée par (7) . Si l'on transforme par $(\psi^{-1})^*$ la forme dans (11) on obtient

$$t^{-\gamma} t_i^r \bar{t}_j^s \, a_1(t,\bar{t}) \sum_{j=1}^{p} \bar{t}_{p+1} \bar{\partial}_j \bar{b}_{p+1} \; dt_1 \wedge \dots \wedge dt_n \wedge d\bar{t}_j \wedge d\bar{t}_{p+2} \wedge \dots \wedge d\bar{t}_n$$

$$+ \quad t^{-\gamma} t_i^r \bar{t}_j^s \, a_1(t,\bar{t}) \, (\bar{b}_{p+1} + \bar{t}_{p+1} \bar{\partial}_{p+1} \bar{b}_{p+1}) \; dt_1 \wedge \dots \wedge dt_n \wedge d\bar{t}_{p+1} \wedge \dots \wedge d\bar{t}_n \; .$$

Les p premiers termes ont des différentielles de la forme $dt_{A'}$, $dw_{M'}$ avec $p+1 \in A'$ , et ils ont le facteur $\bar{t}_{p+1}$ dans leurs coefficients; d'après 2.13(1), ils ne donnent pas de contribution dans (11) .

Le dernier terme est de la forme $t^{-\gamma} t_i^r \bar{t}_j^s a_2(t,\bar{t})\, dt_A \wedge dw_M$ ; dans la situation considérée dans (11) , sa contribution est nulle aussi ( 2.13 ).

Considérons maintenant dans (10) le développement de Taylor de b d'ordre $m > p.\max(\gamma_i : i \in A)$, par rapport aux variables $z_i$ , $i \in A$ ,

$$b = \sum_{|\mu| + |\nu| < m} \tilde{b}^{\mu,\nu}(A) + \sum_{|\mu|+|\nu| = m} z_A^{\mu} \bar{z}_A^{\nu} B_{\mu,\nu}(z,\bar{z}) \quad ;$$

d'après (11) , les seuls termes qui peuvent donner des contributions non nulles dans (10) sont les $\tilde{b}^{\mu}(A)$ , $\mu \leq \gamma - 1$ , ce qui démontre (10) .

D) Montrons que pour chaque $\mu \not\leq \gamma - 1$ on a dans (10):

$$\lim_{\delta_{p+1} \to 0} \lim_{\delta \to 0} \int_{D^{\alpha}_{\underset{\sim}{\delta},\delta_{p+1}}(h) \cap \tilde{B}_A} z^{-\gamma}\, \tilde{b}^{\mu}(A)\, dz_A \wedge dw_M = 0 \, . \tag{12}$$

On suppose comme dans (C) que $A = \{1,\dots,p\}$ , $k = p+1$ . Soit par exemple $\mu_1 < \gamma_1 - 1$ . Alors

$$z^{-\gamma}\, \tilde{b}^{\mu}(A)\, dz_A \wedge dw_M = \frac{1}{\mu_1 - \gamma_1 + 1}\, d\big( z^{-\gamma} z_1\, \tilde{b}^{\mu}(A)\, dz_{A-\{1\}} \wedge dw_M \big) \, ,$$

avec $\tilde{b}^{\mu}(A) \in \mathcal{D}^{\,0}(B(A))$ . Voyons qu'en général

$$\lim_{\delta_{p+1}\to 0}\ \lim_{\delta\to 0}\int_{D^{\alpha}_{\underline{\delta},\delta_{p+1}}(h)\cap\tilde{B}_A} d(\, z^{-\gamma}\, g\, dz_2\wedge\ldots\wedge dz_p\wedge dw_M\,)\ =\ 0$$

pour toute $g\in\mathcal{E}^{o}(\mathbb{C}^n)$ avec support contenu dans $\bigcap(\rho_i<1 : p+1\leq i\leq n)$. Moyennant le changement de variables $\Psi$ de (7), cette intégrale se transforme en

$$\sum_{i,j=1}^{p+1}\int_{D^{\alpha}_{\underline{\delta},\delta_{p+1}}} d(\, t^{-\gamma}\cdot g_{ij}\, dt_1\wedge\ldots\wedge\widehat{dt_i}\wedge\ldots\wedge dt_{p+1}\wedge d\bar{t}_j\wedge\ldots\wedge dw_{M_2}), \quad (13)$$

où $M_2=\{p+2,\ldots,n\}$ et $g_{ij}\in\mathcal{E}^{o}(\mathbb{C}^n)$. Les termes dans (13) avec $i\neq j$ sont de la forme

$$\int_{D^{\alpha}_{\underline{\delta},\delta_{p+1}}} d(\, t^{-\gamma}\, g_{ij}\, dt_{A'}\wedge dw_{M'}\,),$$

avec $M'=\{j,p+2,\ldots,n\}$; leurs limites itérées sont donc zéro ( 2.14(1) ). De même, dans les termes de (13) avec $i=j\neq p+1$ on a nécessairement $g_{ii}=t_{p+1}\cdot k_i(t,\bar{t})$, et

$$d(\, t^{-\gamma}\,\bar{t}_{p+1}\, k_i\, dt_1\wedge\ldots\wedge\widehat{dt_i}\wedge\ldots\wedge dt_{p+1}\wedge d\bar{t}_i\wedge dw_{M_2}\,) =$$

$$= (-1)^{i-1}\,\bar{t}_{p+1}\,\partial_i(\, t^{-\gamma}\, k_i)\, dt_1\wedge\ldots\wedge dt_{p+1}\wedge d\bar{t}_i\wedge dw_{M_2}\ +$$

$$+ \sum_{h=1}^{p+1} t^{-\gamma} \bar{\partial}_h(\bar{t}_{p+1} \cdot k_i) \, d\bar{t}_h \wedge dt_1 \wedge \ldots \wedge \widehat{dt_i} \wedge \ldots \wedge dt_{p+1} \wedge d\bar{t}_i \wedge d\omega_{M_2} \ ;$$

par des arguments déjà utilisés ( 2.13 ) , on voit que la limite quand $\delta \to 0$ des intégrales de ces termes est zero.

Il reste à considérer le terme dans (13) où $i = j = p+1$ ; mais dans ce cas on a

$$\lim_{\delta_{p+1}\to 0} \lim_{\delta\to 0} \int_{D^{\alpha}_{\underline{\delta},\delta_{p+1}}} d( t^{-\gamma} g_{p+1,p+1} \, dt_1 \wedge \ldots \wedge dt_p \wedge d\bar{t}_{p+1} \wedge d\omega_{M_2} ) = 0$$

par 2.14(2) , puisque le support de $g_{p+1,p+1}$ est contenu dans $\bigcap ( \rho_i < 1 : p < i \leq n )$ . L'égalite (12) est ainsi démontrée.

E) Voyons finalement que pour toute $b \in \mathcal{D}^0(\breve{B}_A)$ on a

$$\lim_{\delta_{p+1}\to 0} \lim_{\delta\to 0} \int_{D^{\alpha}_{\underline{\delta},\delta_{p+1}}(h) \cap \breve{B}_A} z^{-\gamma} \, \tilde{b}^{\gamma-1}(A) \, dz_A \wedge d\omega_M =$$

$$= \sigma \, (2\pi i)^p \lim_{\delta\to 0} \int_{B(A)^{\gamma}_{\delta}} z(A)^{-\gamma} \, b^{\gamma-1}(A) \, d\omega_M \ , \qquad (14)$$

où $\sigma$ est le signe de $\det \alpha_A(p+1)$ .

Supposons comme avant que $\det \alpha_{A\cup\{k\}} \neq 0$ , avec $A = \{1,\dots,p\}$ et $k = p+1$ . Transformons par $\psi$ (7) l'intégrale gauche dans (14) ; si $J(t)$ désigne le déterminant jacobien de $\psi$ , elle devient

$$\sum_{j=1}^{p} \int_{D^{\alpha}_{\underset{\sim}{\delta},\delta_{p+1}}} \frac{b^{\gamma-1}(A)\cdot J(t)\cdot \bar t_{p+1}\,\bar\partial_j \bar b_{p+1}}{b_1\dots b_p b_{p+1}^{\gamma_{p+1}}\cdot t_A\cdot t(A)^{\gamma}}\, dt_1\wedge\dots\wedge dt_{p+1}\wedge d\bar t_j\wedge dw_{M-\{p+1\}} \;+$$

$$+\int_{D^{\alpha}_{\underset{\sim}{\delta},\delta_{p+1}}} \frac{b^{\gamma-1}(A)\cdot J(t)\cdot(\bar b_{p+1} + \bar t_{p+1}\bar\partial_{p+1}\bar b_{p+1})}{b_1\dots b_p b_{p+1}^{\gamma_{p+1}}\cdot t_A\cdot t(A)^{\gamma}}\, dt_A\wedge dw_M \,. \tag{15}$$

La limite quand $\delta\to 0$ des premiers $p$ termes est nulle, parce qu'ils sont tous de la forme $\bar t_{p+1} k(t,\bar t)\, dt_{A'}\wedge dw_{M'}$ avec $p+1\in A'$ ( 2.13(2) ) . Quant au dernier terme, sa limite iterée est égale à (cf. 2.13(2) ):

$$\sigma\cdot(2\pi i)^p \lim_{\delta\to 0} \int_{B(A)^{\gamma}_{\delta}} t(A)^{-\gamma}\cdot {}'b_{p+1}^{-\gamma_{p+1}}\cdot b^{\gamma-1}(A)\cdot {}'J\cdot {}'\bar J \; dw_M \,, \tag{16}$$

où $'f$ désigne la restriction de $f\in\mathcal{E}^0(\mathbb{C}^n)$ au sous-espace $t_1 = \dots = t_p = 0$ , et où $'J = {}'b_{p+1} + t_{p+1}\,\partial_{p+1}{}'b_{p+1}$ .

D'autre part, $\psi$ induit un isomorphisme $\chi$ de $\{z(A)\in B(A) : |z_{p+1}{}'h_{p+1}| < 1\}$ sur $\{t(A) : \|t(A)\| < 1\}$ :

$$\chi : \begin{cases} t_{p+1} = z_{p+1} \cdot {}^t g_{p+1} \\ t_i = z_i \ , \quad p+2 \le i \le n \ , \end{cases}$$

dont l'inverse est

$$\chi^{-1} \begin{cases} z_{p+1} = t_{p+1} \cdot {}^t b_{p+1} \\ z_i = t_i \ , \quad p+2 \le i \le n \ . \end{cases}$$

Si l'on transforme l'intégrale dans (16) par $\chi$ on obtient

$$\sigma\,(2\pi i)^p \lim_{\delta \to 0} \int_{\underset{*}{B}(A)^\gamma_\delta} z(A)^{-\gamma}\, b^{\gamma-1}(A)\, dw_M \ , \tag{17}$$

où $\underset{*}{B}(A)^\gamma_\delta = B(A)^\gamma_\delta \cap \left( |z_{p+1}{}^t g_{p+1}| < 1 \right)$. Mais $b^{\gamma-1}(A) \in \mathcal{D}^o(B(A) \cap$ $\cap \left( |z_{p+1}{}^t g_{p+1}| < 1 \right)$ ) et, d'après [25] ( prop. 6.6 ), la limite (17) est égale à

$$\sigma\,(2\pi i)^p \lim_{\delta \to 0} \int_{B(A)^\gamma_\delta} z(A)^{-\gamma}\, b^{\gamma-1}(A)\, dw_M \ ,$$

ce qui démontre l'égalité (14) .

En résumé: Soit $\tilde{B}_1$ le voisinage de la section (A) et, pour chaque $A \in \Lambda(p,n)$ tel que $\alpha_A$ soit normale, notons $\tilde{B}_A$ le voisinage correspondant, construit dans la section (C) . Alors la proposition 2.15 est vérifié si l'on choisit

$$\tilde{B} = \tilde{B}_1 \cap ( \cap \tilde{B}_A \ : \ \alpha_A \text{ est normale } ) .$$

En effet, la propriété $(b_1)$ se vérifie dans $\tilde{B}$, d'après la section (B), et $(b_2)$ se déduit de l'égalité (10). Les égalités (10), (12) et (14) impliquent (2), compte tenue de la formule 2.13(2).

2.16 <u>Proposition</u>.

Dans les conditions de la proposition 2.15, supposons que $\underset{\sim}{\delta}$ est une trajectoire admissible dans $\mathbb{R}^{p+1}$. Alors

a) Pour chaque $\omega \in \mathcal{E}^{2n-p}(\mathbb{C}^n)$,

$$\lim_{\delta\to 0} \int_{D^\alpha_{\underset{\sim}{\delta}}} z^{-\gamma}\cdot\omega = \lim_{\delta_{p+1}\to 0} \lim_{\delta\to 0} \int_{D^\alpha_{\underset{\sim}{\delta},\delta_{p+1}}} z^{-\gamma}\cdot\omega \ ; \tag{1}$$

b) Pour chaque $\omega \in \mathcal{D}^{2n-p}(\tilde{B})$,

$$\lim_{\delta\to 0} \int_{D^\alpha_{\underset{\sim}{\delta}}(h)} z^{-\gamma}\cdot\omega = \lim_{\delta_{p+1}\to 0} \lim_{\delta\to 0} \int_{D^\alpha_{\underset{\sim}{\delta},\delta_{p+1}}(h)} z^{-\gamma}\cdot\omega \ . \tag{2}$$

D) On affirme en particulier que les deux premiers membres existent. Nous ne donnerons pas les démonstrations de ces faits, qui sont similaires à celles correspondantes aux limites itereés. Les égalités s'établissent moyennant les formules 2.13(2) et 2.15(2).

## 2.17 L'intersection essentielle dans le cas de croisements normaux.

Introduisons en plus des définitions du no. 1.7.4 les notations suivantes: pour chaque $A \subset \{1,\dots,n\}$,

$$P_A = \{ z \in B : z_i = 0 , i \in A \} ;$$

si $t = (t_1,\dots,t_p,t_{p+1}) \in \mathbb{C}^{p+1}$,

$$\tau(t) = \{ (t_1,\dots,t_p,t^*_{p+1}) : |t^*_{p+1}| > |t_{p+1}| \} ;$$

pour chaque $\underset{\sim}{\delta} \in \mathbb{R}^p_>$,

$$|T^p_{\delta}(i)| = \{ t \in \mathbb{C}^p : |t_j| = \delta_j , 1 \leq j \leq p \} .$$

**2.17.1 Lemme.**

Soient $\alpha \in M_{p+1,n}(N)$, $\underset{\sim}{\delta}$ une trajectoire admissible dans $\mathbb{R}^{p+1}$ ($0 \leq p \leq n$) et

$$\varphi = (z^{\alpha_1},\dots,z^{\alpha_{p+1}}) : B \longrightarrow \mathbb{C}^{p+1} .$$

Alors pour chaque $z \in B$ les conditions suivantes sont équivalentes:

a) $z \in \tilde{V}_e(\varphi)$ ;

b) pour chaque voisinage $U$ de $z$ il existe $\delta_o > 0$ tel que, pour tout $0 < \delta < \delta_o$ et $t \in |T^{p+1}_{\delta}(i)|$, l'ensemble $\varphi^{-1}(\tau(t)) \cap U$ n'est pas vide.

c)

$$z \in \bigcup (P_A : |A| = p \text{ et } \alpha_A \text{ est normale}) .$$

D) Si $p = 0$, on a $\tilde{V}_e(\varphi) = B$ et le lemme est évident. Supposons donc $1 \leq p \leq n$, et montrons d'abord que a) implique c).

Soit $x \in B$ et $M = \{ i : x_i = 0 \}$. Nous verrons que s'il n'existe pas un ensemble $A \subset M$ avec $|A| = p$ et $\alpha_A$ normale, alors $x \notin \tilde{V}_e(\varphi)$. En effet, en raisonnant comme dans 2.2.3 on voit que dans ce cas on aurait des entiers positifs $k_{r+1}, \ldots, k_{p+1}$ tels que:

$$\alpha_{rj} \leq k_{r+1}\alpha_{r+1,j} + \ldots + k_{p+1}\alpha_{p+1,j} \quad , \quad j \in M \ ,$$

pour quelque $r$, $1 \leq r \leq p$.

Les points de $|D^{\alpha}_{\underset{\sim}{\delta}}|$ vérifient d'ailleurs

$$|z_M^{\alpha_i}| = \delta_i / |z(M)^{\alpha_i}| \quad , \quad 1 \leq i \leq p \ ,$$

$$|z_M^{\alpha_{p+1}}| > \delta_{p+1} / |z(M)^{\alpha_{p+1}}| \ ;$$

on déduit que sur $|D^{\alpha}_{\underset{\sim}{\delta}}|$ on a:

$$\delta_r / |z(M)^{\alpha_r}| = |z_M^{\alpha_r}| \geq |z_M^{k_{r+1}\alpha_{r+1} + \ldots + k_{p+1}\alpha_{p+1}}| >$$

$$> \left(\frac{\delta_{r+1}}{|z(M)^{\alpha_{r+1}}|}\right)^{k_{r+1}} \cdots \left(\frac{\delta_{p+1}}{|z(M)^{\alpha_{p+1}}|}\right)^{k_{p+1}} \ ,$$

ou

$$\delta_r \cdot \delta_{r+1}^{-k_{r+1}} \cdots \delta_{p+1}^{-k_{p+1}} > |z(M)^{\alpha_r - k_{r+1}\alpha_{r+1} - \ldots - k_{p+1}\alpha_{p+1}}| . \quad (1)$$

Choisissons maintenant un voisinage $U$ de $x$ et une constante $m > 0$ de façon que

$$U \subset \{ z \in B : |x_i|/2 < |z_i| < 1 , i \notin M \} ,$$

et telle que le deuxième membre de (1) soit plus grand que m, si $z \in U$.

La trajectoire $\underset{\sim}{\delta}$ étant admissible, il existe $\delta_o > 0$ tel que le premier membre de (1) soit plus petit que m, si $0 < \delta < \delta_o$. On déduit alors de (1) que

$$|D^{\alpha}_{\underset{\sim}{\delta}}| \cap U = \phi , \quad 0 < \delta < \delta_o ,$$

donc que $x \notin \tilde{V}_e(\varphi)$.

Montrons maintenant que c) implique b). Soit $x \in P_A$, avec $|A| = p$ et $\alpha_A$ normale. Supposons que $A = \{1,\ldots,p\}$ et que $\alpha_A(p+1)$ est triangulaire, et considérons le voisinage $U = \{ |z-x| < \varepsilon \}$ de $x$.

Pour chaque $t \in \mathbb{C}_*^{p+1}$ la condition $z \in \varphi^{-1}(\tau(t))$ est équivalente à

$$z_1^{\alpha_{i1}} \ldots z_p^{\alpha_{ip}} = t_i / z(A)^{\alpha_i} , \quad 1 \leq i \leq p , \tag{2}$$

et

$$|z^{\alpha_{p+1}}| = |z(A)^{\alpha_{p+1}}| > |t_{p+1}| . \tag{3}$$

Le système (2) donne à son tour

$$z_i^{\Delta} = t_1^{\Delta_{i1}} \ldots t_p^{\Delta_{pi}} / z(A)^{\beta_i} , \quad 1 \leq i \leq p . \tag{4}$$

Soit $y \in U$ tel que le produit $y_{p+1} \cdots y_n \neq 0$ , et $\delta_o > 0$ tel que si $0 < \delta < \delta_o$ on a:

$$\left( \delta_1^{\Delta_{1i}} \cdots \delta_p^{\Delta_{pi}} / |y(A)^{\beta_i}| \right)^{1/\Delta} < \varepsilon \ , \qquad 1 \leq i \leq p \ , \tag{5}$$

et

$$|y(A)^{\alpha_{p+1}}| > \delta_{p+1} \ . \tag{6}$$

Choisissons alors $0 < \delta < \delta_o$ et $t \in |T_{\delta}^{p+1}(1)|$. Pour $z(A) = y(A)$ , soit $(z_1,\ldots,z_p)$ une solution du système (2) ; alors (4) , (5) et les égalités $|t_i| = \delta_i$ nous donnent $|z_i| < \varepsilon$ , $1 \leq i \leq p$ . Donc

$$(z_1,\ldots,z_p, y(A)) \in U$$

et ce point appartient aussi à $\varphi^{-1}(\tau(t))$ , par (6) . La condition b) du lemme est ainsi vérifié.

Ceci finit la démonstration du lemme, l'implication b) $\Rightarrow$ a) étant immediate.

2.17.2 Lemme.

Soit $\alpha \in M_{p,n}(N)$ , $\varphi = (z^{\alpha_1},\ldots,z^{\alpha_p}) : B \longrightarrow \mathbb{C}^p$ et $\underset{\sim}{\delta}$ une trajectoire admissible dans $\mathbb{R}^p$ , $1 \leq p \leq n$ .

Pour chaque $z \in B$ les conditions suivantes sont équivalentes:

a) $z \in \mathbf{V}_B(\varphi)$ ;

b) pour chaque voisinage $U$ de $z$ il existe $\delta_o > 0$ tel que $\varphi^{-1}(t) \cap U \neq \emptyset$ pour tout $0 < \delta < \delta_o$ et $t \in |T_{\underset{\sim}{\delta}}^p(1)|$ ;

c)

$$z \in \bigcup ( P_A : |A| = p , \alpha_A \text{ normale} ) .$$

D) Il suffit d'appliquer le lemme 2.17.1 avec $\alpha_{p+1} = 0$ ; il existe alors $\delta_o > 0$ tel que $|D^{\alpha}_{\underset{\sim}{\delta}}| = |T^{\alpha(p+1)}_{\underset{\sim}{\delta}}|$ pour tout $0 < \delta < \delta_o$.

2.17.3 Lemme.

Soient $W$ une variété complexe (lisse) de dimension $n$, $\varphi = (\varphi_1,\ldots,\varphi_{p+1}) : W \longrightarrow \mathbb{C}^{p+1}$ un morphisme tel que $V(\prod_{i=1}^{p+1} \varphi_i)$ a des croisements normaux et $\underset{\sim}{\delta}$ une trajectoire admissible dans $\mathbb{R}^{p+1}$. Alors

a) $x \in V_e(\varphi_1,\ldots,\varphi_{p+1})$ (resp. $x \in \tilde{V}_e(\varphi_1,\ldots,\varphi_{p+1})$ ) si et seulement si pour chaque voisinage $U$ de $x$ il existe $\delta_o > 0$ tel que $\varphi^{-1}(t) \cap U \neq \phi$, pour tout $0 < \delta < \delta_o$ et $t \in |T^{p+1}_{\underset{\sim}{\delta}}(i)|$ ( resp. $\varphi^{-1}(\tau(t)) \cap U \neq \phi$ ).

b) $\tilde{V}_e(\varphi_1,\ldots,\varphi_{p+1})$ et $V_e(\varphi_1,\ldots,\varphi_{p+1})$ sont des sous-ensembles analytiques complexes de $W$.

c) $\tilde{V}_e(\varphi_1,\ldots,\varphi_{p+1})$ est l'union des composantes irréductibles de $V_e(\varphi_1,\ldots,\varphi_p)$ qui ne sont pas contenues dans $V(\varphi_{p+1})$.

d) $\tilde{V}_e(\varphi_1,\ldots,\varphi_{p+1}) \cap V(\varphi_{p+1}) = V_e(\varphi_1,\ldots,\varphi_{p+1})$.

D) Nous remarquons que pour chaque ouvert $W' \subset W$ on a $V_e(\varphi|_{W'}) = V_e(\varphi) \cap W'$.

Prenons $x \in W$ et un système de coordonnées $z = (z_1,\ldots,z_n)$ dans un voisinage $\mathcal{U}$ de $x$, centré en $x$, et tel que dans $\mathcal{U}$ on a

$$\varphi_i|_{\mathcal{U}} = h_i . z^{\alpha_i} \quad , \quad 1 \le i \le p+1 \quad ,$$

où les $h_i \in \mathcal{O}(\mathcal{U})$ sont des fonctions inversibles et $\alpha_i \in N^n$. On suppose en plus que $\{\|z\| \le 1\}$ est compact et on note comme d'habitude $B = \{\|z\| < 1\}$, $\alpha \in M_{p+1,n}(N)$ la matrice dont la $i^e$-ligne est $\alpha_i$ et $h = (h_1,\dots,h_{p+1})$.

Voyons d'abord qu'il existe un voisinage $\tilde{B}$ de l'origine tel que:

$$V_e(\varphi_1,\dots,\varphi_p) \cap \tilde{B} = \bigcup ( P_A \cap \tilde{B} : |A| = p \text{ , } \alpha_A(p+1) \text{ normale } ) , \tag{1}$$

$$\tilde{V}_e(\varphi_1,\dots,\varphi_{p+1}) \cap \tilde{B} = \bigcup ( P_A \cap \tilde{B} : |A| = p \text{ , } \alpha_A \text{ normale } ) , \tag{2}$$

$$V_e(\varphi_1,\dots,\varphi_{p+1}) \cap \tilde{B} = \bigcup ( P_{A'} \cap \tilde{B} : |A'| = p+1 \text{ , } \alpha_{A'} \text{ normale } ) . \tag{3}$$

Ces égalités se vérifient de façon évidente si $\operatorname{rang} \alpha(p+1) < p$, les ensembles en question étant tous vides (cf. 2.2.1 ).

Supposons donc que $\operatorname{rang} \alpha(p+1) = p$ et que $\det \alpha_A(p+1) \ne 0$, $A = \{1,\dots,p\}$. On a vu dans la démonstration de 2.15 qu'il existe un voisinage $\tilde{B}_1$ de l'origine et un isomorphisme analytique $\chi_1 : \tilde{B}_1 \longrightarrow B$, $B \subset \mathbb{C}^n = \{(t_1,\dots,t_n)\}$, défini par

$$\chi_1 : \begin{cases} t_i = z_i . g_i(z) \quad , \quad 1 \le i \le p \, , \\ t_i = z_i \quad , \quad p+1 \le i \le n \, , \end{cases} \tag{4}$$

où les $g_i \in \mathcal{O}(B)$ sont des fonctions holomorphes inversibles avec la propriété

$$(\varphi_1,\dots,\varphi_p)\circ \chi_1^{-1}(t_1,\dots,t_n) = (t^{\alpha_1},\dots,t^{\alpha_p}) .$$

D'après le lemme 2.17.2 on a

$$V_e(t^{\alpha_1},\dots,t^{\alpha_p}) = \bigcup ( P_A : |A| = p , \alpha_A(p+1) \text{ normale } ) ;$$

en transformant cette égalité par $\chi_1^{-1}$ on obtient:

$$V_e(\varphi_1,\dots,\varphi_p) = \chi_1^{-1}\left[V_e(t^{\alpha_1},\dots,t^{\alpha_p})\right] =$$

$$= \bigcup ( P_A \cap \tilde{B}_1 : |A| = p , \alpha_A(p+1) \text{ normale } ) ,$$

ce qui donne (1) avec $\tilde{B} = \tilde{B}_1$ .

Si rang $\alpha = p+1$ on démontre de même (cf, 2.17 et 2.17.2 ) l'existence d'un voisinage $\tilde{B}_2$ où (2) et (3) sont verifiées. Il suffit donc de prendre $\tilde{B} = \tilde{B}_1 \cap \tilde{B}_2$ pour avoir (1) , (2) et (3) .

Si rang $\alpha = p$ , il faut distinguer entre le cas $\alpha_{p+1} \neq 0$ et $\alpha_{p+1} = 0$ . Dans le premier cas, il existe $\delta_0 > 0$ tel que $|T^{p+1}_{\delta}(\varphi)| \cap B$ et $|D^{p+1}_{\delta}(\varphi)| \cap B$ sont vides, pour $0 < \delta < \delta_0$ ( 2.2.2 ) . Si l'on prend $\tilde{B} = B$ dans (2) et (3) , leur premiers membres sont vides, et le deuxième membre de (3) l'est aussi. Voyons que le deuxième membre de (2) est vide: si $\alpha_A$ était normale pour $|A| = p$ , on aurait $\det \alpha_A(p+1) \neq 0$ et $\alpha_{p+1,i} = 0$ , $i \in A$ , donc $\alpha_{p+1,j} \neq 0$ pour quelque $j \notin A$ ; mais alors $\det \alpha_{A\cup\{j\}} \neq 0$ , en contradiction avec rang $\alpha = p$ .

Dans le cas $\alpha_{p+1} = 0$ , les deux membres de (3) seront vides si l'on prend $B = \tilde{B}$ . En outre, pour $\delta$ assez petit on a

$$|D^{p+1}_{\underset{\sim}{\delta}}(\varphi)| \cap B = | T^{p}_{\underset{\sim}{\delta}}(\varphi)| \cap B ,$$

donc $\tilde{V}_e(\varphi_1,\ldots,\varphi_{p+1}) \cap B = V_e(\varphi_1,\ldots,\varphi_p) \cap B$ . L'égalité (2) se réduit à (1) , en prenant $\tilde{B} = \tilde{B}_1$ . Ceci achève la démonstration de (1) , (2) et (3) , d'où l'on déduit la propriété (b) du lemme.

Pour montrer (c) observons d'abord que par (1) et (2) on a

$$\tilde{V}_e(\varphi_1,\ldots,\varphi_{p+1}) \subset V_e(\varphi_1,\ldots,\varphi_p) ,$$

ces ensembles étant de dimension pure $n-p$ ou vides. Soit $Z$ une composante irréductible de $V_e(\varphi_1,\ldots,\varphi_p)$ , si celui-ci n'est pas vide. On verra que:

i) Si $Z \not\subset V(\varphi_{p+1})$ , alors $Z \subset \tilde{V}_e(\varphi_1,\ldots,\varphi_{p+1})$ ;

ii) Si $Z \subset V(\varphi_{p+1})$ , alors $\dim_{\mathbb{C}} Z \cap \tilde{V}_e(\varphi_1,\ldots,\varphi_{p+1}) < n-p$ .

Ces propriétés donnent (c) , puisque si $\tilde{V}_e(\varphi_1,\ldots,\varphi_{p+1})$ est vide on aurait par i) $V_e(\varphi_1,\ldots,\varphi_p) \subset V(\varphi_{p+1})$ , et si l'ensemble n'est pas vide il est la réunion de quelques composantes irreductibles de $V_e(\varphi_1,\ldots,\varphi_p)$.

i) Supposons que $Z \not\subset V(\varphi_{p+1})$ , et soit $x \in Z$ . Choisissons un voisinage de coordonnées $\tilde{B}$ centré en $x$ tel que (1) et (2) sont verifiées, et considérons $A$ tel que $|A| = p$ , $\alpha_A(p+1)$ soit normale et $P_A \cap \tilde{B} \subset Z$ . S'il existe $i \in A$ tel que $\alpha_{p+1,i} \neq 0$ , on aurait $\varphi_{p+1} = 0$ sur $P_A \cap \tilde{B}$ , donc $Z \subset V(\varphi_{p+1})$ . On déduit que $\alpha_A$ est normale et que

$P_A \cap \tilde{B} \subset \tilde{V}_e(\varphi_1,\ldots,\varphi_{p+1})$ , par (2) , ce qui entraîne $Z \subset \tilde{V}_e(\varphi_1,\ldots,\varphi_{p+1})$ .

ii) Soient $Z \subset V(\varphi_{p+1})$ , $x \in Z \cap \tilde{V}_B(\varphi_1,\ldots,\varphi_{p+1})$ et $\tilde{B}$ le même voisinage de $x$ qu'auparavant. Si $P_A \cap \tilde{B} \subset Z$ avec $\alpha_A(p+1)$ normale, on a $P_A \cap \tilde{B} \subset V(\varphi_{p+1})$ , donc $\alpha_{p+1,i} \neq 0$ pour quelque $i \in A$ . Alors $\alpha_A$ n'est pas normale et par (2) $P_A \cap \tilde{B} \not\subset \tilde{V}_e(\varphi_1,\ldots,\varphi_{p+1})$ . On déduit d'ici que $\dim_x Z \cap \tilde{V}_e(\varphi_1,\ldots,\varphi_{p+1}) < n-p$ .

Montrons maintenant (d) . Soit $x \in \tilde{V}_e(\varphi_1,\ldots,\varphi_{p+1}) \cap V(\varphi_{p+1}) \cap \tilde{B}$ . Il existe $A$ tel que $|A| = p$ , $\alpha_A$ est normale et $x \in P_A$ ; comme $\alpha_{p+1,i} = 0$ pour $i \in A$ et $\varphi_{p+1}(x) = 0$ , on déduit $\alpha_{p+1,j} \neq 0$ pour quelque $j \notin A$ et $x_j = 0$ . Alors $\alpha_{A\cup\{j\}}$ est normale et $x \in P_{A\cup\{j\}} \cap \tilde{B}$ , donc $x \in V_e(\varphi_1,\ldots,\varphi_{p+1})$ . L'inclusion opposée dans (d) se démontre pareillement.

Il reste la propriété (a) du lemme. Soit $x \in V_e(\varphi_1,\ldots,\varphi_p)$ et $\mathcal{U}$ le voisinage de $x$ du début de la démonstration. Comme $V_e(\varphi_1,\ldots,\varphi_p) \cap \cap B \neq \emptyset$ on a nécessairement rang $\alpha(p+1) = p$ . On se ramène alors, moyennant l'isomorphisme (4) , à appliquer 2.17.2 (b) . On vérifie de même l'assertion sur $\tilde{V}_e(\varphi_1,\ldots,\varphi_p)$ .

## CHAPITRE III

Nous démontrons dans ce chapitre l'existence des courants résiduels dans les conditions générales du no. 1.7.2 , sans faire d'hypothèse sur la dimension de $\cap \mathcal{F}$ . Les propriétés qui dépendent de la supposition $\dim_{\mathbb{C}} \cap \mathcal{F} = n-p-1$ , notamment l'antisymétrie par rapport à l'ordre de $\mathcal{F}$ , seront abordées au Ch. 4 .

Nous utilisons une désingularisation de la fonction $\rho \cdot \prod_{j=1}^{p+1} \varphi_j$ , où les $\varphi_j$ sont des équations locales des $Y_j$ et $\rho$ est une fonction qui s'annule sur l'ensemble singulier de $X$ , pour nous ramener à des croisements normaux et utiliser les calculs du Ch. 2 .

Dans le cas où $X$ est singulier rien n'empêche, en principe, que le tube $T^p_{\underset{\sim}{\delta}}(\varphi)$ soit contenu dans l'ensemble singulier $sX$ de $X$ , ce qui fairait cette méthode inapplicable. Cependant, l'observation clef est que

$$\dim_{\mathbb{R}} |T^p_{\underset{\sim}{\delta}}(\varphi)| \cap sX \leq \dim_{\mathbb{R}} |T^p_{\underset{\sim}{\delta}}(\varphi)| - 2$$

pourvu qu'on prend $\underset{\sim}{\delta}$ selon une trajectoire admissible. Ainsi, les intégrales sur $T^p_{\underset{\sim}{\delta}}(\varphi)$ sont égales à des intégrales sur la désingularisation de $X$ , l'ensemble $|T^p_{\underset{\sim}{\delta}}(\varphi)| \cap sX$ étant négligeable.

## 3.1 Sur la dimension des tubes

Nous montrons dans ce no. l'une des propriétés les plus remarquables des trajectoires admissibles: le tube $|T^p_{\underset{\sim}{\delta}}(\varphi)|$ associé à un morphisme $\varphi : X \longrightarrow \mathbb{C}^p$ d'espaces complexes a toujours la dimension correcte (cf. 3.1.2(a)), pourvu que $\underset{\sim}{\delta}$ (admissible) soit assez petit. Nous donnons aussi d'autres propriétés des tubes qui seront utilisées dans le chapitre.

On rappele que $|T^p_{\underset{\sim}{\delta}}(\mathbf{i})| = \{z \in \mathbb{C}^p : |z_1| = \delta_1, \ldots, |z_p| = \delta_p\}$, pour chaque $\underset{\sim}{\delta} \in \mathbb{R}^p_>$ (1.5).

3.1.1 Lemme.

Soit $X$ un espace complexe réduit de dimension pure $n$, $\varphi : X \longrightarrow \mathbb{C}^p$ un morphisme, $U$ un ouvert relativement compact de $X$ et $\underset{\sim}{\delta}$ une trajectoire admissible dans $\mathbb{R}^p$. Il existe alors $\delta_0 > 0$ tel que

$$\dim_{\mathbb{C}} \varphi^{-1}(\varsigma) \cap U \leq n-p$$

pour tout $\delta$, $0 < \delta < \delta_0$, et $\varsigma \in |T^p_{\underset{\sim}{\delta}}(\mathbf{i})|$.

D) On peut toujours supposer que les $\varphi_1, \ldots, \varphi_p$ ne sont pas identiquement nulles sur aucune composante irréductible de $X$, donc que $(\varphi_1 \cdots \varphi_p = 0)$ est une hypersurface dans $X$. Il est clair aussi qu'il suffit de montrer le lemme dans le cas où $U$ est un voisinage suffisamment petit d'un point $x \in X$ quelconque.

Le point $x$ fixé, prenons un voisinage $W$ de $x$ tel qu'il existe une fonction $\rho \in \mathcal{O}_X(W)$ dont la variété $V(\rho)$ est une hypersurface qui contient les points singuliers de $W$ .

En rétrecissant encore $W$ , on peut trouver une résolution des singularités de $Y' = V(\rho.\varphi_1 \cdots \varphi_p)$ dans $W$, c.à.d. une variété complexe lisse $W_1$ et un morphisme propre $\pi : W_1 \longrightarrow W$ qui induit un isomorphisme $W_1 - \pi^{-1}(Y') \longrightarrow W - Y'$ , et tel que $\pi^{-1}(Y')$ a des croisements normaux dans $W_1$ ([26]) .

A cause de cette dérnière propriété, on peut choisir un voisinage $\mathcal{U}$ de chaque $w_1 \in W_1$ avec des coordonnées $(z_1,\dots,z_n)$ sur $\mathcal{U}$ centrées en $w_1$, et telles que

$$\varphi_i \circ \pi|_{\mathcal{U}} = h_i . z^{\alpha_i} \quad , \quad 1 \leq i \leq p \ ,$$

où les $h_i$ sont des fonctions holomorphes inversibles dans $\mathcal{O}(\mathcal{U})$ et $\alpha_i \in N^n$ . On suppose en plus que $\bar{B} = \{\|z\| \leq 1\} \subset \mathcal{U}$ .

Notons $\alpha \in M_{p,n}(N)$ la matrice dont la $i^e$-ligne est $\alpha_i$ , et $h = (h_1,\dots,h_p)$ . Si le rang de $\alpha$ est $p$ on voit, en procédant comme dans la démonstration de 2.15 , qu'il existe un voisinage $\tilde{B} \subset B$ de l'origine tel que $\dim_{\mathbb{C}} \tilde{B} \cap (\varphi \circ \pi)^{-1}(\varphi) \leq n-p$ pour tout $\varsigma \in \mathbb{C}^p_*$ . Si rang $\alpha < p$ , il existe $\delta_0 > 0$ tel que $B \cap (\varphi \circ \pi)^{-1}(\varsigma) = \emptyset$, pour chaque $\varsigma \in |T^p_\delta(\underset{\sim}{i})|$ et $0 < \delta < \delta_0$ (2.2) ; on choisit alors $\tilde{B} = B$ .

Prenons maintenant l'ouvert $U$ avec adhérence compacte $\bar{U} \subset W$ . Il existe alors un récouvrement fini de $\pi^{-1}(U)$ par des ouverts $\tilde{B}$ choisis comme précedemment. Il est clair que pour un $\delta_0 > 0$ convenable on a

$$\dim_{\mathbb{C}} (\varphi \circ \pi)^{-1}(\varsigma) \cap \pi^{-1}(U) \leq n-p \ ,$$

pour tout $\varsigma \in |T^p_\delta(\underset{\sim}{i})|$ , $0 < \delta < \delta_0$ .

Le lemme se déduit du fait que $\varphi^{-1}(\varsigma) \cap U = \pi((\varphi \circ \pi)^{-1}(\varsigma) \cap \pi^{-1}(U))$, pour tout $\varsigma \in \mathbb{C}_*^p$.

3.1.2 Remarques.

a) Dans les conditions du dernier lemme, supposons que X soit paracompact. On a alors (cf. 1.5)

$$\dim_{\mathbb{R}} |T_\delta^p(\varphi)| \cap U \leq 2n-p \quad , \tag{1}$$

pour tout $\delta$, $0 < \delta < \delta_o$. En effet, on déduit cette inégalité du fait que $\dim_{\mathbb{R}} |T_\delta^p(\mathbf{1})| = \mathbf{p}$ et du lemme (cf. [5], IV.7).

b) Si $V$ est un sous-espace réduit de X avec $\dim_{\mathbb{C}} V \leq n-1$ on a aussi

$$\dim_{\mathbb{R}} |T_\delta^p(\varphi)| \cap V \cap U \leq 2n-p-2 \quad , \tag{2}$$

$0 < \delta < \delta_o'$, comme on le voit en appliquant (1) à la restriction de $\varphi$ sur chaque composante irréductible de $V$.

c) L'inégalité (1) assurée, on peut définir les chaînes semianalytiques $T_\delta^p(\varphi | U)$ et $D_\delta^p(\varphi | U)$ sur $U$, $0 < \delta < \delta_o$ (1.5). On déduit alors de (2) que

$$I[T_\delta^p(\varphi | U)](\omega) = I[T_\delta^p(\varphi | U) \cap (X-V)](\omega)$$

pour tout $\omega \in \mathcal{D}^{2n-p}(U)$, $0 < \delta < \delta_o'$ (1.6.7).

Les propriétés analogues pour $D_\delta^p(\varphi)$ sont valides aussi.

3.1.3 Considérons maintenant un morphisme $\varphi : X \to \mathbb{C}^p$, où $X$ est un espace complexe réduit de dimension pure $n$. Soit $a \in X$ et $q = \dim_a \varphi^{-1}\varphi(a)$ ; il existe alors un voisinage $U$ de $a$ tel que $\dim_x \varphi^{-1}\varphi(x) \leq q$ pour chaque $x \in U$.

Proposition.

Les ensembles $Z = \{x \in U : \dim_x \varphi^{-1}\varphi(x) = q\}$ et $\varphi(Z)$ définissent des germes analytiques complexes en $a \in X$ et $\varphi(a) \in \mathbb{C}^p$, respectivement.

D) Nous montrons par récurrence sur $n = \dim X$ que $Z$ est analytique en $a$, ce qui est évident si $n = 0$. Prenons donc $\dim X = n \geq 1$, en supposant la proposition vérifiée pour les espaces de dimension $< n$. Soient $X = U$, $X_*$ le sous-espace des points simples de $X$ et $r$ le rang maximal de la matrice jacobienne $J(\varphi)$ de $\varphi$ sur $X_*$ ; on sait que $r = \max\{\rho_x : x \in X\}$, où $\rho_x = n - \dim_x \varphi^{-1}\varphi(x)$, ce qui donne $r \geq n - q$ ( [35] , VII ).

Si $r = n - q$ on a $n - \dim_x \varphi^{-1}\varphi(x) \leq r = n - q$, donc $\dim_x \varphi^{-1}\varphi(x) = q$ pour chaque $x \in X$, et $Z = X$.

Supposons $r > n - q$ ; le théorème du rang implique que les points de $X_*$ où le rang de $J(\varphi)$ est $r$ n'appartiennent pas à $Z$ ; nous avons donc $Z \subset E_* \cup sX$, en notant $E_* = \{x \in X_* : \text{rang } J(\varphi)_x < r\}$.

L'ensemble $E_*$ est une hypersurface analytique dans $X_*$. Voyons qu'il existe un ensemble analytique $E \subset X$ tel que $\dim E < n$ et $E_* \subset E$. Considérons la normalisation $\pi : \hat{X} \to X$ et $\hat{E}_* = \pi^{-1}(E_*)$. Par le théorème de Remmert-Stein $\hat{E}_*$ a une extension analytique $\hat{E}$

sur $\hat{X}$, puisque $\dim s\hat{X} \leq n-2$ et $\dim_y \hat{E}_* = n-1$, pour tout $y \in \hat{E}_*$. $E = \pi(\hat{E})$ est donc l'ensemble cherché.

Choisissons une hypersurface $H \subset X$ telle que $Z \subset E \cup sX \subset H$, et soit $\varphi_1$ la restriction de $\varphi$ sur $H$. Montrons que

$$Z = \{ x \in H : \dim_x \varphi_1^{-1}\varphi_1(x) = q \} .$$

Soit $x \in Z$ et $W$ une composante irréductible de $\varphi^{-1}\varphi(x)$ de dimension $q$. Il est clair que $W \subset Z \subset H$, donc que $W \subset \varphi_1^{-1}\varphi_1(x)$, d'où $\dim_x \varphi_1^{-1}\varphi_1(x) = q$. L'inclusion opposée est évidente.

De l'hypothèse de récurrence, appliquée à $H$ et $\varphi_1$, nous tirons que $Z$ est analytique au point $a$.

Pour démontrer l'analyticité de $\varphi(Z)$ en $\varphi(a)$ il faut remarquer que:

3.1.4 Si $\varphi : A \to \mathbb{C}^p$ est un morphisme de l'espace reduit A tel que $\dim_x \varphi^{-1}\varphi(x) = q$ pour tout $x \in A$, il en est de même de la restriction de $\varphi$ sur toute composante irréductible $B$ de $A$.

En effet, l'assertion étant évidente sur les points simples de $B$, elle s'ensuit pour les autres points de la semicontinuité de $\dim_x \varphi^{-1}\varphi(x)$.

On déduit de là que $\dim_x \varphi_B^{-1}\varphi_B(x) = q$ ( $x \in B$, $\varphi_B = \varphi|_B$ ) pour toute composante irréductible $B$ de $Z$, ce qui implique l'analyticité de $\varphi(B)$ en $\varphi(a)$ ( [35], prop.3, pag 131 ), et finalement celle de $\varphi(Z)$ en $\varphi(a)$.

3.1.5 Lemme.

Considérons un espace complexe réduit et paracompact $X$ , de dimension pure $n$ . Soit $\varphi : X \to \mathbb{C}^p$ un morphisme $a \in \varphi^{-1}(0)$ et $\dim_a \varphi^{-1}(0) = n-p$ , et soit $V$ un sous-ensemble analytique de $X$ avec $\dim_{\mathbb{C}} V \leq n-1$ . Il existe alors un voisinage $U$ de $a$ et $\varepsilon > 0$ tels que

$$\dim_{\mathbb{R}} |T^p_{\xi}(\varphi)| \cap U \cap V \leq 2n-p-1 ,$$

pour chaque $\xi \in \mathbb{R}^p_>$ tel que $\|\xi\| < \varepsilon$ .

D) On peut supposer que $V$ est de dimension pure $n-1$ et que $a \in V$ . Soit $f$ la restriction de $\varphi$ sur $V$ et

$$\dim_a f^{-1}(0) = q \leq n-p .$$

Par le dernier lemme, les ensembles $Z = \{ x \in V : \dim_x f^{-1}f(x) = q \}$ et $f(Z)$ définissent des germes analytiques en $a \in X$ et $0 \in \mathbb{C}^p$ respectivement.

1) Soit $\dim_0 f(Z) = p$ . Dans ce cas on peut choisir un voisinage $U$ de $a$ dans $X$ et $\varepsilon > 0$ tels que $Z$ est analytique dans $U$ et $B_\varepsilon = \{ \|\gamma\| < \varepsilon \} \subset f(Z \cap U)$ , et tels que la famille $\{ Z_i : i \in I \}$ des composantes irréductibles de $Z \cap U$ soit finie. Notons $f_i$ la restriction de $f$ sur $Z_i$ , et

$$\rho_i = \max_{x \in Z_i} ( \dim Z_i - \dim_x f_i^{-1} f_i(x) ) ,$$

$$\rho = \max ( \rho_i : i \in I ) .$$

Alors $\rho = p$ ( [35] , VII ) , donc $\rho_i = p$ pour quelque $i \in I$ . De l'autre côté, $\rho_i = \dim Z_i - q \leq n-1-q$ (cf. 3.1.4) , d'où l'on déduit $q \leq n-p-1$ . Ainsi

$$\dim_{\mathbb{R}} \{ x \in V \cap U : |\varphi_i| = \delta_i \, , \, 1 \leq i \leq p \} \leq 2(n-p-1) + p \quad ,$$

( [5], IV.7 ) , ce qui donne le lemme dans ce cas.

2) Soit $\dim_0 f(Z) < p$ . Il existe alors un voisinage semianalytique $U$ de $a$ dans $V$ , $\varepsilon > 0$ et $h \in \Theta(\overline{B}_\varepsilon)$ , où $\overline{B}_\varepsilon = \{ \zeta \in \mathbb{C}^p : \|\zeta\| \leq \varepsilon \}$ et $h \not\equiv 0$ , tels que $Z$ est analytique dans $U$ et $f(Z \cap U) \cap B_\varepsilon \subset$ $\subset V(h)$ . Fixons $\underset{\sim}{\delta} \in \mathbb{R}^p_>$ , $\|\underset{\sim}{\delta}\| < \varepsilon$ . Puisque $h \not\equiv 0$ , $V(h)$ ne contient pas aucun sous-ensemble ouvert (non-vide) de $|T^p_{\underset{\sim}{\delta}}(1)|$ , donc

$$\dim_{\mathbb{R}} |T^p_{\underset{\sim}{\delta}}(1)| \cap V(h) \leq p-1 \, . \tag{1}$$

Considérons les ensembles semianalytiques

$A = f^{-1}( \, |T^p_{\underset{\sim}{\delta}}(1)| \cap V(h) \, ) \cap U$ et $B = f^{-1}( \, |T^p_{\underset{\sim}{\delta}}(1)| - V(h) \, ) \cap U$ . Alors

$$|T^p_{\underset{\sim}{\delta}}(\varphi)| \cap U = A \cup B \quad , \quad A \cap B = \phi \, . \tag{2}$$

Si $\zeta \in |T^p_{\underset{\sim}{\delta}}(1)| \cap V(h)$ on a $\dim_{\mathbb{C}} f^{-1}(\zeta) \cap U \leq n-p$ , ce qui donne avec (1) :

$$\dim_{\mathbb{R}} A \leq 2(n-p) + p - 1 = 2n-p-1 \quad ;$$

si $\zeta \in |T^p_{\underset{\sim}{\delta}}(1)| - V(h)$ on a nécessairement

$$\dim_{\mathbb{C}} f^{-1}(\zeta) \cap U \leq q - 1 \leq n - p - 1 \quad ,$$

puisque $f(Z \cap U) \subset V(h)$ . Donc $\dim_{\mathbb{R}} B \leq 2n-p-2$ .

## 3.2 L'intersection essentielle

Nous démontrons ici les résultats sur l'intersection essentielle énoncés au n. 1.7.4 , en utilisant les résultats et les notations déjà établis pour les croisements normaux (2.17) .

### 3.2.1 Proposition.

Soit $X$ un espace complexe réduit de dimension pure $n$, et $\varphi = (\varphi_1,\dots,\varphi_{p+1}) : X \longrightarrow \mathbb{C}^{p+1}$ un morphisme dont les composantes $\varphi_i$ ne sont pas constantes sur aucune composante irréductible de $X$. Soit $\underset{\sim}{\delta}$ une trajectoire admissible dans $\mathbb{R}^{p+1}$ . Alors

a) Pour chaque $x \in X$ , les conditions suivantes sont équivalentes:

$a_1$) $x \in V_e(\varphi_1,\dots,\varphi_{p+1})$ (resp. $x \in \tilde{V}_e(\varphi_1,\dots,\varphi_{p+1})$);

$a_2$) pour chaque voisinage $U$ de $x$ il existe $\delta_0 > 0$ tel que, si $0 < \delta < \delta_0$ et $t \in |T^{p+1}_{\underset{\sim}{\delta}}(\mathbf{i})|$ , alors $\varphi^{-1}(t) \cap U \neq \emptyset$ (resp. $\varphi^{-1}(\tau(t)) \cap U \neq \emptyset$ ) ;

b) $V_e(\varphi_1,\dots,\varphi_{p+1})$ et $\tilde{V}_e(\varphi_1,\dots,\varphi_{p+1})$ sont des ensembles analytiques complexes de $X$ ;

c) $\tilde{V}_e(\varphi_1,\dots,\varphi_{p+1})$ est l'union des composantes irréductibles de $V_e(\varphi_1,\dots,\varphi_p)$ qui ne sont pas contenues dans $V(\varphi_{p+1})$ ;

d) $\tilde{V}_e(\varphi_1,\dots,\varphi_{p+1}) \cap V(\varphi_{p+1}) = V_e(\varphi_1,\dots,\varphi_{p+1})$ .

D) Soit $x \in X$ . On peut choisir un voisinage $W$ de $x$ et une fonction $\rho \in \mathcal{O}_X(W)$ telle que $V(\rho)$ soit une hypersurface dans $W$ qui contient les points singuliers de $W$ , et telle qu'il existe une résolution $\pi : W_1 \longrightarrow W$ des singularités de $V(\varphi_1 \cdots \varphi_{p+1} \cdot \rho)$ dans $W$.

Alors $V(\prod_{j=1}^{p+1} \varphi_i^*)$ a des croisements normaux dans $W_1$, où $\varphi_i^* = \varphi_i \circ \pi$ ; d'après 2.17.3, notre proposition est valable pour le morphisme $\varphi \circ \pi : W_1 \longrightarrow \mathbb{C}^{p+1}$.

Voyons que, si l'on fait par simplicité $X = W$, on a alors

$$\pi ( V_e(\varphi_1^*, \dots, \varphi_{p+1}^*) ) = V_e(\varphi_1, \dots, \varphi_{p+1}) \tag{1}$$

et

$$\pi ( \tilde{V}_e(\varphi_1^*, \dots, \varphi_{p+1}^*) ) = \tilde{V}_e(\varphi_1, \dots, \varphi_{p+1}) . \tag{2}$$

Si $z \in V_e(\varphi_1, \dots, \varphi_{p+1})$, il existe des suites $z_k \in W$, $z_k \to z$, et $\delta_k \in R_>$, $\delta_k \to 0$, telles que $z_k \in |T^{p+1}_{\delta(\delta_k)}|$ pour tout $k$ (1.7.4). Puisque $\pi$ est surjectif et propre, on peut supposer qu'il existe une suite $y_k \in \pi^{-1}(z_k)$ telle que $y_k \to y \in W_1$. Evidemment $y \in V_e(\varphi_1^*, \dots, \varphi_{p+1}^*)$ et $\pi(y) = z$. L'autre inclusion de (1) est immédiate. La démonstration de (2) est analogue.

Le morphisme $\pi$ étant propre, on déduit b) des égalités (1) et (2).

Pour vérifier c), notons $V_1$ la réunion des composantes irréductibles de $V_e(\varphi_1^*, \dots, \varphi_p^*)$ qui sont contenues dans $V(\varphi_{p+1}^*)$. Alors (2.17.3(c))

$$V_e(\varphi_1^*, \dots, \varphi_p^*) = \tilde{V}_e(\varphi_1^*, \dots, \varphi_{p+1}^*) \cup V_1 .$$

Si l'on prend l'image par $\pi$ on obtient d'ici, par (1) et (2):

$$V_e(\varphi_1,\ldots,\varphi_p) = \tilde{V}_e(\varphi_1,\ldots,\varphi_{p+1}) \cup \pi(V_1) , \qquad (3)$$

où $\pi(V_1)$ est un ensemble analytique contenu dans $V(\varphi_{p+1})$. Par conséquent, toute composante irréductible $Z$ de $V_e(\varphi_1,\ldots,\varphi_p)$ vérifie $Z \subset \tilde{V}_e(\varphi_1,\ldots,\varphi_{p+1})$ ou $Z \subset \pi(V_1)$. Alors, si $Z \not\subset V(\varphi_{p+1})$ on a $Z \subset \tilde{V}_e(\varphi_1,\ldots,\varphi_{p+1})$.

D'autre part, prenons une composante irréductible $Z_1$ de $\tilde{V}_e(\varphi_1,\ldots,\varphi_{p+1})$, et voyons que $Z_1 \not\subset V(\varphi_{p+1})$. Soit $x \in Z_1$ un point simple de $V_e(\varphi_1,\ldots,\varphi_{p+1})$ ; il existe un voisinage $U$ de $x$ tel que

$$\tilde{V}_e(\varphi_1,\ldots,\varphi_{p+1}) \cap U = Z_1 \cap U .$$

Notons $\pi_1 = \pi|\pi^{-1}(U) : \pi^{-1}(U) \longrightarrow U$ et $\psi_i = \varphi_i \circ \pi_1$.

Par (2) :

$$\pi_1\left(\tilde{V}_e(\psi_1,\ldots,\psi_{p+1})\right) = \tilde{V}_e(\varphi_1,\ldots,\varphi_{p+1}) \cap U = Z_1 \cap U ;$$

puisque $\psi = (\psi_1,\ldots,\psi_{p+1})$ vérifie c), on a $\tilde{V}_e(\psi_1,\ldots,\psi_{p+1}) \not\subset V(\psi_{p+1})$, donc $Z_1 \not\subset V(\varphi_{p+1})$.

Remarquons finalement qu'il existe une composante irréductible $Z$ de $V_e(\varphi_1,\ldots,\varphi_p)$ qui contient $Z_1$, donc telle que $Z \not\subset V(\varphi_{p+1})$. En conséquence, on a $Z \subset \tilde{V}_e(\varphi_1,\ldots,\varphi_{p+1})$, et nécessairement $Z = Z_1$. Ceci achève la démonstration de c).

Pour obtenir d), il suffit de considérer l'image par $\pi$ de l'égalité

$$\tilde{V}_e(\varphi_1^*,\dots,\varphi_{p+1}^*) \cap V(\varphi_{p+1}^*) = V_e(\varphi_1^*,\dots,\varphi_{p+1}^*) ,$$

en appliquant (1) et (2) .

Quant à a), il est clair que $a_1$) implique $a_2$) . L'implication opposée s'obtient de (1) , (2) et de 2.17.3(a) .

3.2.2 On déduit aisément de cette proposition les propriétés de l'intersection essentielle signalées au no. 1.7.4 . En effet, soit $Y_j = V(\varphi_j)$ , $1 \leq j \leq p+1$ . Notons $Y'_o = X$ , et pour chaque j, $1 \leq j \leq p$ , définissons par récurrence:

$Y'_j$ = réunion des composantes irréductibles de $Y'_{j-1} \cap Y_j$ qui ne sont pas contenues dans $Y_{j+1}$ .

D'après 3.2.1(c) et (d) on a $\tilde{V}_e(\varphi_1,\dots,\varphi_j) = Y'_{j-1}$ et $V_e(\varphi_1,\dots,\varphi_j) = Y'_{j-1} \cap Y_j$ , $1 \leq j \leq p+1$ . Ceci montre que, si $\mathcal{F} = ( Y_j : 1 \leq j \leq p+1 )$ est une suite loc. princ. d'hypersurfaces dans X , alors on peut construire $V_e(\mathcal{F})$ et $\tilde{V}_e(\mathcal{F})$ comme on l'a décrit au no. 1.7.4 , sans faire appel aux équations locales $\varphi_j$ de $\mathcal{F}$ . Ces ensembles vérifient ainsi les propriétés a) , b) et c) du no. 1.7.4 .

3.2.3 <u>Remarques.</u>

En utilisant 3.2.1(a) on peut préciser le lemme 3.1.1 de la facon suivante:

a) Si $\bar{U} \cap V_e(\varphi) = \emptyset$, alors $\varphi^{-1}(t)$ est vide, pour $t \in |T_\delta^p(i)|$ et $0 < \delta < \delta_o$ .

## 3.3 Démonstration du théorème d'existence 1.7.2

Nous préservons les conditions et notations de 1.7.1 et 1.7.2. On ne donnera que les démonstrations correspondantes à $R^p p^{p+1}$, celles de $R^{p+1}$ étant similaires. Il est clair qu'il s'agit des résultats locaux, donc qu'il suffit des les prouver dans un voisinage de chaque point de $W$.

Soit $\gamma \cap W = \sum ( n_j \gamma_j : j \in J )$ la décomposition de $\gamma \cap W$ en ces composantes irréductibles (cf. 1.5.1). Alors pour chaque $\delta_0 > 0$ assez petit on a l'égalité

$$D^{p+1}_{\gamma;\underline{\delta}}(\varphi) = \sum_{j \in J} n_j D^{p+1}_{\gamma_j;\underline{\delta}}(\varphi) , \quad 0 < \delta < \delta_0 ,$$

les conditions d'existence de ces tubes (1.5.1(1')) étant assurées par 3.1.2(a). On déduit de la que l'on peut supposer que $\gamma \cap W$ est orienté par une classe fondamentale, donc que $n_j = 1$ ( $j \in J$ ), ce que nous ferons par la suite en supprimant $\gamma$ des notations.

a) Soit $x \in W$. On peut trouver un voisinage de $x$, noté aussi $W$, avec une fonction $\rho \in \mathcal{O}_X(W)$ telle que $V(\rho)$ soit une hypersurface de $W$ qui contient les points singuliers de $W$. En rétrecissant $W$ s'il le faut, on peut supposer qu'il y a une résolution $\pi : W_1 \to W$ des singularités de $Y_0 = V(\varphi_1 \cdots \varphi_{p+1} \cdot \rho)$ dans $W$, c.à.d. que $\pi$ est un morphisme propre de la variété lisse $W_1$ sur $W$, induisant un isomorphisme $W_1 - \pi^{-1}(Y_0) \longrightarrow W - Y_0$, et tel que $\pi^{-1}(Y_0)$ a des croisements normaux dans $W_1$ ([26]).

Prenons $x_1 \in W_1$ ; il existe un voisinage ouvert $\mathcal{U}$ de $x_1$ et des coordonnées $(z_1,\dots,z_n)$ définies sur $\mathcal{U}$ et centrées en $x_1$, avec la boule $(\|z\|\leq 1) \subset \mathcal{U}$ compacte, et telles que

$$\rho^* \cdot \prod_{j=1}^{p+1} \varphi_j^* = g_1 \cdot z^{\nu_1},$$

où $\rho^* = \rho\circ\pi$, $\varphi_j^* = \varphi_j\circ\pi$, $\nu_1 \in N^n$ et $g_1 \in \mathcal{O}(\mathcal{U})$ est inversible.

Notons $B = (\|z\| < 1)$. Il est clair qu'il existe des vecteurs $\nu$, $\alpha_1,\dots,\alpha_{p+1} \in N^n$ et des fonctions inversibles $g, h_1,\dots,h_{p+1} \in \mathcal{O}(\bar{B})$ tels que:

$$\varphi_i^*|_B = h_i \cdot z^{\alpha_i}, \quad 1\leq i\leq p+1, \tag{1}$$

$$\rho^*|_B = g\cdot z^{\nu}.$$

Soit $\alpha \in M_{p+1,n}(N)$ la matrice donc la $i^e$-ligne est $\alpha_i$, $1\leq i\leq p+1$, et $h = (h_1,\dots,h_{p+1})$. D'après 2.15 et 2.16, il existe un voisinage $\tilde{B}\subset B$ de l'origine tel que, si $\gamma\in N^n$ vérifie $V(z^\gamma) \subset V(\prod_{j=1}^{p+1} z^{\alpha_i})$, et si $\omega_1 \in \mathcal{D}^{2n-p}(\tilde{B})$, alors la limite

$$\lim_{\delta\to 0} \int_{D^\alpha_{\underset{\sim}{\delta}}(h)} z^{-\gamma}\cdot\omega_1 \tag{2}$$

existe et ne dépend pas de la trajectoire admissible choisie; en outre on a

$$\lim_{\delta\to 0} \int_{D^\alpha_{\underset{\sim}{\delta}}(h)} z^{-\gamma}\cdot\omega_1 = \lim_{\delta_{p+1}\to 0}\ \lim_{\delta\to 0} \int_{D^\alpha_{\underset{\sim}{\delta},\delta_{p+1}}} z^{-\gamma}\cdot\omega_1 \tag{3}$$

Ceci rappelé, considérons la forme $\tilde{\alpha} \in \Gamma_c(W, \mathcal{E}_X^{2n-p}(*\mathcal{F}))$ de l'énoncé de 1.7.2 . Alors $\pi^*(\tilde{\alpha})$ est semi-méromorphe sur $W_1$ avec des pôles sur $\pi^{-1}(\cup \mathcal{F})$ , et son support K est compact. Prenons un recouvrement fini de K par des ouverts de coordonnées B qui vérifient les conditions (1) , et tel que les voisinages $\tilde{B}$ qui leur sont associés comme ci-dessus recouvrent aussi K . Soit $\mathcal{V} = \{\eta_B : B \in \mathcal{B}\}$ une partition $\mathcal{C}^\infty$ de l'unité subordonnée au recouvrement $\{\tilde{B}\}$ . Il est facile de voir que sur chaque B on a des représentations

$$\eta_B \cdot \pi^*(\tilde{\alpha})|_B = z^{-\gamma} \cdot \omega , \tag{4}$$

où $\gamma \in N^n$ , $V(z^\gamma) \subset V(\prod_{j=1}^{p+1} z^{\alpha_i})$ et $\omega \in \mathcal{D}^{2n-p}(\tilde{B})$ .

D'autre part, d'après 3.1.2(c) on a

$$I[D_{\underset{\sim}{\delta}}^{p+1}(\varphi)](\tilde{\alpha}) = I[D_{\underset{\sim}{\delta}}^{p+1}(\varphi) \cap (\rho \neq 0)](\tilde{\alpha}) ,$$

pour $\delta$ assez petit. La dernière intégrale est égale à

$$I[D_{\underset{\sim}{\delta}}^{p+1}(\varphi^*) \cap (\rho^* \neq 0)](\pi^*\tilde{\alpha}) ,$$

puisque $\pi$ induit un isomorphisme de $W_1 - \pi^{-1}(Y_0)$ sur $W - Y_0$ . Compte tenu de (4) et de 3.1.2(c) , cette intégrale s'écrit

$$\sum_{\eta_B \in \mathcal{V}} \int_{D_{\underset{\sim}{\delta}}^{\alpha}(h) \cap (z^\nu \neq 0)} z^{-\gamma} \cdot \eta_B \cdot \omega = \sum_{\eta_B \in \mathcal{V}} \int_{D_{\underset{\sim}{\delta}}^{\alpha}(h)} z^{-\gamma} \cdot \eta_B \cdot \omega .$$

En prenant la limite quand $\delta \to 0$ on obtient par (3) :

$$\lim_{\delta\to 0} I[D_{\underset{\sim}{\delta}}^{p+1}(\varphi)](\tilde{\alpha}) = \sum_{\eta_B \in \mathcal{V}} \lim_{\delta_{p+1}\to 0} \lim_{\delta\to 0} \int_{D^{\alpha}_{\underset{\sim}{\delta},\delta_{p+1}}} z^{-\gamma} \cdot \eta_B \cdot \omega \,, \qquad (5)$$

ce qui donne l'existence et l'indépendance de la limite à gauche par rapport des trajectoires (cf. 2.15) . On obtient ainsi la première partie de 1.7.2(3) .

La propriété de continuité 1.7.2(5) s'ensuit de (5) , si on fait $\tilde{\alpha} = \tilde{\lambda} \wedge \alpha$ . La forme $\pi^*(\tilde{\alpha})$ dépend alors continûment de $\alpha$ , et il en est de même de chaque $\eta_B \cdot \omega$ ( $B \in \mathcal{B}$ ) . La conclusion résulte donc du no. 2.13 .

Quant à 1.7.2(6) , on voit bien par la même définition de $\tilde{V}_e(\mathcal{F})$ ( 1.7.4 ) que, si $K$ est le support de $\alpha$ et $K \cap \tilde{V}_e(\mathcal{F}) = \phi$ , alors $|D_{\underset{\sim}{\delta}}^{p+1}(\varphi)| \cap K = \phi$ pour $0 < \delta < \delta_0$ , avec $\delta_0$ suffisamment petit, donc $R^p P^{p+1}(\tilde{\lambda} \wedge \alpha) = 0$ . Le support de $R^p P^{p+1}[\tilde{\lambda}]$ est ainsi contenu dans $\tilde{V}_e(\mathcal{F})$ .

b) Considérons maintenant une autre famille d'équations $\psi_i \in \mathcal{O}_X(W)$ des hypersurfaces $Y_i \cap W$ ; on a alors $V(\psi_i) = V(\varphi_i) = Y_i \cap W$ , $1 \leq i \leq p+1$ . Pour chaque voisinage $B \in \mathcal{B}$ les fonctions $\psi_i^* = \psi_i \circ \pi$ ont des représentations

$$\psi_i^*|\bar{B} = k_i \cdot z^{\beta_i} \quad , \quad 1 \leq i \leq p+1 \,,$$

où les $k_i \in \mathcal{O}(B)$ sont des fonctions inversibles et $\beta_i \in N^n$ . Puisque

$\mathcal{V}(\varphi_i^*) = \mathcal{V}(\psi_i^*)$ , on a $\beta_{ij} = 0$ si et seulement si $\alpha_{ij} = 0$ ; ceci implique que, si $A \subset \{1,\ldots,n\}$ avec $|A| = p$ , alors $\alpha_A$ est normale si et seulement si $\beta_A$ l'est aussi. Par conséquent, si $\tilde{B}_1$ est un voisinage de l'origine $0 \in B$ contenu dans l'intersection des voisinages associés dans 2.15 aux familles $(\alpha_i, h_i)$ et $(\beta_i, k_i)$ , $1 \leq i \leq p+1$ , alors

$$\lim_{\delta \to 0} \int_{D^{\alpha}_{\underset{\sim}{\delta}}(h)} z^{-\gamma} . \omega_1 = \lim_{\delta \to 0} \int_{D^{\beta}_{\underset{\sim}{\delta}}(k)} z^{-\gamma} . \omega_1 , \qquad (6)$$

pour toute $\gamma \in N^n$ telle que $\mathcal{V}(z^{\gamma}) \subset \mathcal{V}(\prod_1^{p+1} z^{\alpha_i}) = \mathcal{V}(\prod_1^{p+1} z^{\beta_i})$ et toute $\omega_1 \in \mathcal{D}^{2n-p}(\tilde{B}_1)$ ( 2.15 et 2.16(b) ) .

Comme on l'a fait dans (a) , on déduit de (6) l'égalité

$$\lim_{\delta \to 0} I[D^{p+1}_{\underset{\sim}{\delta}}(\varphi)](\check{\alpha}) = \lim_{\delta \to 0} I[D^{p+1}_{\underset{\sim}{\delta}}(\psi)](\tilde{\alpha}) ,$$

où $\psi = (\psi_1,\ldots,\psi_{p+1})$ , ce qui achève la démonstration de 1.7.2(3) .

c) Pour voir que l'opérateur $R^p P^{p+1}$ est de bidegré $(n,n-p)$ , il suffit de le vérifier dans le cas de croisements normaux, ce qui est assuré par 2.15($b_1$) , et de remarquer que $\pi^*$ preserve le bidegré.

La formule

$$R^p P^{p+1}(\bar{\partial}\, \tilde{\nu}) = (-1)^{p+1} R^{p+1}(\tilde{\nu}) , \qquad (7)$$

$\tilde{\nu} \in \Gamma_c(W, \mathcal{E}_X^{2n-p-1}(* \cup \mathcal{F}))$ , en est conséquence: si le bidegré de $\tilde{\nu}$ est $(r,s)$ , celui de $\bar{\partial}\tilde{\nu}$ est $(r,s+1)$ ; dans le cas $r < n$ les deux membres de l'égalité sont nuls, et si $r = n$ on a $d\tilde{\nu} = \bar{\partial}\tilde{\nu}$ ; dans ce cas

( 1.5 )

$$b.\,D^{p+1}_{\underset{\sim}{\delta}}(\varphi) = (-1)^{2n-p+1}\,\partial\, D^{p+1}_{\underset{\sim}{\delta}}(\varphi) = (-1)^{p+1}\; T^{p+1}_{\underset{\sim}{\delta}}(\varphi)\;,$$

donc par le théorème de Stokes (1.6.6)

$$I\,[\,D^{p+1}_{\underset{\sim}{\delta}}(\varphi)](\,d\tilde{\nu}\,) = I\,[\,b.\,D^{p+1}_{\underset{\sim}{\delta}}(\varphi)](\tilde{\nu}\,) = (-1)^{p+1}\, I\,[\,T^{p+1}_{\underset{\sim}{\delta}}(\varphi)](\,\tilde{\nu}\,)\;,$$

ce qui donne à la limite l'égalité (7) .

d) La propriété 1.7.2(7) se déduit de (5), dont le deuxième membre est égal à

$$\lim_{\delta_{p+1}\to 0}\ \lim_{\delta\to 0}\ I\,[\,D^{p+1}_{\underset{\sim}{\delta},\delta_{p+1}}(\varphi)]\,(\tilde{\alpha}\,)\;,$$

compte tenu de 2.15(a) .

La démonstration du théorème 1.7.2 est ainsi finie.

3.3.2 Remarques.

Nous rassemblons ici certaines observations générales qui seront utilisées, souvent sans référence, dans les démonstrations qui suivent.

Tout d'abord, les résultats qui nous attendent sont tous de nature locale; il suffit donc de les prouver dans un voisinage convenable W d'un point donné de X , comme on l'a fait dans 3.3.1 . On fera aussi libre usage de la notation introduite dans ce paragraphe.

On ne s'occupera que de l'opérateur $R^p P^{p+1}$ , les raisonnements concernant à $R^{p+1}$ étant très similaires. Dans ce cas, on peut s'astreindre à ne considérer que des formes semi-méromorphes $\tilde{\alpha} \in \Gamma_c(W, \mathcal{E}_X^{(n,n-p)}(*\cup\mathcal{F}))$ de bidegré $(n,n-p)$ , en vue de 1.7.2(4) .

En rétrecissant $W$ s'il le faut, on peut admettre que $\tilde{\alpha}$ a une représentation

$$\tilde{\alpha} = f^{-1} \cdot \sum_{j=1}^{s} \lambda_j \wedge \overline{\omega_j} , \qquad (1)$$

où $f \in \mathcal{O}_X(W)$ vérifie $V(f) \subset \cup\mathcal{F}$ , et où $\lambda_j \in \Gamma_c(W, \mathcal{E}_X^{(n,o)})$ et $\omega_j \in \Gamma(W, \Omega_X^{n-p})$ , $1 \leq j \leq s$ .

Comme auparavant, on choisira une résolution $\pi : W_1 \longrightarrow W$ des singularités de $Y_o = V(\varphi_1 \cdots \varphi_{p+1} \cdot \rho)$ , où $\rho \in \mathcal{O}_X(W)$ est une fonction telle que $V(\rho)$ soit une hypersurface de $W$ contenant l'ensemble singulier de W. Chaque point de $W_1$ a un voisinage de coordonnées $B = \{\|z\| < 1\}$ où la forme $\pi^*(\tilde{\alpha})$ admet l'expression canonique (cf. 2.1(3) )

$$\pi^*(\tilde{\alpha})|B = z^{-\gamma} \cdot \sum_{A',M'} b_{A'M'} \, dz_{A'} \wedge dw_{M'} , \qquad (2)$$

où $\gamma \in N^n$ , $b_{A'M'} \in \mathcal{E}^o(\bar{B})$ , et la sommation est étendue aux sous-ensembles disjoints $A'$ et $M'$ de $\{1,\ldots,n\}$ tels que $|A'| = p$ et $|M'| = n-p$ . Considérons un terme $z^{-\gamma} \, b_{AM} \, dz_A \wedge dw_M$ de (2) , et rappelons que

$$P_A = \{ z \in B : z_i = 0 , i \in A \} \subset \tilde{V}_e(\varphi_1^*, \ldots, \varphi_{p+1}^*)$$

si la matrice d'exposantes $\alpha_A$ est normale, $\varphi_i^* = \varphi_i \circ \pi$ , et que

$$\pi(\tilde{V}_e(\varphi_1^*,\dots,\varphi_{p+1}^*)) = \tilde{V}_e(\varphi_1,\dots,\varphi_{p+1}) .$$

Supposons qu'une des conditions suivantes soit satisfaite:

a) $dz_A \wedge dw_M$ n'est pas normale par rapport à $\alpha$ ;

b) $b_{AM} = \sum ( \bar{z}_i \, g_i(z,z) : i \in A )$ , où $g_i \in \mathcal{E}^0(B)$ , $i \in A$ ;

c) $\pi(P_A)$ est contenu dans un ensemble analytique complexe de dimension $< n-p$ .

Dans ces conditions on a

$$\lim_{\delta \to 0} \int_{\underset{\sim}{D}_\delta^\alpha(h)} z^{-\gamma} \cdot \eta \, b_{AM} \, dz_A \wedge dw_M = 0 \qquad (3)$$

pour toute $\eta \in \mathcal{D}^0(\tilde{B})$ , où $h = (h_1,\dots,h_{p+1})$ ( 3.3.1 ) .

En effet, la condition a) implique (3) par 2.16 et 2.15($b_1$); dans le cas où b) est vérifiée, on a évidemment $\partial^\mu(\eta \cdot b_{AM})(A) = 0$ pour tout $\mu \in N^n$ , ce qui donne (3) par 2.16 et 2.15($b_2$) .

Dans le cas c) , les (n-p)-formes holomorphes $\omega_j$ dans (1) induisent la forme nulle sur $\pi(P_A)$ , donc les formes

$$\pi^*(\omega_j)|_B = \sum ( g_{M'}^j \, dz_{M'} : |M'| = n-p )$$

induisent la forme nulle sur $P_A$ (1.6.2) . On en déduit que $g_M^j|_{P_A} = 0$ , ce qui implique $g_M^j = \sum ( z_i \cdot g_{M,i}^j : i \in A)$ , où $g_{M,i}^j \in \mathcal{O}(B)$ , $i \in A$ . La contribution de $\pi^*( f^{-1} \lambda_j \wedge \bar{\omega}_j)$ au terme $z^{-\gamma} b_{AM} \, dz_A \wedge dw_M$ de (2) est alors de la forme $z^{-\gamma} h_{j,A} \, \bar{g}_M^j \, dz_A \wedge dw_M$ , où $h_{j,A} \in \mathcal{E}^0(B)$ , d'où on déduit que $b_{AM}$ a la forme décrite dans b) . La limite (3) est ainsi nulle dans le cas c) .

## 3.4 Propriétés de $R^p P^{p+1}$ et $R^{p+1}$ dans le cas général

Nous nous plaçons encore dans les conditions du théoreme 1.7.2 , et démontrons maintenant certaines propriétés additionnelles de $R^p P^{p+1}$ et $R^{p+1}$ , d'où l'on déduira inmédiatement le théorèm 1.7.5 . On fera libre usage du no. 3.3 , souvant sans reférence.

3.4.1 Tout d'abord, l'égalité 1.7.5(1) est conséquence du théorème de Stokes (1.6.7) , puisque $b.D_{\underset{\sim}{\delta}}^{p+1}(\varphi) = (-1)^{p+1}\, T_{\underset{\sim}{\delta}}^{p+1}(\varphi)$ (cf. 1.5.2(3)) . En effet, on a

$$(-1)^{p+1}\, I[\, T_{\underset{\sim}{\delta}}^{p+1}(\varphi)](\tilde{\lambda}\wedge\alpha) = I\,[\, D_{\underset{\sim}{\delta}}^{p+1}(\varphi)]\big(\, d(\tilde{\lambda}\wedge\alpha)\big)$$

$$= I\,\big[D_{\underset{\sim}{\delta}}^{p+1}(\varphi)\big]\big(\, d\tilde{\lambda}\wedge\alpha + (-1)^q\, \tilde{\lambda}\wedge d\alpha\big),$$

où $\deg(\tilde{\lambda}\wedge\alpha) = 2n-p$ et $q = \deg\tilde{\lambda}$ . A la limite on obtient

$$(-1)^{p+1}\, R^{p+1}[\tilde{\lambda}](\alpha) = R^p P^{p+1}[d\tilde{\lambda}](\alpha) + (-1)^{p+1}\, b.R^p P^{p+1}[\tilde{\lambda}](\alpha) ,$$

ce qui donne 1.7.5(1) .

3.4.2 Soient $\tilde{j}$ et $j$ les inclusions de $\tilde{V}_e(\mathcal{F})\cap W$ et $V_e(\mathcal{F})\cap W$ dans $W$ , respectivement, et $\lambda\in\Gamma(W,\Omega_X^r)$ .

a) Si $\tilde{j}^*(\lambda) = 0$ , alors $R^p P^{p+1}(\,\bar{\lambda}\wedge\tilde{\alpha}_1) = 0$ pour toute $\tilde{\alpha}_1\in\Gamma_c(W,\mathcal{E}_X^{2n-p-r}(*\cup\mathcal{F}))$ .

b) Si $j^*(\lambda) = 0$ , alors $R^{p+1}(\bar{\lambda} \wedge \tilde{\beta}_1) = 0$ pour toute $\tilde{\beta}_1 \in \Gamma_c(W, \mathscr{E}_X^{2n-p-r-1}(*\cup\mathscr{F}))$ .

Démonstration de a) . Dans le cas $p = 0$ on a $\tilde{V}_e(\mathscr{F}) = X$ , donc $\lambda = 0$ et l'assertion est évidente.

Supposons que $1 \leq p \leq n-1$ . On peut s'astreindre au cas où $0 \leq r \leq n-p$ et $\tilde{\alpha}_1$ a le bidegré$(n, n-p-r)$ . Dans un voisinage $B \subset W_1$ on a la représentation canonique

$$\eta . \pi^*(\tilde{\alpha}_1)|_B = z^{-\gamma} \sum b_{A'B'M'} \, dz_{A'} \wedge d\bar{z}_{B'} \wedge dw_{M'} \quad ,$$

où $b_{A'B'M'} \in \mathscr{D}^0(B)$ et la sommation est étendue a tous les triples $A'$, $B'$ , $M'$ de sous-ensembles deux à deux disjoints de $\{1,\dots,n\}$ , tels que $A' \cup M' = \{1,\dots,n\}$ et $|B'| + |M'| = n-p-r$ ; tout de même

$$\pi^*(\lambda)|_B = \sum g_{C'} \, dz_{C'} \quad ,$$

où $g_{C'} \in \Theta(\bar{B})$ et la sommation est étendue aux ensembles $C' \subset \{1,\dots,n\}$ tels que $|C'| = r$ .

Or un terme du produit $\eta . \pi^*(\tilde{\alpha}_1) \wedge \pi^*(\bar{\lambda})$ est de la forme

$$z^{-\gamma} \, b_{A'B'M'} \, \bar{g}_C \, dz_{A'} \wedge d\bar{z}_{B'} \wedge dw_{M'} \wedge dz_C \;=\; z^{-\gamma} \, b \, \bar{g}_C \, dz_A \wedge dw_M \quad , \qquad (1)$$

où $b = \pm b_{A'B'M'}$ , $M = B' \cup C \cup M'$ et $A = \{1,\dots,n\} - M$ , et il suffit de voir que

$$\lim_{\delta \to 0} \int_{D^{\alpha}_{\underset{\sim}{\delta}}(h)} z^{-\gamma}\, b\, \bar{g}_{C'}\, dz_A \wedge dw_M = 0 . \qquad (2)$$

D'après 3.3.2(a) on peut supposer que la forme (1) est normale par rapport à $\alpha$ ; en particulier, $\pi(P_A) \subset \tilde{V}_e(\mathcal{F})$ (cf. 3.2.1(2) ). Comme $\tilde{j}^{*}(\lambda) = 0$ , on déduit $\pi^{*}(\lambda)|_{P_A} = 0$ , ce qui implique $g_C|_{P_A} = 0$ pour tout $C \subset M$ . Mais alors $g_{C'}|_{P_A} = 0$ , donc

$$\bar{g}_{C'} = \sum ( \bar{z}_i . \bar{g}_i : i \in A )$$

avec $g_i \in \mathcal{O}(\bar{B})$ , $i \in A$ , et on déduit (2) de 3.3.2(c) .

La démonstration de b) est analogue.

3.4.3 a) Si $\tilde{\alpha} \in \Gamma_c(W, \mathcal{E}_X^{2n-p}(* \cup \mathcal{F}(1))$ et $p \geq 1$ , alors $R^p P^{p+1}(\tilde{\alpha}) = 0$ .

b) Si encore $\tilde{\beta} \in \Gamma_c(W, \mathcal{E}_X^{2n-p-1}(* \cup \mathcal{F}(1))$ , alors $R^{p+1}(\tilde{\beta}) = 0.$

Démonstration de a). On peut supposer que le bidegré de $\tilde{\alpha}$ est $(n,n-p)$ . Dans ce cas, dans un voisinage $B \subset W_1$ on a la représentation canonique

$$\eta . \pi^{*}(\tilde{\alpha}) = z^{-\gamma} \sum b_A\, dz_A \wedge dw_M , \qquad (3)$$

où la sommation s'étend aux paires $A$, $M$ telles que $A \cap M = \emptyset$ , $A \cup M = \{1,\ldots,n\}$ et $|A| = p$ . Voyons que pour chacun de ces termes on a

$$\lim_{\delta \to 0} \int_{D^{\alpha}_{\underset{\sim}{\delta}}(h)} z^{-\gamma}\, b\, dz_A \wedge dw_M = 0 . \tag{4}$$

D'après 3.3.2(a), il suffit de considérer un terme $z^{-\gamma}\, b_A\, dz_A \wedge dw_M$ de (3) qui soit normal par rapport à la matrice $\alpha$. Il existe alors $j \in A$ tel que $\alpha_{1j} > 0$, $\alpha_{2j} = \dots = \alpha_{p+1,j} = 0$ ; comme par hypothèse $\tilde{\alpha}$ est régulier sur $Y_1$, on a nécessairement $\gamma_j = 0$, ce qui donne $b^{\gamma-1}(A) = 0$. L'égalité (4) se déduit alors de 2.16, 2.15 et 2.13.

Le cas b) est similaire.

3.4.4 Supposons que $\tilde{V}_e(\mathcal{F}) = V_e(\mathcal{F}(p+1))$.

a) Si $\tilde{\alpha} \in \Gamma_c(W, \mathcal{E}_X^{2n-p}(*\cup \mathcal{F}(p+1)))$ et $p \geq 1$, alors $R^p P^{p+1}(\tilde{\alpha}) = R^p(\tilde{\alpha})$.

b) Si $\tilde{\beta} \in \Gamma_c(W, \mathcal{E}_X^{2n-p-1}(*\cup \mathcal{F}(p+1)))$, alors $R^{p+1}(\tilde{\beta}) = 0$.

Démonstration de a). En raisonnant comme dans le théoreme 3.3.1, on trouve que

$$I[\,T^p_{\underset{\sim}{\delta}}(\varphi)](\tilde{\alpha}) = \sum_{\eta} \int_{T} z^{-\gamma}\, \eta\, \omega \tag{5}$$

$T = T^{\alpha(p+1)}_{\underset{\sim}{\delta}}(h(p+1))$, et

$$I[\,D^{p+1}_{\underset{\sim}{\delta}}(\varphi)](\tilde{\alpha}) = \sum_{\eta} \int_{D^{\alpha}_{\underset{\sim}{\delta}}(h)} z^{-\gamma}\, \eta . \omega , \tag{6}$$

pour $\delta$ assez petit. Il suffit donc de montrer que

$$\lim_{\delta\to 0} \int_T z^{-\gamma}\, b\, dz_A \wedge dw_M = \lim_{\delta \to 0} \int_{D^{\alpha}_{\underset{\sim}{\delta}}(h)} z^{-\gamma}\, b\, dz_A \wedge dw_M , \quad (7)$$

pour chaque terme $z^{-\gamma}\, b\, dz_A \wedge dw_M$ de $\pi^*(\tilde{\alpha})$. Si ce terme n'est pas normal par rapport à $\alpha(p+1)$, il ne l'est pas par rapport à $\alpha$ non plus, et les deux limites dans (7) sont nulles. Dans le cas où le terme est normal par rapport à $\alpha$ et $\alpha(p+1)$, l'égalité des limites est immédiate, puisque $T^{\alpha(p+1)}_{\underset{\sim}{\delta}}(h(p+1)) = D^{\alpha}_{\underset{\sim}{\delta}}(h)$ pour $\delta$ assez petit.

Supposons que $z^{-\gamma}\, b\, dz_A \wedge dw_M$ soit $\alpha(p+1)$-normal mais non $\alpha$-normal, de façon que la limite droite dans (7) est nulle; il existe alors $j \in A$ tel que $\alpha_{p+1,j} > 0$, donc

$$\pi(P_A) \subset V_e(\mathcal{F}(p+1)) \cap (\varphi_{p+1} = 0) .$$

L'hypothèse $\tilde{V}_e(\mathcal{F}) = V_e(\mathcal{F}(p+1))$ implique que $\dim_{\mathbb{C}} V_e(\mathcal{F}(p+1)) \cap V(\varphi_{p+1}) <$ $< n-p$, de sorte que la limite gauche dans (7) est nulle, par 3.3.2(c).

Démonstration de b). On peut supposer $p \geq 1$, le cas $p = 0$ étant contenu dans 3.4.3 (b). Par le théorème de Stokes (1.6.7.) on a

$$I[\,T^{p+1}_{\underset{\sim}{\delta}}(\varphi)](\tilde{\beta}) = (-1)^{p+1}\, I[\,D^{p+1}_{\underset{\sim}{\delta}}(\varphi)](\, d\tilde{\beta}) ,$$

puisque $b.D^{p+1}_{\underset{\sim}{\delta}} = (-1)^{p+1}\, T^{p+1}_{\underset{\sim}{\delta}}$ (1.5.2(3)). En outre

$$\lim_{\delta\to 0} I[D^{p+1}_{\delta}(\varphi)](d\tilde{\beta}) = \lim_{\delta\to 0} I[T^{p}_{\delta}(\varphi)](d\tilde{\beta}) ,$$

pour ce que nous venons de voir. Mais $I[T^p_\delta(\varphi)](d\tilde{\beta}) = 0$ , car $b.T^p_\delta = 0$. Ceci implique $R^{p+1}(\tilde{\beta}) = 0$ , comme voulu.

3.4.5 Soient $\psi_1$ et $\psi_{p+1} \in \mathcal{O}_X(W)$ telles que $V(\psi_1) \supset V(\varphi_1)$ et $V(\psi_{p+1}) \supset V(\varphi_{p+1})$ ; notons $\psi = (\psi_1, \varphi_2, \dots, \varphi_p, \psi_{p+1})$ . Supposons que $\tilde{V}_e(\psi) \supset \tilde{V}_e(\varphi)$ et $V_e(\psi) \supset V_e(\varphi)$ . Alors

a) Pour chaque $\tilde{\alpha} \in \Gamma_c(W, \mathcal{E}^{2n-p}_X(*\cup\mathcal{F}))$ on a

$$\lim_{\delta\to 0} I[D^{p+1}_{\delta}(\psi)](\tilde{\alpha}) = \lim_{\delta\to 0} I[D^{p+1}_{\delta}(\varphi)](\tilde{\alpha}) ;$$

b) pour chaque $\tilde{\beta} \in \Gamma_c(W, \mathcal{E}^{2n-p-1}_X(*\cup\mathcal{F}))$ on a

$$\lim_{\delta\to 0} I[T^{p+1}_{\delta}(\psi)](\tilde{\beta}) = \lim_{\delta\to 0} I[T^{p+1}_{\delta}(\varphi)](\tilde{\beta}) .$$

Démonstration de a). Nous prenons dans ce cas une résolution $\pi : W_1 \to W$ des singularités de l'hypersurface $V(\varphi_1 \cdots \varphi_{p+1} \cdot \psi_1 \cdot \psi_{p+1} \cdot \rho)$ de $W$ . Dans les voisinages $B \subset W_1$ on a alors, outre des répresentations similaires des $\varphi_i^*$ :

$$\psi^*_j|_B = k_j \cdot z^{\beta_j} \qquad (j = 1 , p+1) ,$$

où $\beta_1$ et $\beta_{p+1} \in N^n$ et $k_1 , k_{p+1} \in \mathcal{O}(\bar{B})$ sont des fonctions holomorphes inversibles.

Notons $\beta \in M_{p+1,n}(N)$ la matrice dont les lignes sont $\beta_1, \alpha_2, \ldots$ $\ldots, \alpha_p, \beta_{p+1}$, et $k = (k_1, h_2, \ldots, h_p, k_{p+1})$. Les inclusions $V(\varphi_1) \subset V(\psi_1)$ et $V(\varphi_{p+1}) \subset V(\psi_{p+1})$ impliquent que:

$$\alpha_{ij} = 0 \qquad \text{si} \qquad \beta_{ij} = 0 \; , \quad 1 \leq i,j \leq n \; . \tag{8}$$

Soit $\tilde{B}_1$ un voisinage de l'origine $0 \in B$ contenu dans l'intersection des voisinages associés dans 2.15 aux paires $(\alpha, h)$ et $(\beta, k)$. On peut choisir un nombre fini de tels voisinages que recouvrent le support de $\pi^*(\tilde{\alpha})$, et une partition différentiable subordonnée $(\eta_1)$.

Comme dans 3.3.1, on voit qu'on peut se réduire à montrer (a) sur $W_1$, pour $\psi^* = \psi \circ \pi$, $\varphi^* = \varphi \circ \pi$ et $\pi^*(\tilde{\alpha}) = \sum_{\eta_1} \eta_1 \pi^*(\tilde{\alpha})$, donc qu'il suffit de vérifier

$$\lim_{\delta \to 0} \int_{D_\delta^\alpha(h)} z^{-\gamma} b \, dz_A \wedge dw_M = \tag{9}$$

$$= \lim_{\delta \to 0} \int_{D_\delta^\beta(k)} z^{-\gamma} b \, dz_A \wedge dw_M \tag{10}$$

pour chaque terme $z^{-\gamma} b \, dz_A \wedge dw_M$ de $\eta_1 \pi^*(\tilde{\alpha})$, $\eta_1 \in \mathcal{D}^0(\tilde{B}_1)$.

Supposons que $\alpha_A$ soit normale; si $\beta_A$ est normale, cette égalité est conséquence de 2.16, 2.15(a) et les formules explicites de 2.13. Si $\beta_A$ n'est pas normale la limite (10) est nulle, mais on aurait par (8) $\beta_{p+1,i} > 0$ pour quelque $i \in A$. Alors

$$\pi(P_A) \subset \tilde{V}_e(\varphi_1, \ldots, \varphi_{p+1}) \cap V(\psi_{p+1}) \; ,$$

où l'ensemble à droite a dimension complexe $< n-p$ , par la condition $\tilde{V}_e(\varphi) \subset \tilde{V}_e(\psi)$ . Dans ce cas la limite (9) est nulle aussi, par 3.3.2(c).

Supposons que $\alpha_A$ ne soit pas normale. Si $\beta_A$ n'est pas normale les limites (9) et (10) sont nulles. Si $\beta_A$ est normale, il existe $j \in A$ tel que $\beta_{1j} > 0$ , $\alpha_{2j} = \dots = \alpha_{pj} = \beta_{p+1,j} = 0$ , ce qui donne par (8) $\alpha_{p+1,j} = 0$ ; comme $\alpha_A$ n'est pas normale on a nécessairement $\alpha_{1j} = 0$ , donc $\gamma_j = 0$ , compte tenu de l'inclusion $V(z^\gamma) \subset \subset V(\prod_{i=1}^{p+1} z^{\alpha_i})$ . Mais alors $b^{\gamma-1}(A) = 0$ , et la limite (10) est nulle (2.13) . L'égalité ci-dessus est ainsi vérifiéedans tous les cas.

La propriété (b) s'ensuit de (a) et du théorèmede Stokes (1.6.7), puisque $b.D^{p+1}_{\underset{\sim}{\delta}}(\varphi) = (-1)^{p+1}\, T^{p+1}_{\underset{\sim}{\delta}}(\varphi)$ et $b.D^{p+1}_{\underset{\sim}{\delta}}(\psi) = (-1)^{p+1}\, T^{p+1}_{\underset{\sim}{\delta}}(\psi)$ .

3.4.6 Remarque.

Il est facile de vérifier que les no, 3.4.1-3.4.5 contiennent les versions locales des propriétés 1.7.5(1)-(5) . La propriété 1.7.5(6) est conséquence immédiate des égalites

$$D^p_{\gamma;\underset{\sim}{\delta}}(\varphi) = D^p_{\gamma_1;\underset{\sim}{\delta}}(\varphi) + D^p_{\gamma_2;\underset{\sim}{\delta}}(\varphi)$$

$$T^{p+1}_{\gamma;\underset{\sim}{\delta}}(\varphi) = T^{p+1}_{\gamma_1;\underset{\sim}{\delta}}(\varphi) + T^{p+1}_{\gamma_2;\underset{\sim}{\delta}}(\varphi) ,$$

qu'on obtient à partir des définitions (1.5.1) .

### 3.5 Résultats additionnels sur $R^p P^{p+1}$

Les résultats qu'on présente ici seront utilisés au Ch. 4 pour la démonstration des propriétés d'antisymmétrie 1.7.6(1) et 1.7.7(1) . On se met dans les conditions du no. 3.3 : $X$ est un espace complexe de dimension pure $n$ , $\mathcal{F} = \{ Y_j : 1 \leq j \leq p+1 \}$ , $0 \leq p < n$ , est une suite loc. princ. d'hypersurfaces de $X$ , $W$ est un ouvert de $X$ et les $\varphi_j \in \mathcal{O}_X(W)$ sont des équations de $Y_j$ sur $W$ , $1 \leq j \leq p+1$ .

Soit $\psi_{p+1} \in \mathcal{O}_X(W)$ telle que $V(\psi_{p+1}) \supset \cap \mathcal{F} \cap W$ . Si $\tilde{\alpha} \in \Gamma_c(W, \mathcal{E}_X^{2n-p}(*\cup\mathcal{F}))$ et $\psi = (\varphi_1, \dots, \varphi_p, \psi_{p+1})$, les ensembles polaires de $\tilde{\alpha}$ et $D^{p+1}_{\underset{\sim}{\delta};\delta_{p+1}}(\psi)$ ne sont pas disjoints, en général. Ils le sont si $\underset{\sim}{\delta}$ est assez petit par rapport a $\delta_{p+1}$ , comme le montre le lemme suivant

3.5.1 Lemme.

Soit $\psi_{p+1} \in \mathcal{O}_X(W)$ telle que $V(\psi_{p+1}) \supset \cap\mathcal{F} \cap W$ . Pour chaque ouvert $U \subset W$ d'adhérence compacte dans $W$ on peut trouver des constantes $a \in \mathbb{R}_>$ et $\ell \in \mathbb{N}$ telles que

$$|T^p_{\underset{\sim}{\delta}}(\varphi)| \cap \left(|\psi_{p+1}| \geq \delta_{p+1}\right) \cap U \subset \left(|\varphi_{p+1}| > a \cdot \delta^{\ell}_{p+1}\right),$$

pour tout $\underset{\sim}{\delta} \in \mathbb{R}^p_>$ , $\|\underset{\sim}{\delta}\| < a \cdot \delta^{\ell}_{p+1}$ , $0 < \delta_{p+1} < 1$ .

D) Il suffit de vérifier le lemme dans un voisinage de chaque point $x \in U$ , l'assertion étant évidente si $x \notin V(\varphi_1, \dots, \varphi_{p+1})$ .

Supposons que $x \in V(\varphi_1, \dots, \varphi_{p+1})$ . Par le théorème des zéros, il existe un voisinage relativement compact de $x$ , noté aussi $U$ , des fonctions $g_1, \dots, g_{p+1} \in \mathcal{O}_X(\bar{U})$ et $\ell \in \mathbb{N}$ tels que

$$\psi^{\ell}_{p+1} = g_1\varphi_1 + \dots + g_{p+1}\varphi_{p+1} \qquad \text{sur } \overline{U} .$$

Prenons $M > 0$ tel que $\sup(|g_i(z)| : z \in \overline{U}) \leq M$ , $1 \leq i \leq p+1$ . Voyons que le lemme est vérifié avec $\ell$ et $a = (2M.p)^{-1}$ . Pour les points de $|T^p_{\delta}(\varphi)| \cap (|\psi_{p+1}| \geq \delta_{p+1}) \cap U$ , $0 < \delta_{p+1} < 1$ , $\|\delta\| < a.\delta^{\ell}_{p+1}$ , on a alors

$$|g_1\varphi_1 + \dots + g_p\varphi_p| \leq p.M.\|\delta\| < \frac{\delta^{\ell}_{p+1}}{2} \qquad \text{et} \qquad |\psi^{\ell}_{p+1}| \geq \delta^{\ell}_{p+1} ,$$

ce qui implique

$$\frac{\delta^{\ell}_{p+1}}{2} < |g_{p+1}\varphi_{p+1}| \leq M.|\varphi_{p+1}| ,$$

et finalement $|\varphi_{p+1}| > a\cdot\delta^{\ell}_{p+1}$ , comme on voulait.

Remarque.

D'après ce lemme, si $\tilde{\alpha} \in \Gamma_c(U, \mathcal{E}^{2n-p}_X(*\cup\mathcal{F}))$ et $\psi = (\varphi_1,\dots,\varphi_p,\psi_{p+1})$ , l'intégrale $I[D^{p+1}_{\delta;\delta_{p+1}}(\psi)](\tilde{\alpha})$ est bien définie, pour $0 < \delta_{p+1} < 1$ et $\|\delta\| < a\cdot\delta^{\ell}_{p+1}$ .

3.5.2 Proposition.

Prenons $\psi_{p+1} \in \mathcal{O}_X(W)$ telle que $V(\psi_{p+1})$ soit une hypersurface de $W$ et

$$V(\psi_{p+1}) \supset V(\varphi_1,\dots,\varphi_{p+1}) \ , \quad \tilde{V}_e(\varphi_1,\dots,\varphi_p,\psi_{p+1}) \supset \tilde{V}_e(\varphi_1,\dots,\varphi_{p+1}) \ ;$$

notons $\psi = (\varphi_1,\dots,\varphi_p,\psi_{p+1})$. Alors

i) Pour chaque ouvert $U \subset W$ d'adhérence compacte dans $W$, on peut trouver une constante $c > 0$ telle que pour toute trajectoire admissible $\underset{\sim}{\delta} \in \mathbb{R}^p$ la limite suivante existe:

$$\lim_{\delta \to 0} I[D^{p+1}_{\underset{\sim}{\delta};\delta_{p+1}}(\psi)](\tilde{\alpha}) \ ,$$

$$\tilde{\alpha} \in \Gamma_c(U, \mathcal{E}_X^{2n-p}(*\cup\mathcal{F})) \ , \quad 0 < \delta_{p+1} < c \ ,$$

est de bidegré $(n,n-p)$ et ne dépend pas de $\underset{\sim}{\delta}$.

ii)

$$R^p P^{p+1}(\tilde{\alpha}) = \lim_{\delta \to 0} I[D^{p+1}_{\underset{\sim}{\delta}}(\psi)](\tilde{\alpha})$$

$$= \lim_{\delta_{p+1}\to 0} \lim_{\delta \to 0} I[D^{p+1}_{\underset{\sim}{\delta};\delta_{p+1}}(\psi)](\tilde{\alpha}) \ .$$

D) On peut supposer qu'on a une résolution $\pi : W_1 \longrightarrow W$ des singularités de $V(\varphi_1\cdots\varphi_{p+1}\cdot\psi_{p+1}\cdot\rho)$ dans $W$, $V(\rho)$ étant une hypersurface de $W$ qui contient les points singuliers de $W$. Dans chaque voisinage $B \subset W_1$ on a les répresentations

$$\varphi_i^*|_{B} = h_i \cdot z^{\alpha_i} \ , \qquad 1 \leq i \leq p+1 \ ,$$

$$\Psi^{*}_{p+1}\Big|_{\bar{B}} = k_{p+1} \cdot z^{\beta_{p+1}} \quad \text{et} \quad \rho^{*}\Big|_{\bar{B}} = g \cdot z^{\nu} ,$$

où $h_i$ , $k_{p+1}$ , $g \in \mathcal{O}(\bar{B})$ . Soit $\beta \in M_{p+1,n}(N)$ la matrice de lignes $\alpha_1,\dots,\alpha_p, \beta_{p+1}$ , et $k = (h_1,\dots,h_p,k_{p+1})$ .

Prenons un voisinage $\tilde{B}$ de l'origine contenu dans l'intersection des voisinages associés dans 2.15 aux paires $(\alpha,h)$ et $(\beta,k)$ ; soit $c_B > 0$ la plus petite des constantes associées dans cette proposition à chacune de ces paires.

L'ouvert $U \subset W$ relativement compact dans $W$ étant donné, on choisit une famille finie $\mathcal{V}$ de voisinages $B \subset W_1$ telle que la famille $\tilde{\mathcal{V}}$ des voisinages $\tilde{B}$ qui leur sont associés comme toute à l'heure recouvre $\pi^{-1}( U )$ . Soit $\{\eta_B : B \in \mathcal{V}\}$ une partition $\mathcal{C}^\infty$ de l'unité subordonnée à $\mathcal{V}$ . Nous allons voir que dans notre énoncé on peut choisir

$$c \leq \inf( c_B : B \in \mathcal{V} ) , \quad 0 < c < 1 . \tag{1}$$

Soit $\tilde{\alpha} \in \Gamma_c(U, \mathcal{E}_X^{2n-p}(*\cup\mathcal{F}))$ . Dans chaque $B \in \mathcal{V}$ on a des représentations

$$\eta \cdot \pi^{*}(\tilde{\alpha})\Big|_B = z^{-\gamma} \cdot \omega ,$$

où $\gamma \in N^n$ , $V(z^{\gamma}) \subset V(\prod_{i=1}^{p+1} z^{\alpha_i})$ et $\omega \in \mathcal{D}^{2n-p}(\tilde{B})$ .

Prenons $B \in \mathcal{V}$ tel que l'inclusion

$$V(z^{\alpha_{p+1}}) \subset V(\prod_{i=1}^{p+1} z^{\beta_i}) = V(z^{\beta_{p+1}} \cdot \prod_{i=1}^{p} z^{\alpha_i}) \tag{2}$$

ne se vérifie pas, ce qui donne un $j \in \{1,\dots,n\}$ avec $\alpha_{p+1,j} > 0$ et $\alpha_{1j} = \dots = \alpha_{pj} = \beta_{p+1,j} = 0$ . Voyons que dans ce cas $\beta_A$ n'est jamais normale, pour tout $A \subset \{1,\dots,n\}$ , $|A| = p$ .

En effet, $\beta_A$ est normale si $\beta_A(p+1) = \alpha_A(p+1)$ l'est aussi, d'où

$$\pi(P_{A\cup\{j\}}) \subset V(\varphi_1,\dots,\varphi_{p+1}) \subset V(\psi_{p+1}) .$$

On en déduit que $V(z^{\beta_{p+1}}) \supset P_{A\cup\{j\}}$ , donc que $\beta_{p+1,i} \neq 0$ pour quelque $i \in A$ , compte tenu de que $\beta_{p+1,j} = 0$ . Mais alors $\beta_A$ n'est pas normale.

On obtient comme conséquence (cf. 2.2.3) :

3a) il existe $\delta'_o > 0$ tel que $|D^{\beta}_{\underset{\sim}{\delta}}(k)| = \phi$ pour $0 < \delta < \delta'_o$ ;

3b) pour chaque $\delta_{p+1} > 0$ il existe $\delta''_o > 0$ tel que $|D^{\beta}_{\underset{\sim}{\delta};\delta_{p+1}}(k)| = \phi$ , $0 < \delta < \delta''_o$ .

Soit $\mathcal{V}_1$ la famille des $B \in \mathcal{V}$ tels que l'inclusion (2) est vérifiée. Soit $\delta_o \leq$ que chaque $\delta''_o$ associé dans 3b) à $B \in \mathcal{V} - \mathcal{V}_1$ ; si l'on prend (cf. 3.1.2(b)) $\delta_o$ assez petit, on peut supposer encore que pour $0 < \delta < \delta_o$ on a:

$$\dim_{\mathbb{R}} |T^p_{\underset{\sim}{\delta}}(\psi)| \cap V(\rho) \cap U < 2n-p ,$$

$$\dim_{\mathbb{R}} |T^p_{\underset{\sim}{\delta}}(\psi^*)| \cap V(\rho^* \cdot \psi^*_{p+1}) < 2n-p , \quad B \in \mathcal{V} ,$$

$\|\underset{\sim}{\delta}\| < a.\,\delta^{\ell}_{p+1}$ , où $a$ et $\ell$ sont les constantes du lemme 3.5.1 . On obtient comme d'habitude

$$I[D^{p+1}_{\underset{\sim}{\delta};\delta_{p+1}}(\psi)](\tilde{\alpha}) = \sum_{\eta\in\mathcal{V}_1} \int_{D^{\beta}_{\underset{\sim}{\delta};\delta_{p+1}}(k)} \eta \cdot \pi^*(\tilde{\alpha}) \quad , \; 0 < \delta < \delta_o .$$

Pour chaque $\eta \in \mathcal{V}_1$ on a

$$\eta . \pi^*(\tilde{\alpha})|_B = z^{-\gamma} . \omega$$

avec $V(z^\gamma) \subset V(\prod_{i=1}^{p+1} z^{\beta_i})$, par (2). D'après 2.15 et le choix (1) de c, l'existence des limites

$$\lim_{\delta \to 0} \int_{D^\beta_{\underset{\sim}{\delta};\delta_{p+1}}(k)} z^{-\gamma} . \omega \quad , \quad 0 < \delta_{p+1} < c \quad ,$$

est assurée, ainsi que leur indépendance de la trajectoire $\underset{\sim}{\delta}$ choisie. Ceci démontre la première partie de la proposition.

D'autre part, on a de même

$$I[D^{p+1}_{\underset{\sim}{\delta}}(\varphi)](\tilde{\alpha}) = \sum_{\eta \in \mathcal{V}} \int_{D^\alpha_{\underset{\sim}{\delta}}(h)} \eta . \pi^*(\tilde{\alpha}) \qquad (3)$$

pour $\delta$ assez petit. Voyons que

$$\lim_{\delta \to 0} \int_{D^\alpha_{\underset{\sim}{\delta}}(h)} \eta \; \pi^*(\tilde{\alpha}) = 0 \qquad (4)$$

pour chaque $B \in \mathcal{V}$ tel que (2) ne se vérifie pas. Dans la répresentation

$$\eta . \pi^*(\tilde{\alpha}) = z^{-\gamma} \sum b \; dz_A \wedge dw_M \quad ,$$

considérons un terme $z^{-\gamma} b \; dz_A \wedge dw_M$ qui soit $\alpha$-normal. On a déjà vu que $\beta_A$ n'est pas normale, donc il existe $\beta_{p+1,i} \neq 0$ , $i \in A$ . Alors

$$\pi(P_A) \subset \tilde{V}_e(\varphi_1,\dots,\varphi_{p+1}) \cap V(\psi_{p+1}) \quad ,$$

et l'inclusion $\tilde{V}_e(\varphi_1,\dots,\varphi_{p+1}) \subset \tilde{V}_e(\varphi_1,\dots,\varphi_p,\psi_{p+1})$ entraîne que

$$\dim_{\mathbb{C}} \tilde{V}_e(\varphi_1,\dots,\varphi_{p+1}) \cap V(\psi_{p+1}) < n-p \quad ,$$

ce qui donne (4) pour le terme en question.(cf. 3.3.2(c)) .

Ainsi, on aura les égalités (ii) si l'on montre que

$$\lim_{\delta \to 0} \int_{D^{\alpha}_{\underline{\delta}}(h)} \eta \cdot \pi^*(\tilde{\alpha}) = \lim_{\delta_{p+1} \to 0} \lim_{\delta \to 0} \int_{D^{\beta}_{\underline{\delta};\delta_{p+1}}(k)} \eta \cdot \pi^*(\tilde{\alpha}) \qquad (5)$$

$$= \lim_{\delta \to 0} \int_{D^{\beta}_{\underline{\delta}}(k)} \eta \cdot \pi^*(\tilde{\alpha}) \qquad (6)$$

pour toute $B \in \mathcal{V}_1$ .

Prenons un terme $z^{-\gamma}\, b\, dz_A\ d\bar{w}_M$ de $\eta \cdot \pi^*(\tilde{\alpha})$ , $B \in \mathcal{V}_1$ .

Alors

$$\lim_{\delta \to 0} \int_{D^{\beta}_{\underline{\delta}}(k)} z^{-\gamma}\, b\, dz_A \wedge d\bar{w}_M = \lim_{\delta \to 0} \int_{D^{\alpha}_{\underline{\delta}}(h)} z^{-\gamma}\, b\, dz_A \wedge d\bar{w}_M \ . \qquad (7)$$

En effet, (7) est conséquence de 2.16 , 2.15(a) et 2.13 , si le terme est normal par rapport à $\alpha$ et $\beta$ ; s'il est $\alpha$-normal mais non $\beta$-normal, il existe $\beta_{p+1,i} > 0$ , $i \in A$ , et alors $\pi(P_A)$ est contenu dans $\tilde{V}_e(\varphi_1,\dots,\varphi_{p+1}) \cap V(\psi_{p+1})$ . Comme déjà vu, on conclut dans ce cas que les deux termes dans (7) sont nuls. Finalement, il est impossible que $\beta_A$ soit normale sans que $\alpha_A$ le soit. La démonstration de ii) est achevée.

3.5.3 Lemme.

Dans les conditions du no. 3.5.2 , soit $\tilde{j}$ l'inclusion de $\tilde{V}_e(\mathcal{F}) \cap W$ dans $W$ et $\lambda \in \Gamma(W, \Omega_X^r)$ telle que $\tilde{j}^*(\lambda) = 0$ . Pour chaque $\tilde{\alpha}_1 \in \Gamma_c(U, \mathcal{E}_X^{2n-p-r}(*\cup\mathcal{F}))$ on a alors

$$\lim_{\delta\to 0} I[D^{p+1}_{\varepsilon;\delta_{p+1}}(\psi)](\bar{\lambda}\wedge\tilde{\alpha}_1) = 0 \ , \quad 0 < \delta_{p+1} < c \ .$$

D) Il suffit d'incorporer à la dernière démonstration le raisonnement du no. 3.4.2(a) . On est réduit à considérer dans chaque $B \in \mathcal{V}_1$ les limites

$$\lim_{\delta\to 0} \int_{D^\beta_{\varepsilon;\delta_{p+1}}(k)} z^{-\gamma}\, b\, \bar{g}\, dz_A \wedge dw_M \ , \quad 0 < \delta_{p+1} < c \ ,$$

où $\bar{g} = \sum(\bar{z}_i \cdot \bar{g}_i : i \in A)$ . Ces limites sont touts nuls par 2.15($b_2$), puisque $\partial^\mu(b.\bar{g})(A) = 0$ .

3.5.4 Lemme.

Dans les conditions antérieures soit encore $\chi \in \Theta_X(W)$ avec $V(\chi) \subset \cup\mathcal{F}$ . Il existe alors $r \in N$ tel que

$$\lim_{\delta \to 0} I[D^{p+1}_{\underset{\sim}{\delta};\delta_{p+1}}(\psi)](f^r.\tilde{\alpha}) = 0 \quad , \quad 0 < \delta_{p+1} < c \quad ,$$

pour toute $\tilde{\alpha} \in \Gamma_c(U, \mathcal{E}_X^{2n-p}(* \cup \mathcal{F}))$ telle que $\chi . \tilde{\alpha}$ soit régulière et toute $f \in \mathcal{O}_X(W)$ telle que $\tilde{V}_\varepsilon(\mathcal{F}) \cap W \subset V(f)$ .

D) On fera libre usage de la démonstration du no. 3.5.2 . Tout d'abord, on déduit de l'inclusion $V(\chi) \subset \cup \mathcal{F}$ l'existence des représentations

$$\chi^*|_{\bar{B}} = g . z^{\sigma(B)} \tag{1}$$

pour chaque $B \in \mathcal{V}_1$ , ou $g \in \mathcal{O}(\bar{B})$ et $\sigma(B) \in N^n$ . Nous allons voir qu'il suffit de choisir dans l'énoncé

$$r \geq p . \max (\sigma(B) : B \in \mathcal{V}_1) . \tag{2}$$

Prenons $\tilde{\alpha}$ et $f$ dans les conditions de l'énoncé, et $B \in$ $\in \mathcal{V}_1$ . La forme $\chi . \tilde{\alpha}$ étant régulière, on déduit de (1) que $\pi^*(\tilde{\alpha})|_B = z^{-\gamma}.\omega$ , où $\gamma \in N^n$ vérifie

$$\gamma_i \leq \sigma(B)_i \quad , \quad 1 \leq i \leq n \quad . \tag{3}$$

On aura le lemme si l'on montre que

$$\lim_{\delta \to 0} \int_{D^{\beta}_{\underset{\sim}{\delta};\delta_{p+1}}(k)} z^{-\gamma} f^{*r} b \, dz_A \wedge dw_M = 0 \quad , \quad 0 < \delta_{p+1} < c \; , \tag{4}$$

pour chaque terme $\beta$-normal $z^{-\gamma} b \, dz_A \wedge dw_M$ de $\eta . \pi^*(\tilde{\alpha})$ . Or la normalité entraîne que $\pi(P_A) \subset \tilde{V}_\varepsilon(\mathcal{F}) \cap W \subset V(f)$ , ce qui donne

$$f\,|_B = \sum ( z_i . f_i : i \in A )$$

avec $f_i \in \mathcal{O}(B)$ . Par conséquent

$$(f^*|_B)^r = \sum ( z_A^\nu . f_\nu : \nu \in N^A , |\nu| = r ) ,$$

avec des fonctions $f_\nu$ convenables. D'après (2) et (3) , pour chaque $\nu \in N^A$ avec $|\nu| = r$ , il existe $i \in A$ tel que $\nu_i \geq \gamma_i$ , et alors $\gamma^\mu( f^{*r}.b)(A) = 0$ pour tout $\mu \in N^p$ tel que $\mu \leq \gamma - 1$ . Ceci donne (4) , par 2.15($b_2$) , et achève le lemme.

### 3.6 Le résidu logarithmique

Sous les conditions du no. 1.9 , nous allons vérifier l'égalité

$$R_{\gamma;\mathcal{F}} \left[\frac{d\varphi}{\varphi}\right](\alpha) = (2\pi i)^p \ I[\varphi_\gamma^{-1}[0]](\alpha) , \quad (1)$$

$$\alpha \in \mathcal{D}^{2(n-p)}(X) ,$$

ce qui entraîne immédiatement 1.9(1) .

Montrons d'abord le lemme suivant, qui sera utilisé d'ailleurs au chapitre 4 .

3.6.1 Lemme.

Soit $\gamma = [N,c] \in \mathcal{S}_q(X)$ et $\varphi : X \longrightarrow T$ un morphisme dans la variété réelle lisse et orientée $T$ . Soit $\alpha = [L,a] \in \mathcal{S}_p(T)$; supposons que $\eta = \varphi_\gamma^{-1}(\alpha)$ est defini, que $L$ est lisse et que $a \in H_p(L)$ est une classe fondamentale. Notons $\eta = [M,d]$ et $\psi : M \longrightarrow L$ la restriction de $\varphi$ sur $M$ . Alors

$$\varphi_\gamma^{-1}[t] = \psi_\eta^{-1}[t] , \quad t \in L . \quad (2)$$

D) Le point $t \in L$ choisi, on peut toujours supposer, en rétrécissant $T$ , qu'il existe $\beta = [B,b] \in \mathcal{S}_{r-p}(T)$ , $r = \dim T$ , telle que $\alpha \cdot \beta = [t]$ . Notons par $i : L \longrightarrow T$ l'inclusion, et par $\Delta_T(a)$ et $\Delta_T(b)$ les classes duales de $i_*(a)$ et $i_*(b)$ . Alors

$$[t] = i_*(a) \cap \Delta_T(b) = i_*\left(a \cap i^* \Delta_T(b)\right) ,$$

ou autrement dit, $i^* \Delta_T(b)$ est la classe duale $\Delta_L[t]$ de $[t]$ en $L$. D'après 1.4.1(3) on a alors

$$\varphi_\gamma^{-1}[t] = \varphi_\gamma^{-1}(\alpha . \beta) = \varphi_\eta^{-1}(\beta) ,$$

et

$$\varphi_\eta^{-1}(\beta) = \eta \cap \varphi^*(\Delta_T(b)) = \eta \cap \psi^*(i^* \Delta_T(b))$$

$$= \eta \cap \psi^*(\Delta_L[t]) = \psi_\eta^{-1}[t] ,$$

comme on voulait.

Pour démontrer la formule (1) , prenons $y \in \varphi^{-1}(0)$ ; comme $\dim_y \varphi^{-1}(0) = n-p$ , il existe un voisinage ouvert $W$ de $y$ tel que

$$\dim_x \varphi^{-1}\varphi(x) = n-p , \quad x \in W .$$

La restriction $W \longrightarrow \mathbb{C}^p$ de $\varphi$ est par conséquent une application ouverte ( [35] ) ; soit $\delta_0 > 0$ tel que $B_{\delta_0} = \{ t : \|t\| < \delta_0 \} \subset \varphi(W)$ .

Pour chaque $\alpha \in \mathcal{D}^{2(n-p)}(W)$ notons

$$h(t) = I[\varphi_{\gamma \cap W}^{-1}[t]](\alpha) , \quad t \in B_{\delta_0} ;$$

$h(t)$ est une fonction continue sur $B_{\delta_0}$ , d'après 1.6.8(1) .

Soit $\underset{\sim}{\delta} \in \mathbb{R}^p_>$ , $\|\underset{\sim}{\delta}\| < \delta_0$ ; on a défini au no. 1.5 la chaîne

$T^p_{\underset{\sim}{\delta}}(1) \in \mathcal{S}_p(B_{\delta_0})$ , dont le support fidèle

$$L = |T^p_{\underset{\sim}{\delta}}(1)| = \{ t \in \mathbb{C}^p : |t_i| = \delta_i , 1 \le i \le p \}$$

est lisse; elle vérifie

$$\varphi^{-1}_{\gamma \cap W} \left( T^p_{\underset{\sim}{\delta}}(1) \right) = T^p_{\gamma \cap W; \underset{\sim}{\delta}}(\varphi) .$$

Appliquons le lemme ci-dessus avec $T^p_{\gamma \cap W;\underset{\sim}{\delta}}(\varphi) = \eta = [M,d]$ , $T^p_{\underset{\sim}{\delta}}(1) = \alpha = [L,a]$ et $\gamma = [X,c]$ . On a

$$h(t) = I\left[\varphi^{-1}_{\gamma \cap W}[t]\right](\alpha) = I\left[\psi^{-1}_{\eta}[t]\right](\alpha) , \tag{3}$$

par (2) , où $\psi : M \to L$ est la restriction de $\varphi$ sur $M$ . Par la continuité de la fibre intégrale 1.6.8 de $\psi$ et (3) , on a aussi l'égalité

$$\int_{T^p_{\gamma \cap W;\underset{\sim}{\delta}}(\varphi)} \frac{d\varphi}{\varphi} \wedge \alpha = \int_{\eta} \psi^*\left( \frac{dt_1 \wedge \dots \wedge dt_p}{t_1 \cdots\cdots t_p} \right) \wedge \alpha$$

$$= \int_{T^p_{\underset{\sim}{\delta}}(1)} h(t) \frac{dt_1 \wedge \dots \wedge dt_p}{t_1 \cdots\cdots t_p} .$$

Mais, $h(t)$ étant continue sur $B_{\delta_0}$ , la limite quand $\underset{\sim}{\delta} \to 0$ de l'intégrale à droite existe, et l'on obtient en particulier:

$$R_{\gamma;\mathcal{X}}\left[\frac{d\varphi}{\varphi}\right](\alpha) = \lim_{\underset{\sim}{\delta}\to 0} \int_{T^p_{\underset{\sim}{\delta}}(\underline{i})} h(t)\ \frac{dt_1\wedge\dots\wedge dt_p}{t_1\cdot\ldots\cdot t_p}$$

$$= (2\pi i)^p\ h(0) = (2\pi i)^p\ I\left[\varphi_\gamma^{-1}[0]\right](\alpha) ,$$

$\alpha \in \mathcal{D}^{2(n-p)}(W)$ . Ceci achève la démonstration de (1) , avec le résultat additionel de que, dans le cas logarithmique, il ne faut pas utiliser les trajectoires admissibles.

# CHAPITRE IV

Nous démontrons dans ce chapitre les résultats sur la fonction résidu fibré annoncés au no. 1.8.3 et 1.8.4 , et la propriété d'antisymétrie 1.7.6(1) et 1.7.7(1) .

La semi-méromorphie locale de la fonction résidu fibré dépend de certaines propriétés métriques de la fibration $X \longrightarrow T$ que l'on considère, notamment d'une sorte d'inégalité de Łojasiewicz "fibrée" (cf. 4.2.5).

Dans le cas où $X$ est lisse, l'antisymétrie des courants résiduels peut se déduire de la propriété 1.8.3(ii) du résidu fibré; l'idée est contenue dans la démonstration 4.3 de la pureté. Si $X$ est singulier, il faut faire appel a l'artifice décrit au no. 4.4.1 , qui est peut-être plus transparent dans le cas du résidu ponctuel 4.1.3 .

## 4.1 Le résidu ponctuel

4.1.1 Soit $X$ un p-cycle complexe ( $p>0$ ) , $\mathcal{F}=\{Y_1,\ldots,Y_p\}$ une suite localement principale d'hypersurfaces dans $X$ , $Y=V_e(\mathcal{F})$ l'intersection essentielle (cf. (1.7.4) et (3.2) ) de $\mathcal{F}$, $y\in Y$ et $\tilde{\lambda}\in\Gamma(X,\mathcal{E}^p_X(*\cup\mathcal{F}))$ . Dans le no. 1.8.1 on a définit le <u>résidu ponctuel</u> $\mathrm{res}_{\gamma;\mathcal{F};y}(\tilde{\lambda})$ de $\tilde{\lambda}$ au point $y$ .

On sait que $Y$ est un ensemble discret de $X$ . Prenons un voisinage $W$ de $y$ en $X$ tel que $\overline{W}\cap Y=\{y\}$ et tel qu'il existe des équations $\varphi_i\in\mathcal{O}_X(W')$ de $Y_i\cap W'^*$, $\overline{W}\subset\subset W'$ , $1\leq i\leq p$ ; alors $\dot{W}\cap Y=$ $=(\overline{W}-W)\cap Y=\emptyset$ . Soit $\underset{\sim}{\delta}\in R^p_>$ une trajectoire admissible; par la définition même d'intersection essentielle et 3.1.1(a) on voit qu'il existe $\delta_0>0$ tel que:

(1) $|T^p_{\underset{\sim}{\delta}}(\varphi)|\cap\dot{W}=\emptyset$ et

(2) $\dim_{\mathbb{R}}|T^p_{\underset{\sim}{\delta}}(\varphi)|\cap W\leq p$ , pour $\delta<\delta_0$ .

Soient $0<\delta'<\delta''<\delta_0$ , $\underset{\sim}{\delta}'=\underset{\sim}{\delta}(\delta')$ , $\underset{\sim}{\delta}''=\underset{\sim}{\delta}(\delta'')$ et $\sigma=\underset{\sim}{\delta}(\delta',\delta'')$ l'arc analytique orienté de façon que $\partial\sigma=[\underset{\sim}{\delta}'']-[\underset{\sim}{\delta}']$ . Alors les conditions (1) et (2) impliquent que les chaînes $W\cap T^p_{\underset{\sim}{\delta}'}(\varphi)$ et $W\cap|\varphi|^{-1}_{\gamma}(\sigma)$ existent, ont support compact dans $W$ et en outre (cf. 1.4.2(2) )

$$\partial(\,W\cap|\varphi|^{-1}_{\gamma}(\sigma)\,)\;=\;\pm\,(\,W\cap T^p_{\underset{\sim}{\delta}''}(\varphi)\;-\;W\cap T^p_{\underset{\sim}{\delta}'}(\varphi)\,)\,. \tag{3}$$

Or la définition 1.8.1(1) du résidu ponctuel entraîne immédiatement que

* dans l'ouvert $W'$

$$\mathrm{res}_{\gamma;\mathcal{F};y}(\tilde{\lambda}) = \lim_{\delta\to 0} I[T^p_{\underset{\sim}{\delta}}(\varphi)](\tilde{\lambda}) \tag{4}$$

puisque $\alpha \equiv 1$ sur $T^p_{\underset{\sim}{\delta}}(\varphi)$, pour $\delta$ assez petit. Supposons de plus que $\tilde{\lambda} \in \Gamma(W, \Omega^p_X(*\cup\mathcal{F}))$. Par (3) et le théorème de Stokes on a

$$\pm I[W \cap |\varphi|^{-1}_{\gamma}(\sigma)](d\tilde{\lambda}) = I[\dot{W} \wedge (T^p_{\underset{\sim}{\delta}}(\varphi) - T^p_{\underset{\sim}{\delta}'}(\varphi))](\tilde{\lambda}) ,$$

où l'intégrale à gauche est nulle, puisque $\dim_{\mathbb{C}} X = p$ entraîne $d\tilde{\lambda} \in \Gamma(W, \Omega^{p+1}_X(*\cup\mathcal{F})) = 0$. En résumé:

(5) Soit $\underset{\sim}{\delta} \subset \mathbb{R}^p_>$ une trajectoire admissible, et $\delta_o > 0$ telle que les conditions (1) et (2) sont vérifiées. Pour chaque $\tilde{\lambda} \in \Gamma(W, \Omega^p_X(*\cup\mathcal{F}))$ on a alors

$$\mathrm{res}_{\gamma;\mathcal{F};y}(\tilde{\lambda}) = I[W \cap T^p_{\underset{\sim}{\delta}}(\varphi)](\tilde{\lambda}) , \quad 0 < \delta < \delta_o .$$

4.1.2 Supposons maintenant que $\dim_{\mathbb{C}} \cap\mathcal{F} = 0$. Alors $Y = \cap\mathcal{F}$ et, pour chaque $y \in Y$ et $W$ dans les conditions ci-dessus, il existe $\delta_o$ tel que, si

$$B_{\delta_o} = \{ u \in \mathbb{C}^p : |u_i| < \delta_o , \ 1 \leq i \leq p \} ,$$

alors $\dot{W} \cap \varphi^{-1}(\overline{B}_{\delta_o}) = \phi$. Il suffit de choisir

$$\delta_o < \min\big( (|\varphi_1| + \ldots + |\varphi_p|)/p \ : \ t \in \dot{W} \big) .$$

Nous dirons dans ces conditions que la paire $(\omega, \delta_o)$ est adaptée en $X$ à $y \in Y$. Il est clair que $\omega \cap \varphi^{-1}(K)$ est compact pour tout compact $K \subset B_{\delta_o}$. Si l'on choisit de plus $\omega$ et $\delta_o$ de façon que $\dim \omega \cap |T^p_{\underset{\sim}{\delta}}(\varphi)| = p$, $\underset{\sim}{\delta} < \delta_o$ (cf. 1.5.7 ) on obtient l'égalité (3) pour tout $\underset{\sim}{\delta}'$ et $\underset{\sim}{\delta}'' \in \mathbb{R}^p_>$, $\underset{\sim}{\delta}'$ et $\underset{\sim}{\delta}'' < \delta_o$ non nécessairement sur une trajectoire admissible, où $\sigma$ est le segment orienté $[\underset{\sim}{\delta}', \underset{\sim}{\delta}'']$. En raisonnant comme toute à l'heure on trouve que:

(6) Dans le cas $\dim_{\mathbb{C}} \cap \mathcal{F} = 0$, soit $(\omega, \delta_o)$ une paire adaptée en $X$ à $y \in Y$, et telle que $\dim_{\mathbb{R}} \omega \cap |T^p_{\underset{\sim}{\delta}}(\varphi)| = p$, $\underset{\sim}{\delta} < \delta_o$.
Pour chaque $\tilde{\lambda} \in \Gamma(\omega, \Omega^p_X(* \cup \mathcal{F}))$ on a alors

$$\operatorname{res}_{\gamma;\mathcal{F};y}(\tilde{\lambda}) = I[\omega \cap T^p_{\underset{\sim}{\delta}}(\varphi)](\tilde{\lambda}) \quad , \quad \underset{\sim}{\delta} < \delta_o \, .$$

4.1.3 Nous allons montrer que, dans les conditions du dernier paragraphe, le résidu ponctuel dépend de façon alternée de l'ordre de la famille $\mathcal{F}$. La démonstration générale de 1.7.6(1) qui sera donnée au no. 4.4.1 est basée d'ailleurs sur le cas ponctuel.

Prenons d'abord une forme méromorphe $\tilde{\lambda} \in \Gamma(\omega, \Omega^p_X(* \cup \mathcal{F}))$ et une paire $(\omega, \delta_o)$ qui remplit les conditions dans (6). Soit $\tau$ une permutation de $\{1, \ldots, p\}$, $\underset{\sim}{\delta}^\tau = (\delta_{\tau^{-1}(1)}, \ldots, \delta_{\tau^{-1}(p)})$, $i : \mathbb{C}^p \longrightarrow \mathbb{C}^p$ le morphisme identité et $i^\tau = (i_{\tau(1)}, \ldots, i_{\tau(p)})$.

D'après 1.5.6 on a l'égalité

$$T^p_{\underset{\sim}{\delta}}(i^\tau) = (-1)^{p(p-1)/2} \; i_{\tau(1)}(=\delta_1) \bullet \cdots \bullet i_{\tau(p)}(=\delta_p) \, ,$$

ce qui entraîne (cf. 1.3.2(a))

$$T^p_{\underline{\delta}}(1^\tau) = sg(\tau) \cdot T^p_{\underline{\delta}^\tau}(1) \ .$$

Alors (cf. 1.5.4(4))

$$W \wedge T^p_{\underline{\delta}}(\varphi^\tau) = W \wedge |\varphi|^{-1}_\gamma \big( T^p_{\underline{\delta}}(1^\tau)\big) = sg(\tau) \cdot W \wedge |\varphi|^{-1}_\gamma \big( T^p_{\underline{\delta}^\tau}(1)\big)$$

$$= sg(\tau) \cdot W \wedge T^p_{\underline{\delta}^\tau}(\varphi) \ ,$$

ce qui donne par 4.1.2(6)

$$\begin{aligned} res_{\gamma;\mathcal{F};y}(\tilde{\lambda}) &= I[W \wedge T^p_{\underline{\delta}}(\varphi^\tau)](\tilde{\lambda}) = sg(\tau) \cdot I[W \wedge T^p_{\underline{\delta}^\tau}(\varphi)](\tilde{\lambda}) \\ &= sg(\tau) \cdot res_{\gamma;\mathcal{F};y}(\tilde{\lambda}) \ , \end{aligned} \tag{7}$$

comme on voulait.

Le cas où $\tilde{\lambda} \in \Gamma(X, \mathcal{E}^p_X(*\cup\mathcal{F}))$ se réduit au cas précedent. On peut supposer que $W$ est un ensemble analytique dans un ouvert de $\mathbb{C}^m$, et que $y = 0 \in \mathbb{C}^m$. D'après 1.7.2(4), il suffit de considérer des formes du type $f^{-1}.b\, dt_P$, où $P \subset \{1,\dots,m\}$, $|P| = p$, $f$ est holomorphe dans un voisinage de $0$ et telle que $V(f) \cap W \subset \cup\mathcal{F}$, et $b \in \mathcal{E}^0(\mathbb{C}^m)$.

Or il existe $r_1 > 0$ tel que

$$\lim_{\delta \to 0} I[W \wedge T^p_{\underline{\delta}}(\varphi)](f^{-1}.h^{r_1}.a\, dt_P) = 0 \tag{8}$$

pour toute $a \in \mathcal{E}^0(\mathbb{C}^m)$ et $h$ holomorphe à l'origine, $h(0) = 0$ (cf. 3.5.4). Si l'on considère le développement de Taylor de $b$ en $\mathbb{C}^m$ centré à l'origine et d'ordre $r' = m.r_1$ :

$$b = \sum ( b_{r,s} t^r \bar{t}^s : |r| + |s| < r' ) +$$

$$\sum ( B_{r,s}(t,\bar{t}) t^r \bar{t}^s : |r| + |s| = r' ) ,$$

on trouve que la contribution à la limite

$$\lim_{\delta \to 0} I [W \cap T^p_\delta(\varphi)] ( f^{-1}.b \, dt_p) ,$$

des termes avec $|r|+|s| = r'$ où avec $s \neq 0$ est nulle, par 3.5.3 et 3.5.4 . On a alors

$$res_{\gamma;\mathcal{F};y}(\tilde{\lambda}) = res_{\gamma;\mathcal{F};y}(\tilde{\lambda}_1) ,$$

où $\tilde{\lambda}_1$ est la forme méromorphe induit sur $W$ par $f^{-1}.\tilde{b} \, dt_p$ , avec $\tilde{b} = \sum ( b_{r,o} t^r : |r| < r')$, et on achève la démonstration en appliquant (7).

En particulier, on obtient la formule

$$res_{\gamma;\mathcal{F};y}(\tilde{\lambda}) = \sum_{|r|<r'} \frac{1}{r!} \partial^r b(y) \; res_{\gamma;\mathcal{F};y}\left(\frac{t^r \, dt_p}{\varphi_1 \cdots \varphi_p}\right), \quad (9)$$

qui sera utilisée pour le résidu fibré.

4.1.4 Remarque.

Dans les conditions précédentes, soit $y \in Y = \cap \mathcal{F}$, $\mathcal{M}$ l'idéal maximal de $\mathcal{O}_{X,y}$ et $\mathcal{I}_\varphi$ l'idéal de $\mathcal{O}_{X,y}$ engendré par $\varphi_1, \ldots, \varphi_p$ . Soit $r$ le plus petit entier tel que $\mathcal{M}^r \subset \mathcal{I}_\varphi$ . Pour chaque $h \in \mathcal{M}$ on a alors

$$\mathrm{res}_{\gamma;\mathcal{F};y}\left(\frac{h^r\omega}{\varphi_1\cdots\varphi_p}\right) = 0 \qquad (10)$$

pour toute $\omega \in \Gamma(X, \mathcal{E}_X^p)$ .

En effet, on déduit de $\mathcal{M} \subset \mathcal{I}_\varphi$ que $h^r = \sum_{i=1}^p g_i \varphi_i$ , $g_i \in \mathcal{O}_{X,y}$ , et (10) s'ensuit de 1.7.5(3) et de l'antisymmétrie du résidu ponctuel.

Si X est lisse, r est le plus petit entier qui vérifie (10), mais ceci n'est pas vrai, en général, dans le cas où X est singulier.

## 4.2 La fonction résidu fibré

4.2.1. Nous démontrons dans ce paragraphe la premiere partie du théoreme 1.8.3. Mettons nous dans les conditions du no. 1.8.2.

Il est clair que, le résultat à considérer étant local, il suffit de travailler sur les modèles locaux de $X$ et $T$ ; puis, par des raisonnements habituels, on se réduit au cas où $\pi$ est induit par la projection $\hat{\pi}$ d'un ouvert $G \subset \mathbb{C}^e \times \mathbb{C}^s$ sur un ouvert $U \subset \mathbb{C}^e$, $X$ et $T$ étant des sous-espaces fermés de $G$ et $U$ de dimensions $n$ et $n-p$, respectivement.

Par hypothèse,

$$\dim_{\mathbb{C}} Y = n-p \quad , \quad \dim_{\mathbb{C}} Y \cap Y_{p+1} = n-p-1 \quad , \tag{1}$$

$$\dim_{\mathbb{C}} \pi^{-1}(t) = p \quad , \tag{2}$$

$$\dim_{\mathbb{C}} (\pi \circ i)^{-1}(t) = 0 \quad , \quad t \in T \, . \tag{3}$$

On peut toujours choisir $G$ de façon qu'il existe des fonctions $\phi_i \in \mathcal{O}(G)$ telles que $V(\phi_i) \cap X = Y_i$ , $1 \leq i \leq p+1$ ; posons $\varphi_i = \phi_i|_X$ .

Prenons un point $y_0 \in Y$ et des coordonnées $t = (t^e, t^s)$ sur $\mathbb{C}^e \times \mathbb{C}^s$ , $t^e = (t_1, \ldots, t_e)$ , $t^s = (t_{e+1}, \ldots, t_{e+s})$ , centrées en $y_0$ ; notons $E = \{1, \ldots, e\}$ , $CE = \{e+1, \ldots, e+s\}$ .

Nous choisissons encore les coordonnées $t^e$ sur $\mathbb{C}^e$ de sorte que, si $\pi_1 : \mathbb{C}^e \longrightarrow \mathbb{C}^{n-p}$ est la projection $(t_1, \ldots, t_e) \longrightarrow (t_1, \ldots, t_{n-p})$ , alors

(4) $\quad 0^e \in \mathbb{C}^e$ est un point isolé de $T \cap \pi_1^{-1}(0^{n-p})$ .

On a ainsi un diagramme commutatif

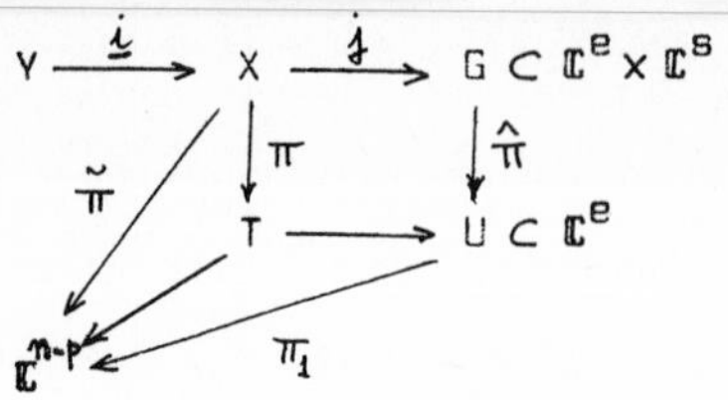


où j désigne l'inclusion de X en G .

D'après 1.7.2(4) , on peut s'astreindre à considérer que des formes $\tilde{u}$ de bidegré (p,0) . Soit donc $a \in \mathcal{E}^0(G)$ et $A \subset CE$ , $|A| = p$ ; posons

$$\tilde{u} = j^*\left(\frac{a}{\varphi_1 \cdots \varphi_{p+1}} dt_A\right) \in \Gamma(X, \mathcal{E}_X^p(* \cup \mathcal{F})) .$$

Le théorème suivant implique immédiatement que $res_{\mathcal{F};\pi}(\tilde{u})$ est semi-méromorphe dans un voisinage de $y_0$ en Y .

4.2.2 Théorème.

Il existe un polydisque $D = D^e \times D^s \subset G$ centré en $y_0$ , un entier $n_1 \in \mathbb{N}$ , une hypersurface $V$ de $Y \cap D$ et des fonctions méromorphes

$$k[r,A] \in \Gamma(Y \cap D , \Theta_Y(*V)) ,$$

$$r = (r_{e+1}, \ldots, r_{e+s}) \in \mathbb{N}^{CE} , \quad |r| \leq n_1 ,$$

telles que

$$res_{\mathcal{F};\pi}(\tilde{u})|_{Y \cap D} = \sum_{|r| \leq n_1} \frac{1}{r!} \left(\partial^r a|_{Y \cap D}\right) \cdot k[r,A] . \qquad (5)$$

D) Le point $y_o$ étant isolé dans $\pi^{-1}(0) \cap Y$, il existe un polydisque $D = D^e \times D^s \subset G$ centré en $y_o$ tel que ([35], [38]):

7) $(\{0^e\} \times D^s) \cap Y = \{y_o\}$ ,

8) $\pi|_{Y \cap D} : Y \cap D \longrightarrow T \cap D^e$ est un morphisme propre et fini.

Pour chaque $y = (y^e, y^s) \in \tilde{Y} \cap D = (Y - Y_{p+1}) \cap \pi^{-1}(T_*) \cap D$ , et chaque $r \in N^{CE}$ considérons la suivante fonction méromorphe $\beta[r,y]$ sur $y^e \times D^s$:

$$\beta[r,y](t^s) = (\varphi_1(y^e,t^s)\ldots\varphi_{p+1}(y^e,t^s))^{-1} \prod_{j \in CE} (t_j - y_j)^{r_j} , \qquad (6)$$

$t^s \in D^s$ ,

de sorte que pour chaque $A \subset CE$ , $|A| = p$ , on a

$$i_y^*(\beta[r,y]dt_A) \in \Gamma(D \cap (X_y - Y_{p+1}), \Omega^p_{X_y}(* \cup \mathcal{F}_y)) .$$

Nous définissons alors la fonction $k[r,A]$ sur $\tilde{Y} \cap D$ par:

$$k[r,A](y) = \operatorname{res}_{[X_y];\mathcal{F}_y;y}(i_y^*(\beta[r,y]dt_A)) , \quad y \in \tilde{Y} \cap D . \qquad (9)$$

D'après 4.1.3(9) , il existe $n(y) \in N$ tel que

$$\operatorname{res}_{\mathcal{F};\pi}(\tilde{u})(y) = \sum_{|r| \leq n(y)} \frac{1}{r!} \partial^r a(y).k[r,A](y) , \qquad (10)$$

$y \in \tilde{Y} \cap D$ .

Il suffit ainsi de montrer que

4.2.2(i) Les fonctions $k[r,A]$ sont méromorphes sur $Y \cap D$ , et

4.2.2(ii) il existe $n_1 \in \mathbb{N}$ tel que $k[r,A] \equiv 0$ pour $|r| \geq n_1$ ,

ce qui fera l'objet des prochaines propositions.

4.2.3 <u>Proposition.</u>

En rétrécissant $D^e$ s'il le faut, on peut trouver des fonctions $\eta_1 , \eta_2 \in \mathcal{O}(D^e)$ telles que $V^e = V(\eta_1 \cdot \eta_2) \cap T$ soit une hypersurface dans $T \cap D^e$ , $sT \cup \pi(sY \cup (Y \cap Y_{p+1})) \subset V^e$ , et en outre:

a) pour chaque $y^e \in T \cap D^e - V^e$ , les boules ouvertes

$$B^s_{\underline{\rho}}(y) = \{(y^e,t^s) : |t^s - y^s| < \underline{\rho}\} \subset \{y^e\} \times D^s ,$$

centrées aux points $y \in Y \cap \pi^{-1}(y^e) \cap D$ et de rayons $\underline{\rho}(y^e) = |\eta_1(y^e)|$, sont deux à deux disjointes;

b) pour chaque $y \in (Y - \pi^{-1}(V^e)) \cap D$ la paire $(X_{y^e} \cap B^s_{\underline{\rho}}(y), \delta(y^e))$ est adaptée en $X_{y^e} = \pi^{-1}(y^e)$ au point $y$ et au morphisme $\varphi_{y^e} = (\varphi_1,\dots,\varphi_p)|_{X_{y^e}}$ , (cf. 4.1.2 ) , où

$$\underline{\rho} = |\eta_1(y^e)| \quad \text{et} \quad \delta(y^e) = |\eta_2(y^e)| \quad ;$$

c) si

$$T_{\underset{\sim}{\delta}}(y) = T^p_{[X_{y^e}];\underset{\sim}{\delta}}(\varphi_y) \cap B^s_{\rho}(y) \quad , \quad [X_{y^e}] = \pi^{-1}[y^e] \quad ,$$

$y \in (Y - \pi^{-1}(V^e)) \cap D$ , et $\delta \leq \delta(y^e)$ , alors $|T_\delta(y)| \cap Y_{p+1} = \emptyset$ .

d) Il existe $C > 0$ telle que (cf. 1.6.8 )

$$M_D\left( I[T_\delta(y)]\right) \leq C ,$$

$$y \in (Y - \pi^{-1}(V^e)) \cap D , \quad \delta \leq \delta(y^e) .$$

D) En rétrécissant convenablement $D^e = D' \times D^*$ , ou

$$D' = \{ |t_j| < k_j : 1 \leq j \leq n-p \} ,$$

$$D^* = \{ |t_j| < k_j : n-p < j \leq e \} ,$$

on peut supposer, grâce à 4.2.1(4) , que

11) la restriction $\pi_1|_{T \cap D^e} : T \cap D^e \longrightarrow D'$ est propre, finie et ouverte,

ce qui n'altére pas (8) . Notons $\tilde{\pi} = \pi_1 \circ \pi$ ; la projection $Y \cap D \longrightarrow D'$ est donc propre, finie et ouverte .

A) Le cas où T est lisse.

Nous démontrerons d'abord les propriétés a) et b) de 4.2.3 en remplaçant $T$ par $D'$ .

Introduisons la notation additionelle $E' = \{1,\ldots,n-p\}$ , $E'' = \{n-p+1,\ldots,m+e\}$ , $t' = (t_j : j \in E')$ , $t'' = (t_j : j \in E'')$ ; alors $D = D' \times D''$ , où $D'' = \{ |t_j| < k_j : j \in E'' \}$ et $(\{0\} \times D'') \cap Y = \{y_0\}$ . On déduit d'ici que, quitte à rétrécir $D'$ , on peut trouver des polynômes distingués $H_j(t';t_j)$ de degrés $\ell_j$ , $j \in E''$ , sans composantes irréductibles multiples, avec des coefficients holomorphes sur $\overline{D'}$ , et tels que, si

$$M = \{ t \in D : H_j(t';t_j) = 0 , j \in E'' \} ,$$

alors ( [38] ) :

(12) $Y \cap D \subset M$ et la projection $M \longrightarrow D'$ est propre, finie et ouverte.

Soit $\Delta_j$ le discriminant de $H_j$ , $\Delta = \Pi(\Delta_j : j \in E'') \in \mathcal{O}(\overline{D'})$ , $S' = V(\Delta) \subset D'$ , $S = D \cap \pi^{-1}(S')$ et $\hat{S} = D \cap \hat{\pi}^{-1}(S')$ . Pour chaque ouvert simplement connexe $\Omega \subset D' - S'$ on a les décompositions

$$H_j(t';t_j) = \prod_{\alpha_j=1}^{\ell_j} (t_j - g_{\alpha_j}(t')) ,$$

$$\Delta_j(t') = \prod_{\alpha_j \neq \beta_j} (g_{\alpha_j}(t') - g_{\beta_j}(t'))^2 , \qquad (13)$$

$$t' \in \Omega , \quad g_{\alpha_j} \in \mathcal{O}(\Omega) , \quad j \in CE .$$

Posons $M_\Omega = M \cap (\Omega \times D'')$ , $Y_\Omega = Y \cap (\Omega \times D'')$ , et considérons la décomposition

$$M_\Omega = \cup ( \Gamma_{\underset{\sim}{\alpha}} : \underset{\sim}{\alpha} = (\alpha_j : 1 \leq \alpha_j \leq \ell_j , j \in E'') )$$

de $M_\Omega$ dans ces composantes connexes, où $\Gamma_{\underset{\sim}{\alpha}} = \mathrm{graph}( g_{\underset{\sim}{\alpha}})$ ,

$$g_{\underset{\sim}{\alpha}} = ( g_{\alpha_j} : j \in E'') : \Omega \longrightarrow \mathbb{C}^{m-n+p} ;$$

$Y_\Omega$ est alors l'union de certaines composantes $\Gamma_{\underset{\sim}{\alpha}}$ .

4.2.4 Lemme.

Il existe des constantes positives $a$ , $b$ et $c$ telles que pour chaque $t' \in D' - S'$ on a :

(i) les boules ouvertes

$$B''_{\rho}(t) = \{(t',v'') : |v''-t''| < \rho\} \subset \{t'\} \times D''$$

centrées en $t = (t',t'') \in M(t') = M \cap (\{t'\} \times D'')$ et de rayon $\rho = a.|\Delta(t')|^{1/2}$ sont deux à deux disjoints.

(ii) pour chaque $y = (y',y'') \in Y - S$ , la paire $(X_{y'} \cap B''_{\rho}(y), \delta(y'))$ est adaptée en $X_{y'} = \tilde{\pi}^{-1}(y')$ au point $y$ et au morphisme $\varphi_{y'} = (\varphi_1,\ldots,\varphi_p)|X_{y'}$ , où

$$\rho = a \, . \, |\Delta(y')|^{1/2} \quad \text{et} \quad \delta(y') = b \, . \, |\Delta(y')|^{c} \, .$$

D) Prenons un ouvert simplement connexe $\Omega \subset D' - S'$ et deux composantes distinctes $\Gamma_{\underset{\sim}{\alpha}}$ et $\Gamma_{\underset{\sim}{\beta}}$ de $M_{\Omega}$ , $\underset{\sim}{\alpha} = (\alpha_j : j \in E'')$ et $\underset{\sim}{\beta} = (\beta_j : j \in E'')$ ; on a $\alpha_j \neq \beta_j$ au moins pour un $j \in E''$ .

Pour chaque $t' \in \Omega$ , la distance euclidienne entre $\Gamma_{\underset{\sim}{\alpha}}(t') = (t',g_{\underset{\sim}{\alpha}}(t'))$ et $\Gamma_{\underset{\sim}{\beta}}(t') = (t',g_{\underset{\sim}{\beta}}(t'))$ vérifie

$$d(\Gamma_{\underset{\sim}{\alpha}}(t'),\Gamma_{\underset{\sim}{\beta}}(t')) \geq |g_{\alpha_j}(t') - g_{\beta_j}(t')| \geq L_j . |\Delta(t')|^{1/2} ,$$

avec des constantes convenables $L_j > 0$ . En effet, les $g_{\alpha_i}$ étant bornées sur $\Omega$ par (12) , on déduit de (13) que

$$|\Delta_j(t')| \leq L_j^2 \cdot |g_{\alpha_j}(t') - g_{\beta_j}(t')|^2 \quad ,$$

$$t' \in \Omega \quad , \quad j \in E'' \quad .$$

Il existe en outre des constantes $L_j' > 0$ telles que

$$|\Delta_j(t')| \geq L_j' \cdot |\Delta(t')| \quad , \quad t' \in D' \quad , \quad j \in E'' \quad ,$$

d'où on déduit que, avec des nouvelles constantes $L_j'' = L_j''(\Omega)$ , on a

$$d(\Gamma_{\underset{\sim}{\alpha}}(t') \, , \Gamma_{\underset{\sim}{\beta}}(t')) \geq L_j'' \cdot |\Delta(t')|^{1/2} \quad , \quad t' \in \Omega \quad .$$

On déduit de là l'existence de $L > 0$ telle que

$$d(t,v) \geq L \cdot |\Delta(t')|^{1/2}$$

pour toute paire $t$ et $v \in M(t')$ , $t' \in D' - S'$ . Compte tenu de (11) , on obtient (i) en prenant $a = L/2$ .

Pour prouver (ii) , il nous faut la version "fibrée" suivante de l'inégalité de Lojasiewicz ([32] , [34]) :

4.2.5 <u>Lemme</u>.

Soit $d_f(t,M)$ la distance euclidienne du point $t = (t',t'') \in D$ à l'ensemble $M_t = M \cap (\{t'\} \times D'')$ , et $d(t,M)$ celle de $t$ à $M$ . Il existe alors des constantes positives $b_1$ et $c_1$ telles que

$$d_f(t,M) \leq b_1 \cdot d(t,M)^{c_1} \quad , \quad t \in D \quad .$$

D) Montrons d'abord que pour tout $t \in D - \hat{S}$, $\hat{S} = \hat{\pi}^{-1}(S')$, on a

$$d_f(t,M) \leq \left( \sum_{j \in E''} |H_j(t';t_j)|^{2/\ell_j} \right)^{1/2} , \tag{14}$$

où $\ell_j$ est le degré de $H_j$. Prenons un ouvert simplement connexe $\Omega \subset \subset D' - S'$, $t' \in \Omega$, et une composante connexe $\Gamma$ de $M_\Omega$ telle que $d_f(t,M) = d_f(t,\Gamma)$. Alors $\Gamma =$ graphe$(g)$, où $g = (g_j : j \in E'')$, $g_j \in \mathcal{O}(\Omega)$, et

$$d_f(t,\Gamma)^2 = \sum_{j \in E''} |t_j - g_j(t')|^2 . \tag{15}$$

Pour toute autre composante $\tilde{\Gamma} =$ graphe$(\tilde{g})$ de $M_\Omega$ on a $|t_j - \tilde{g}_j(t')| \geq |t_j - g_j(t')|$, $j \in E''$, puisque on aurait sinon $d_f(t,M) < d_f(t,\Gamma)$. Ceci donne

$$|t_j - g_j(t')|^{\ell_j} \leq \prod_{\alpha_j=1}^{\ell_j} |t_j - g_{\alpha_j}(t')| = |H_j(t',t_j)| , \tag{16}$$

et l'inégalité (14) s'obtient de (15) et (16).

Nous avons aussi des inégalités

$$\begin{aligned} &|H_j(t';t_j)| \leq h_j \cdot d(t,\overline{M}_\Omega) , \\ &t \in \Omega \times D'' , \quad j \in E'' , \quad h_j > 0 ; \end{aligned} \tag{17}$$

pour les obtenir, il suffit de majorer les intégrales

$$H_j(t',t_j) = \int_{[\tilde{t},t]} dH_j \quad ,$$

où $\tilde{t} \in \overline{M}_\Omega$ vérifie $d(t,\overline{M}_\Omega) = d(t,\tilde{t})$ , et où $[\tilde{t},t]$ désigne le segment orienté d'extremités $\tilde{t}$ et $t$ .

On déduit de (14) et (17) que

$$d_f(t,M) \leq b_2 . \, d(t,\overline{M}_\Omega)^{c_2} \quad , \quad t \in \Omega \times D" \quad ,$$

avec des constantes $b_2$ et $c_2 > 0$ .

Finalement, les ensembles semianalytiques $M$ et $A = (\Omega \times D")^-$ étant régulierement séparés par leur intersection $\overline{M}_\Omega = M \cap A$ (cf. [32] , [34] ) , on déduit l'existence des constantes $b_3$ et $c_3 > 0$ telles que

$$d(t,\overline{M}_\Omega) \leq b_3 . \, d(t,M)^{c_3} \quad , \quad t \in \Omega \times D" \quad .$$

Les deux dernières inégalités impliquent que, si l'on choisit convenablement $b_1$ et $c_1 > 0$ , on a

$$d_f(t,M) \leq b_1 . \, d(t,M)^{c_1} \quad , \quad t \in \Omega \times D" \quad . \qquad (18)$$

Il est clair qu'on peut choisir encore $b_1$ et $c_1$ de façon que (18) soit vérifié en tout point $t \in D - S$ et, par continuité, en tout point de $D$ .

Le lemme 4.2.5 ainsi démontré, retournons à 4.2.4(ii) . Choisissons des fonctions $\psi_k \in \mathcal{O}(D)$ , $1 \leq k \leq q$ , telles que $X \cap D = V(\psi_1,\ldots,\psi_q)$, de façon que $V(\phi_1,\ldots,\phi_p,\psi_1,\ldots,\psi_q) = Y \cap D$ , et posons

$$\psi = \sum_{i=1}^{p} |\phi_i|^2 + \sum_{k=1}^{q} |\psi_k|^2 \quad .$$

Par l'inégalité de Lojasiewicz, il existe des constantes $c_4$ et $b_4 > 0$ telles que

$$\psi(t) \geq b_4 .\ d(t,Y)^{c_4} \quad , \quad t \in D \ ;$$

en particulier

$$\psi_X(t) = \sum_{i=1}^{p} |\varphi_i|^2(t) \geq b_4 .\ d(t, Y \cap D)^{c_4} \geq b_4 .\ d(t,M)^{c_4},$$

$t \in X \cap D$ ,

puisque $Y \cap D \subset M$ . Par 4.2.5 on a alors

$$\psi_X(t) \geq b_5 .\ d_f(t,M)^{c_5} \quad , \quad t \in X \cap D \ , \tag{19}$$

pour des constantes convenables $b_5$ et $c_5 > 0$ .

Nous allons voir qu'il existe $\delta(t') > 0$ telle que si $t = (t',t'') \in D \cap X$ vérifie $|\varphi_i(t)| \leq \delta(t')$ , $1 \leq i \leq p$ , alors

$$d_f(t,M) < a . |\Delta(t')|^{1/2} \quad , \tag{20}$$

où $a$ est la constante de 4.2.4(i) . D'après (19) et (20) , il suffit de montrer que

$$\left( b_5^{-1} . |\psi_X(t)| \right)^{1/c_5} \leq a . |\Delta(t')|^{1/2} \quad ,$$

ce qu'on obtient en prenant $\delta(t') = b . |\Delta(t')|^c$ , avec $b < \left( \frac{1}{p}\, b_5 . a^{c_5} \right)^{1/2}$ et $c = \frac{1}{4} . c_5$ .

D'après 4.2.4(i) , pour chaque $y = (y',y'') \in Y - S$ les points de

la frontière $\dot{B}''_\rho(y)$ de $B''_\rho(y)$ en $\{y'\} \times D''$ sont tous à une distance de $Y_{y'} = Y \cap (\{y'\} \times D'') \subset M_{y'}$ qui est au moins $\rho = a.|\Delta(y')|^{1/2}$.
Il s'ensuit de (20) que, si

$$B_{\delta(t')} = \{ |u_i| < \delta(t') : 1 \leq i \leq p \} ,$$

alors

$$\dot{B}''_\rho(y) \cap \varphi_{y'}^{-1}(\bar{B}_{\delta(y')}) = \phi , \quad y = (y',y'') \in Y - S ,$$

donc que la paire $(X_{y'} \cap B''(y), \delta(y'))$ est adaptée en $X_{y'}$ au point $y$ et au morphism $\varphi_{y'} = (\varphi_1, \ldots, \varphi_p)|X_{y'}$. La démonstration de 4.2.4(ii) est ainsi finie.

B. <u>Le cas où T es singulier</u>.

En rétrécissant $D'$, on peut supposer que le discriminant $\Delta \in \mathcal{O}(D')$ du no. 4.2.4(i) vérifie $|\Delta| \leq 1$ sur $\overline{D'}$. Ainsi, $a.|\Delta| \leq a.|\Delta|^{1/2}$ sur $D'$, et 4.2.4(i) est encore vrai si l'on prend $\rho(t') = |\eta(t')|$, $\eta = a.\Delta \in \mathcal{O}(D')$.

Or

$$B^s_\rho(y) \subset B''_\rho(y) , \quad \dot{B}^s_\rho(y) \subset \dot{B}''_\rho(y) \tag{21}$$

pour chaque $y = (y',y'') \in Y - S$, où $\dot{B}^s_\rho$ désigne la frontière de $B^s_\rho$ en $\{y^e\} \times D^s$, et $\dot{B}''_\rho(y)$ celle de $B''_\rho(y)$ en $\{y'\} \times D''$.

On voit bien par 4.2.4(i), que 4.2.3(a) est satisfaite avec $\eta_1 = \eta \circ \pi_1$, pour toute hypersurface $V^e$ dans $T \cap D^e$ telle que $V^e \supset D^e \cap \pi_1^{-1}(S')$.

Nous avons en outre, pour chaque $t' \in D'$ :

$$D \cap X_{t'} = \sum ( D \cap X_{t^e} : t^e \in D^e \cap T_{t'} ) , \qquad (22)$$

où $X_{t'} = \tilde{\pi}^{-1}(t')$, $X_{t^e} = \pi^{-1}(t^e)$ et $T_{t'} = T \cap \pi_1^{-1}(t')$ (cf. (8) et (12)). D'après 4.2.4(ii), pour chaque $y = (y', y'') \in (Y-S) \cap D$ on a

$$X_{y'} \cap \dot{B}''_\rho(y) \cap \varphi_{y'}^{-1}( \bar{B}_{\delta(y')}) = \emptyset$$

$$\bar{B}_{\delta(y')} = \{ \gamma \in \mathbb{C}^p : |\gamma_i| \le \delta(y') , 1 \le i \le p \} ;$$

on déduit d'ici, par (21) et (22), que

$$X_{y^e} \cap \dot{B}^e_\rho(y) \cap \varphi_{y^e}^{-1}( \bar{B}_{\delta(y')}) \subset X_{y'} \cap \dot{B}''_\rho(y) \cap \varphi_{y'}^{-1}( \bar{B}_{\delta(y')}) = \emptyset ,$$

donc que $( X_{y^e} \cap B^e_\rho(y) , \delta(y') )$ est adaptée en $X_{y^e}$ au point $y \in X_{y^e}$ et au morphisme $\varphi_{y^e} = (\varphi_1, \dots, \varphi_p)|_{X_{y^e}}$. Par conséquent, on obtient 4.2.3(b) en prenant $V^e \supset D^e \cap \pi_1^{-1}(S')$, $\eta_1 = \eta \circ \pi_1$ et $\eta_2 = b \cdot \Delta^c$ avec $c \in \mathbb{N}$, ce qui est toujours possible. On peut évidemment supposer que

$$|b \cdot \Delta^c| \le 1 \quad \text{sur } D^e . \qquad (23)$$

Pour obtenir 4.2.3(c), observons que, d'après (8) et (11), l'ensemble

$$E = \tilde{\pi}\Big(D \cap (sY \cup (Y \cap Y_{p+1}))\Big) \cup \pi_1(D^e \cap sT) \cup S'$$

est analytique en $D'$, et de dimension $< n-p$. Soit $\xi' \in \mathcal{O}(D')$, $\xi' \not\equiv 0$, telle que

$$E \subset \mathcal{V}(\xi') . \tag{24}$$

Posons $\xi = \xi' \circ \pi_1 |_{D^e} \in \mathcal{O}(D^e)$.

La fonction $\xi$ est nulle sur $Y \cap Y_{p+1} \cap D$. Par le théorème des zéros, on peut rétrécir $D$, toute en préservant (8) et (12), et trouver des fonctions $h_i \in \mathcal{O}(D \cap X)$, $1 \leq i \leq p+1$, telles que pour quelque $k \in \mathbb{N}$ on a

$$\xi^k = h_1 \varphi_1 + \dots + h_{p+1} \varphi_{p+1}$$

sur $D \cap X$, et en outre $|h_i| \leq G$ sur $D \cap X$ pour quelque constante $G > 0$.

Pour chaque $t^e \in T \cap D^e - \mathcal{V}(\xi)$, soit $\delta_i = \delta_i(t^e)$ tel que $0 < \delta_i \leq \frac{1}{2pG} |\xi^k|$, $1 \leq i \leq p$. Alors

$$\sum_{i=1}^{p} |h_i \varphi_i| \leq \frac{1}{2} |\xi^k|$$

sur $D \cap |T^p_{\underset{\sim}{\delta}}(\varphi)|$, $\underset{\sim}{\delta} = (\delta_1, \dots, \delta_p)$, et

$$G \cdot |\varphi_{p+1}| \geq |h_{p+1} \varphi_{p+1}| \geq \frac{1}{2} |\xi^k| \tag{25}$$

sur $D \cap |T^p_{\underset{\sim}{\delta}}(\varphi)|$.

On obtient donc 4.2.3(c) en prenant $\delta(y^e) = \frac{1}{2pG}|\digamma^k(y^e)|$ . Or on peut supposer que $\frac{1}{2pG}|\digamma^k| \leq 1$ sur $D^e \cap T$ ; si on note $\eta_2 = b.\,\Delta^c . \frac{1}{2pG} . \digamma^k$ , on trouve que, compte tenu de (23) , les fonctions $\rho = |\eta_1|$ et $\delta = |\eta_2|$ , $\eta_1 = a.\,\Delta$ , vérifient les conditions (a) , (b) et (c) de 4.2.3 .

Quant à 4.2.3(d) , considérons l'application analytique réelle

$$g = (f, \tilde{\pi}) : X \cap D \longrightarrow \mathbb{R}^p \times D' ,$$

où $f = (|\varphi_1|^2, \dots, |\varphi_p|^2)$ et $\tilde{\pi}$ est induit par la projection $D \longrightarrow D'$. Soit $\delta_o > 0$ tel que $\dim_{\mathbb{R}} D \cap |T^p_{\underset{\sim}{\delta}}(\varphi)| \leq 2n-p$ , $\underset{\sim}{\delta} < \delta_o$ (cf. 1.5.7) . Alors

$$\dim_{\mathbb{R}} g^{-1}(\underset{\sim}{\delta}, t') \leq p \ , \quad (\underset{\sim}{\delta}, t') \in \mathbb{R}^p \times D' \ , \quad \underset{\sim}{\delta} < \delta_o \ ,$$

et d'après 1.6.8(2) il existe $C > 0$ telle que

$$M_D\left( I[g^{-1}_{\gamma\cap D}[\underset{\sim}{\delta}, t']] \right) \leq C \ , \tag{26}$$

$$[\underset{\sim}{\delta}, t'] \in \mathbb{R}^p_> \times D' \ , \quad \underset{\sim}{\delta} < \delta_o ,$$

$\mathbb{R}^p_> \times D'$ étant considéré avec son orientation canonique.

Par 1.4.2(9) on obtient

$$g^{-1}_{\gamma\cap D}[\underset{\sim}{\delta}, t'] = f^{-1}_{[X_{t'}]}[\underset{\sim}{\delta}] = D \cap T^p_{[X_{t'}], \underset{\sim}{\delta}^{1/2}}(\varphi|X_{t'}) \ , \tag{27}$$

si on fait $\gamma_2 = [X_{t'}] = \tilde{\pi}^{-1}_{\gamma}[t']$ , $f = \psi_1$ , $\tilde{\pi} = \psi_2$ , $\alpha_1 \times \alpha_2 = [\underset{\sim}{\delta}, t']$ ,

$\underset{\sim}{\delta}^{1/2} = (\delta_1^{1/2}, \dots, \delta_p^{1/2})$. Les espaces $T \cap D^e - V^e$ et $D' - V'$, $V' = V(\xi')$, sont lisses et orientés par leurs classes fondamentales, et la projection $T \cap D^e - V^e \longrightarrow D' - V'$ est propre et finie (cf. (11) et (24)). D'après 1.4(4) la formule (22) se précise encore:

$$D \cap [X_{t'}] = \sum ( D \cap [X_{t^e}] : \; t^e \in D^e \cap T \, , \; \pi_1(t^e) = t' ) \, ,$$

$$t' \in D' - V' \; ;$$

on obtient donc de (27)

$$g^{-1}_{\gamma \cap D} [\underset{\sim}{\delta}, t'] = \sum ( D \cap T^p_{[X_{t^e}]; \underset{\sim}{\delta}^{1/2}} \; : \; t^e \in D^e \cap T ) \, , \tag{28}$$

où les chaînes de la sommation sont disjointes; on a aussi la somme disjointe

$$D \cap T^p_{[X_{y^e}]; \underset{\sim}{\delta}^{1/2}} = \sum ( T_{\underset{\sim}{\delta}^{1/2}}(y) \; : \; y \in D \cap Y_{y^e} ) \, ,$$

$$y^e \in D^e \cap T \, ,$$

ce qui implique finalement, par (26), que

$$M_D\big( I[T_{\underset{\sim}{\delta}}(y)] \big) \leq C$$

$$\underset{\sim}{\delta} \leq \delta_o^{?} \, , \quad y \in (Y - \pi^{-1}(V^e)) \cap D \, .$$

Ceci donne 4.2.3(d) en s'arrangant pour que $\delta(y^e) < \delta_o^{?}$ sur $D^e$.

4.2.6. Démonstration de 4.2.2(i) et (ii).

D'après 4.1.2(6) et 4.2.3 on a l'égalité

$$k[r,A](y) = I[T_{\xi}(y)](\beta[r,y]\, dt_A) , \tag{29}$$

où

$$T_{\xi}(y) = T^{p}_{[X_{ye}]\,;\,\xi}(\varphi_y) \cap B^{e}_{\rho}(y) \tag{30}$$

$$[X_{ye}] = \pi_{\gamma}^{-1}[y^e] , \quad \xi \leq \delta(y^e) = |\eta_2(y^e)| , \quad \rho(y^e) = |\eta_1(y^e)| ,$$

$$\varphi_{ye} = (\varphi_1, \ldots, \varphi_p)\big|\, X_{ye} : X_{ye} \longrightarrow \mathbb{C}^p .$$

Notons $V = \pi^{-1}(V^e)$ . Par le choix de $V^e$ et (8) , $\pi$ induit un revêtement propre et fini $(Y-V) \cap D \longrightarrow (T-V^e) \cap D^e$ , ces espaces étant lisses.

Choisissons un ouvert simplement connexe $U \subset\subset (T-V^e) \cap D^e$ et posons

$$\delta_1 = \inf\, (\, \delta(y^e) : y^e \in U\, ) > 0 \;;$$

la formule (29) est valide alors pour chaque $y \in Y_U = D \cap Y \cap \pi^{-1}(U)$ , si l'on prend $\xi \leq \delta_1$ .

Pour chaque composante connexe $\Gamma$ de $Y_U$ notons

$$B(\Gamma) = \bigcup\, (\, B^{e}_{\rho}(y) \cap X : y \in \Gamma ,\ \rho = \rho(y^e)\, ) ,$$

$$B = \bigcup ( B(\Gamma) : \Gamma \text{ composante connexe de } Y_U ) .$$

On déduit de 4.2.3(a) que les $B(\Gamma)$ sont des voisinages ouverts de $\Gamma$ en $D \cap \pi^{-1}(U)$ qui vérifient

$$B(\Gamma) \cap B(\tilde{\Gamma}) = \phi \quad \text{si} \quad \Gamma \neq \tilde{\Gamma} \tag{31}$$

et, par 4.2.3(b), on a aussi:

(32) la restriction $B(\Gamma) \cap |T^p_{\gamma;\underline{\delta}}(\varphi)| \longrightarrow U$ de $\pi$ est propre, pour $\underline{\delta} \leq \delta_1$.

Prenons une composante connexe $\Gamma = \text{graphe}(g)$, où $g = (g_j : j \in CE)$, $g_j \in \mathcal{O}(U)$, $j \in CE$, et considérons la suivante fonction méromorphe $\beta[r]$ sur $U \times D^s$ :

$$\beta[r](t^e, t^s) = ( \varphi_1(t^e, t^s) \ldots \varphi_{p+1}(t^e, t^s) )^{-1} \prod_{j \in CE} (t_j - g_j(t^e))^{r_j} ; \tag{33}$$

évidemment $\beta[r] \big| \{y^e\} \times D^s = \beta[r, y]$.

D'après le no. 1.6.8,

$$I[B(\Gamma) \cap T^p_{\gamma;\underline{\delta}}(\varphi)] ( \beta[r] \, dt_A \wedge \pi^*(\xi)) = \int_{(t^e \in U)} h(t^e) \xi , \tag{34}$$

$\underline{\delta} \leq \delta_1$, pour toute $\xi \in \mathcal{D}^{2(n-p)}(U)$, où

$$h(t^e) = I[\pi^{-1}_{\gamma_{\underline{\delta}}}[t^e]] ( \beta[r] \, dt_A ) ,$$

est une fonction continue sur $U$ et $\gamma_{\underline{\delta}} = B(\Gamma) \cap T^p_{\gamma;\underline{\delta}}(\varphi)$ .

Par le no. 1.5.4(6) , $\pi^{-1}_{\gamma_{\underline{\delta}}}[y^e] = T^p_{\underline{\delta}}(y)$ , donc

$$h(y^e) = k[r,A](y) \quad , \quad y \in \Gamma \; , \tag{35}$$

et

$$I[B(\Gamma) \cap T^p_{\gamma;\underline{\delta}}(\varphi)](\beta[r]\, dt_A \wedge \pi^*(\xi)) = I[\Gamma](k[r,A] \wedge \pi^*(\xi)) \; ,$$

$$\underline{\delta} \leq \delta_1 \quad , \quad \xi \in \mathcal{D}^{2(n-p)}(U) \; . \tag{36}$$

Or il est bien connu que $h \in \mathcal{O}(U)$ si et seulement si le courant $\zeta \longrightarrow \int_U h.\zeta$ , $\zeta \in \mathcal{D}^{2(n-p)}(U)$ , est $\bar{\partial}$-fermé ( [14], p.385 ; [28], 2.1.9, 3.3.4 ) , c.à.d. si

$$\int_U h.\bar{\partial}\nu = 0 \quad , \quad \nu \in \mathcal{D}^{n-p,n-p-1}(U) \quad , \tag{37}$$

Si l'on fait $\xi = \bar{\partial}\nu$ dans (34) on obtient

$$\beta[r]\, dt_A \wedge \pi^*(\bar{\partial}\nu) = \bar{\partial}(\beta[r]\, dt_A \wedge \pi^*(\nu)) \; ,$$

puisque $\beta[r]\, dt_A$ est holomorphe ; la forme $\beta[r]\, dt_A \wedge \pi^*(\nu)$ étant de bidegré $(n,n-p-1)$ , on a aussi

$$\bar{\partial}(\beta[r]\, dt_A \wedge \pi^*(\xi)) = d(\beta[r]\, dt_A \wedge \pi^*(\nu)) \; ,$$

en vue de ce que $\mathcal{E}_X^{n+1,n-p-1} = 0$ . Cette dernière forme est régulière à support compact sur $B(\Gamma) \cap | T^p_{\gamma;\underset{\sim}{\delta}}(\varphi)|$ , par (32) . Le théorème de Stokes 1.6.7 nous assure donc que le premier membre de (34) est nul pour $\underline{\xi} = \bar{\partial}\nu$ , ce qui donne (37) . Ceci implique évidemment, d'après (35) , que $k[r,A]$ est holomorphe sur $(Y-V) \cap D$ .

De l'autre côté, soit $r_1$ l'exposant donné par la proposition 3.5.4 , pour $W = B(\Gamma)$ et $\chi = \varphi_1 \ldots \varphi_p$ . Si $r \in N^{CE}$ vérifie $|r| \geq n_1 = s.r_1$ , on a nécessairement $r_i \geq r_1$ pour quelque $i \in CE$ et, la fonction $(t_i - g_i(t^e))^{r_i}$ étant nulle sur $\Gamma$ , la limite quand $\delta \to 0$ du premier membre de (34) est nulle (cf. (6)) . Mais, par (34) même, cette intégrale ne dépend pas de $\delta$, ce qui donne

$$I\,[B(\Gamma) \cap T^p_{\gamma;\underset{\sim}{\delta}}(\varphi)]\;(\beta[r]\; dt_A \wedge \pi^*(\xi)\;) \;=\; \int_U h(t^e).\,\xi \;=\; 0 \;,$$

$$\underset{\sim}{\delta} < \delta_1 \;,\quad |r| > n_1 = s.r_1 \;,\quad \xi \in \mathcal{D}^{2(n-p)}(U) \;.$$

On déduit d'ici que $h \equiv 0$ sur $\Gamma$, donc que $k[r,A] \equiv 0$ sur la composante irréductible de $\Gamma$ dans $Y \cap D$ , pour $|r| > n_1$ . Ceci démontre 4.2.2(ii) .

Pour vérifier que $k[r,A]$ est méromorphe sur $Y \cap D$ , on utilise dans (29) la majoration de 4.2.3(d) . Alors (cf. 1.6.8(2) et (3) )

$$|k[r,A](y)| \leq C \,.\; \nu_{\underset{\sim}{\delta}}\,(\beta[r,y]\; dt_A\,) \;,\quad \underset{\sim}{\delta} = |\eta_2(y^e)| \;,$$

où $\nu_{\underset{\sim}{\delta}}(\beta[r,y]\; dt_A) = \sup(\, \|\beta[r,y] dt_A\|\,(t) \;:\; t \in T_{\underset{\sim}{\delta}}(y)\;)$ .

Par la définition (6) on a

$$\|\beta[r,y]\, dt_A\| (t) \leq \frac{c_1}{|\eta_2(y^e)|^p} \cdot \sup\left( |\varphi_{p+1}(t)|^{-1} : t \in T_{\delta}(y)\right) ,$$

où $c_1 = \sup\left(\|\prod_{j\in CE} (t_j - y_j)^{r_j}\, dt_A\| : t \in D \cap Y\right)$ ;

d'après (25) on a aussi

$$|\varphi_{p+1}(t)|^{-1} \leq \frac{c_2}{|\xi(y^e)|^k} \quad , \quad t \in T_{\delta}(y) ,$$

pour quelque constante $c_2 > 0$ , où $\xi \in \mathcal{O}(D^e)$ . Ainsi

$$\nu_{\delta}(\beta[r,y]\, dt_A) \leq \frac{c_1 . c_2}{|\eta_2(y^e)|^p . |\xi(y^e)|^k} \quad , \quad \delta = |\eta_2(y^e)| ,$$

de façon que la fonction $|\eta_2^p . \xi^k . k[r,A]|$ est bornée sur $(Y-V)\cap D$ .

Le théorème des dénominateurs universels ([35], p. 49) nous assure dans ce cas que la fonction $\eta_2^p . \xi^k . k[r,A]$ est méromorphe sur $Y \cap D$ avec pôles sur $Y \cap V \cap D$ . Il en est donc de même de $k[r,A]$ , et la démonstration de 4.2.2.(i) est achevée.

4.3 Calcul de $RP_{\gamma;\mathcal{F}}$ par le résidu fibré

4.3.1 Dans les conditions du théorème 1.8.3 , nous allons vérifier la formule

$$RP_{\gamma;\mathcal{F}}(\tilde{u}\wedge\pi^{*}\xi) = P_{Y}(\mathrm{res}_{\mathcal{F};\pi}(\tilde{u})\wedge\pi^{*}\xi) \qquad (1)$$

pour toute $\tilde{u}\in\Gamma_c(X;\mathcal{E}^p_X(*\cup\mathcal{F}))$ et $\xi\in\mathcal{D}^{2(n-p)}(T)$ . Cette égalité ramène, en principe, le calcul de $RP_{\gamma;\mathcal{F}}$ au calcul d'un résidu ponctuel.

Observons tout d'abord qu'il suffit de supposer que $\tilde{u}$ est de bidegré $(p,0)$ , puisque les opérateurs $RP_{\gamma;\mathcal{F}}$ et $\mathrm{res}_{\mathcal{F};\pi}$ sont de bidegré $(n,n-p)$ et $(p,0)$ , respectivement (1.7.2(4)), et $\mathcal{D}^{2(n-p)}(T) = \mathcal{D}^{n-p,n-p}(T)$ .

La formule (1) étant locale, on peut se mettre dans la situation du paragraphe 4.2 en préservant toutes les notations, avec

$$\tilde{u} = j^{*}\left(\frac{b}{\varphi_1\ldots\varphi_{p+1}}\,dt_A\right) \in \mathcal{D}^{p}(X\cap D) ,$$

$$b\in\mathcal{D}^{0}(D) ,\quad |A| = p , \qquad (2)$$

$$\xi\in\mathcal{D}^{2(n-p)}(T\cap D^{e}) .$$

L'hypersurface $V = \pi^{-1}(V^{e})$ de $X$ introduite au no. 4.2.3 , où $V^{e} = V(\eta)$ et $\eta = \eta_1\cdot\eta_2 \in \mathcal{O}(D^{e})$ , vérifie $V\cap D\supset Y\cap Y_{p+1}$ et $\dim_{\mathbb{C}} Y\cap V\cap D = n-p-1$ . Si l'on considère les familles $\mathcal{F}' = \{Y_1\cap D , \ldots , Y_p\cap D , V\cap D\}$ , on voit que les conditions (5.1) et (5.2) de 1.7.5(5) sont satisfaites, car $\tilde{V}_e(\mathcal{F}\cap D) = Y\cap Y_{p+1}\cap D \subset Y\cap V\cap D = \tilde{V}_e(\mathcal{F}')$. Par conséquent (1.7.5(5.3) et 1.7.2(7) ) :

$$RP_{\gamma;\mathcal{F}\cap D}(\tilde{u}\wedge\pi^*\xi) = RP_{\gamma;\mathcal{F}'}(\tilde{u}\wedge\pi^*\xi)$$

$$= \lim_{\delta_{p+1}\to 0}\ \lim_{\delta\to 0}\ I[D^{p+1}_{\gamma\cap D;\underline{\delta},\delta_{p+1}}(\varphi')](\tilde{u}\wedge\pi^*\xi)\ , \tag{3}$$

où $\varphi' = (\varphi_1,\ldots,\varphi_p,\eta)|_{X\cap D}$ et où la deuxième limite en $\delta\to 0$ existe pour $0<\delta_{p+1}<\delta^{o}_{p+1}$, avec $\delta^{o}_{p+1}>0$ choisi convenablement.

On déduira (1) de l'égalité suivante:

$$\lim_{\delta\to 0}\ I[D^{p+1}_{\underline{\delta};\delta_{p+1}}(\varphi')](\tilde{u}\wedge\pi^*\xi)$$

$$= I[V\cap D\cap(|\eta|>\delta_{p+1})]\,(\mathrm{res}_{\mathcal{F};\pi}(\tilde{u})\wedge\pi^*\xi)\ , \tag{4}$$

$$0<\delta_{p+1}<\delta^{o}_{p+1}\ .$$

Pour montrer cette formule, prenons un recouvrement fini de $D^e\cap T$ par des ouverts $(|\eta|<\delta_{p+1})$ et $\pi^{-1}(U_k)\cap D$, $1\le k\le k_0$, où $U_k\subset(|\eta|>\delta_{p+1}/2)$ est simplement connexe. Moyennant une partition de l'unité qui lui soit subordonnée, on voit qu'il suffit de vérifier (4) pour une forme $\xi\in\mathcal{D}^{2(n-p)}(T\cap U)$, avec $U=U_k$.

Si on fait appel aux notations du 4.2.6, on peut écrire

$$I[D^{p}_{\underline{\delta};\delta_{p+1}}(\varphi')](\tilde{u}\wedge\pi^*\xi) = \sum_{\Gamma} I[B(\Gamma)\cap D^{p}_{\underline{\delta};\delta_{p+1}}(\varphi')](\tilde{u}\wedge\pi^*\xi)\ . \tag{5}$$

Choisissons une composante connexe $\Gamma = \text{graphe}(g)$, $g=(g_i : i\in CE)$ $g_i\in\Theta(U)$, $i\in CE$, et considérons le développement de Taylor par rapport aux variables $t_i$ , $i \in CE$ , centré en $\Gamma$ , de la fonction $b$ dans (2) :

$$b = \sum_{|r| + |s| < n_1} \frac{1}{r!s!} \partial^r \bar{\partial}^s b(t^e, g(t^\xi)).(t^s - g(t^\xi))^r.(\bar{t}^s - \bar{g}(t^\xi))^s +$$

$$+ \sum_{|r| + |s| = n_1} A_{r,s}(t,\bar{t}).(t^s - g(t^e))^r.(\bar{t}^s - \bar{g}(t^\xi))^s ,$$

où $n_1$ est l'entier du no.4.2.2(ii) . Par le choix de $n_1$ (cf. 4.2.6 et 3.5.4 ) ,

$$\lim_{\delta \to 0} I[B(\Gamma) \cap D^{p+1}_{\xi;\delta_{p+1}}(\varphi')] (\tilde{u} \wedge \pi^* \xi) = \tag{6}$$

$$= \lim_{\delta \to 0} I[B(\Gamma) \cap D^{p+1}_{\xi;\delta_{p+1}}(\varphi')] \Big( \sum_{|r| < n_1} \frac{1}{r!} \partial^r b(t^e, g(t^\xi)).(t^s - g(t^\xi))^r \frac{dt_A \wedge \pi^* \xi}{\varphi_1 \cdots \varphi_{p+1}} \Big)$$

D'après nos conventions d'orientation, $D^{p+1}_{\xi;\delta_{p+1}}(\varphi') = T^p_\xi(\varphi') \cap (|\eta| > \delta_{p+1})$

En adaptant les arguments autour de 4.2.6(34) et (36) , on obtient

$$I[B(\Gamma) \cap D^{p+1}_{\xi;\delta_{p+1}}(\varphi')] \Big( \frac{1}{r!} \partial^r b(t^e, g(t^\xi)).(t^s - g(t^\xi))^r \frac{dt_A \wedge \pi^* \xi}{\varphi_1 \cdots \varphi_{p+1}} \Big) =$$

$$= \int_{U \cap (|\eta| > \delta_{p+1})} \tilde{h}(y^e).\xi = \int_{\Gamma \cap (|\eta| > \delta_{p+1})} \frac{1}{r!} \partial^r b \,.\, k[r,A] . \pi^* \xi \tag{7}$$

pour chaque $0 < \underset{\sim}{\delta} < \delta_1 = \inf(\delta(t^\xi) : t^e \in U)$ (cf. 4.2.6(32) ) , où

$$\tilde{h}(y^e) = \frac{1}{r!} \partial^r b(y). \int_{T^p_\xi(y)} \frac{(t^s - g(t^\xi))^r}{\varphi_1 \cdots \varphi_{p+1}} dt_A = \frac{1}{r!} \partial^r b(y).\, k[r,A](y)$$

et $y = (y^e, g(t^e)) \in \Gamma$ ; l'intégrale à gauche dans (7) ne dépende donc pas de $\delta < \delta_1$ . Par conséquent

$$\lim_{\delta \to 0} I[B(\Gamma) \cap D^{p+1}_{\delta ; \delta_{p+1}}(\varphi')](\tilde{u} \wedge \pi^* \xi) =$$

$$= \int_{\Gamma \cap (|\eta| > \delta_{p+1})} \Big( \sum_{|r| < n_1} \frac{1}{r!} \partial^r b . k[r,A] \Big) . \pi^* \xi = \int_{\Gamma \cap (|\eta| > \delta_{p+1})} \mathrm{res}_{\mathcal{F};\pi}(\tilde{u}) \wedge \pi^* \xi ,$$

ce qui implique, d'après (5) ,

$$\lim_{\delta \to 0} I[D^{p+1}_{\delta ; \delta_{p+1}}(\varphi')](\tilde{u} \wedge \pi^* \xi) = \sum_{\Gamma} \int_{\Gamma \cap (|\eta| > \delta_{p+1})} \mathrm{res}_{\mathcal{F};\pi}(\tilde{u}) \wedge \pi^* \xi ,$$

où la sommation est étendue aux composantes connexes de $Y_U$ . Cette égalité est équivalente à la formule (4) , qui se trouve ainsi démontré.

Observons pour finir que la fonction $\mathrm{res}_{\mathcal{F};\pi}(u)$ est semi-méromorphe en $Y \cap D$ avec pôles sur $Y \cap D \cap V(\eta)$ (cf. 4.2.2 ) . Si l'on prend dans (4) la limite quand $\delta_{p+1} \to 0$ on obtient (cf. 1.7.3)

$$\lim_{\delta_{p+1} \to 0} \lim_{\delta \to 0} I[D^{p+1}_{\delta ; \delta_{p+1}}(\varphi')](\tilde{u} \wedge \pi^* \xi) = P_Y( \mathrm{res}_{\mathcal{F};\pi}(\tilde{u}) \wedge \pi^* \xi ) ,$$

ce qui donne (1) , à cause de (3) . La démonstration du théorème 1.8.3 est ainsi achevée.

4.3.2. Démonstration de la proposition 1.8.4.

1) Mettons-nous sous les conditions de la proposition. Soit $t_0 \in T$ $y_0 \in \pi^{-1}(t_0) \cap Y$, $Y = \cap \mathcal{F}'$, et $W_0$ un voisinage de $y_0$ en $X$ tel que $\overline{W}_0 \cap \pi^{-1}(t_0) = \{y_0\}$ et tel qu'il existe des équations $\varphi_i \in \mathcal{O}(W_0)$ de $Y_i \cap W_0$, $1 \leq i \leq p$.

Soit $f_0 = (\pi, |\varphi_1|^2, \ldots, |\varphi_p|^2) : W_0 \longrightarrow T \times \mathbb{R}^p$ ; le point $y_0$ est isolé dans la fibre $f_0^{-1}(t_0, 0) = W_0 \cap Y \cap \pi^{-1}(t_0)$, donc on peut trouver un voisinage $W \subset W_0$ de $y_0$ en $X$, un voisinage $W'$ de $t_0$ en $T$ et une boule $B_{\delta_0}(0) \subset \mathbb{R}^p$ de rayon $\delta_0 > 0$, centrée en $0 \in \mathbb{R}^p$, tels que

(1) $f_0(W) \subset W' \times B_{\delta_0}(0)$ et la restriction $f : W \longrightarrow W' \times B_{\delta_0}(0)$ de $f_0$ est propre;

(2) $\dim_{\mathbb{R}} W \cap T^p_{\underline{\delta}}(\varphi) = 2n-p$, $\underline{\delta} < \delta_0$ (cf. 1.5.7).

Choisissons $\tilde{u} \in \Gamma(X, \Omega^p_X(*\cup\mathcal{F}'))$, et montrons que la trace $\pi'_* \operatorname{res}_{\mathcal{F}';\pi'}(\tilde{u})$, $\pi' = \pi|_W : W \longrightarrow W'$, est faiblement holomorphe sur $T$.

On voit d'abord, comme dans la demonstration de 4.2.2(i), que le courant

$$I : \xi \longrightarrow I[W \cap T^p_{\delta;\underline{\delta}}(\varphi)]\,(\tilde{u} \wedge \pi^* \xi),$$

$$\underline{\delta} < \delta_0, \quad \xi \in \mathcal{D}^{2(n-p)}(W'),$$

est $\bar{\partial}$-fermé, ce qui entraîne l'holomorphie de la fonction "intégrale fibré" $h(t)$,

$$h(t) = I[W \cap \pi_{\gamma_{\underline{\delta}}}^{-1}[t]](\tilde{u}) \quad , \quad t \in W' \cap T_* \quad , \qquad (3)$$

$$\gamma_{\underline{\delta}} = T^p_{\gamma;\underline{\delta}}(\varphi) \quad ,$$

en vue de l'égalité (cf. 1.6.8)

$$I[W \cap T^p_{\gamma;\underline{\delta}}(\varphi)](\tilde{u} \wedge \pi^* \xi) = I[W' \cap T_*](h.\xi) \quad ,$$

$$\xi \in \mathcal{D}^{2(n-p)}(W') \quad .$$

Le courant $I$ étant 0-continu, cette égalité implique encore que $h$ est bornée sur $W' \cap sT$, donc faiblement holomorphe sur $W'$. Or l'intégrale (3) ne dépend pas de $\underline{\delta} < \delta_0$ (1.5.3), et en particulier

$$h(t) = \pi'_* \, res_{\mathcal{F}';\pi'}(\tilde{u}) = \sum ( res_{\mathcal{F};\pi;y}(\tilde{u}) \; : \; y \in W \cap \pi^{-1}(t) ) \; , \qquad (4)$$

$$t \in W' \quad ,$$

comme on le déduit aussitôt des définitions (cf.4.1.2) en prenant $\underline{\delta}$ si petit comme pour que $W \cap |\pi_{\gamma_{\underline{\delta}}}^{-1}[t]|$ soit contenu dans l'union d'une famille de voisinages adaptés des points de $W \cap Y \cap \pi^{-1}(t)$.

On déduit d'ici l'holomorphie faible de $\pi'_* \, res_{\mathcal{F}';\pi'}(\tilde{u})$ sur $W'$ et, par le même raisonnement appliqué à chaque point de $\pi^{-1}(t_0)$, l'holomorphie faible de $\pi_* \, res_{\mathcal{F};\pi}(\tilde{u})$ au point $t_0$.

ii) Il suffit de vérifier l'assertion dans le cas d'une projection $X = T \times F \longrightarrow T$. Supposons donc que $T$ soit un sous-espace fermé d'un ouvert $U \subset \mathbb{C}^e$ , que $X = T \times F$ , où $F$ est un espace de dimension pure $p$ , et $\pi : X \longrightarrow T$ la projection. Soit $Y = \cap \mathcal{F}'$ , $x_0 \in Y$ , $t_0 = \pi(x_0)$ et $\tilde{u} \in \Gamma(X; \Omega_X^p(* \cup \mathcal{F}'))$ .

Il existe un voisinage ouvert $D = D^e \times G$ de $x_0$ en $U \times F$ , une famille admissible $\mathcal{G} = \{\hat{Y}_1, \ldots, \hat{Y}_p\}$ d'hypersurfaces dans $D$ et une forme $\hat{u} \in \Gamma(D; \Omega_D^p(* \cup \mathcal{G}))$ tels que

(5) $Y \cap \pi^{-1}(t_0) \cap D = \{x_0\}$

(6) $\mathcal{G} \cap X \cap D = \mathcal{F} \cap D$

(7) $j^*(\hat{u}) = \tilde{u}|_{X \cap D}$ , où $j : X \cap D \longrightarrow D$ est l'inclusion.

Soit $\hat{\pi} : D \longrightarrow D^e$ la projection. En rétrécissant $D$ s'il le faut, on peut supposer que la restriction de $\hat{\pi}$ sur $\hat{Y} = \cap \mathcal{G}$ est finie, à cause de (5) et (6) .

Mais alors la trace $\hat{\pi}_* \operatorname{res}_{\mathcal{G};\hat{\pi}}(\hat{u})$ est holomorphe sur $D^e$ , par ce que nous venons de voir, et

$$\hat{\pi}_* \operatorname{res}_{\mathcal{G};\hat{\pi}}(\hat{u}) \big|_{T_* \cap D^e} = \pi'_* \operatorname{res}_{\mathcal{F};\pi'}(\tilde{u}) \big|_{T_* \cap D^e} , \qquad (8)$$

où $\pi' : D \cap X \longrightarrow D^e \cap T$ est la restriction de $\pi$ . On obtient cette égalité à partir de (7) et du fait que $D \cap \pi_{[X]}^{-1}[t] = \hat{\pi}_{[D]}^{-1}[t] = [t \times G]$ (cf. 1.4.2(7) ). Ainsi $\pi'_* \operatorname{res}_{\mathcal{F};\pi'}(\tilde{u})$ est la restriction sur $T_* \cap D^e$ d'une fonction holomorphe sur $D^e$ .

Dans le cas où $\pi : X \rightarrow T$ est localement isomorphe à une projection, on voit bien que le germe de $\pi_* \operatorname{res}_{\mathcal{F};\pi}(\tilde{u})$ en $t_0$ est une somme de germes de fonctions holomorphes, un pour chaque point de $\pi^{-1}(t_0)$ .

Ceci achève la démonstration de la proposition 1.8.4 .

## 4.4 Propriétés des courants résiduels dans les intersections complètes

Nous démontrons dans ce paragraphe les propriétés énoncées dans les théorèmes 1.7.6 et 1.7.7 .

Soit $\gamma = [X,c]$ un n-cycle complexe et $\mathcal{F} = \{Y_1,\dots,Y_{p+1}\}$ une suite loc. princ. d'hypersurfaces en $X$ telle que $\dim \cap \mathcal{F}(p+1) = n-p$ et $\dim \cap \mathcal{F} = n-p-1$ ; notons $Y = \cap \mathcal{F}(p+1)$ . Alors $\tilde{V}_e(\mathcal{F}) = Y$ et $V_e(\mathcal{F}) = \cap \mathcal{F}$ (cf. 3.2.2 ) . Soit $W \subset X$ un ouvert tel qu'il existe des équations $\varphi_i \in \mathcal{O}(W)$ de $Y_i \cap W$ , $1 \leq i \leq p+1$ .

Dans ces conditions tous les assertions du no. 1.7.7 sont conséquences du théorème suivant, avec l'exception de 1.7.7(5) , qui sera démontré au no. 4.4.3 .

### 4.4.1 Théorème

(1) Soit $\tau$ une permutation de $\{1,\dots,p\}$ de signe $sg(\tau)$ et $\varphi^{\tau} = (\varphi_{\tau(1)},\dots,\varphi_{\tau(p)},\varphi_{p+1})$ . Alors

$$R^pP^{p+1}(\tilde{\alpha}) = \lim_{\delta\to 0} I[D_{\delta}^{p+1}(\varphi)](\tilde{\alpha}) = sg(\tau) \cdot \lim_{\delta\to 0} I[D_{\delta}^{p+1}(\varphi^{\tau})](\tilde{\alpha}) ,$$

pour chaque $\tilde{\alpha} \in \Gamma_c(W, \mathcal{E}_X^{2n-p}(*\cup\mathcal{F}))$ .

(2) $R^pP^{p+1}(\tilde{\alpha}) = 0$ si $\tilde{\alpha} \in \Gamma_c(W, \mathcal{E}_X^{2n-p}(*\cup\mathcal{F}(j))$ pour quelque $j$ , $1 \leq j \leq p$ .

(3) $R^pP^{p+1}(\tilde{\alpha}) = R^p(\tilde{\alpha})$ si $\tilde{\alpha} \in \Gamma_c(W, \mathcal{E}_X^{2n-p}(*\cup\mathcal{F}(p+1))$ et $p \geq 1$ .

(4) Soit $\mathcal{F}' = \{Y'_1,\dots,Y'_{p+1}\}$ une autre suite localement principale dans $X$ telle que $Y_j \subset Y'_j$ , $1 \leq j \leq p+1$ , $\dim \cap \mathcal{F}'(p+1) = n-p$ et $\dim \cap \mathcal{F}' = n-p-1$ . Soient $\psi_j \in \mathcal{O}(W)$ des équations de $Y'_j \cap W$ , $1 \leq j \leq p+1$ , et $\psi = (\psi_1,\dots,\psi_{p+1})$ . Alors

$$R^pP^{p+1}(\tilde{\alpha}) = \lim_{\delta \to 0} I[D^{p+1}_{\delta}(\psi)](\tilde{\alpha}) \quad ,$$

quel que soit $\tilde{\alpha} \in \Gamma_c(W, \mathcal{E}_X^{2n-p}(*\cup\mathcal{F}))$ .

D) Les propriétés (2) , (3) et (4) ci-dessus se déduisent de (1) et 1.7.5(3) , (4) et (5) , respectivement. Il suffit donc de vérifier (1) . Cette propriété étant locale, on peut supposer que $W$ est un sous-espace fermé d'un ouvert de $\mathbb{C}^m$ .

Dans ce qui suit $\Lambda(m,p)$ désigne la famille des sous-ensembles ordonnés $E \subset \{1,\dots,m\}$, avec $|E| = p$ ; si $E \in \Lambda(m,p)$ , alors $CE = \{1,\dots,m\} - E$ est l'ensemble ordonné complémentaire de $E$ .

Soit $t = (t_1,\dots,t_m)$ un système de coordonnées en $\mathbb{C}^m$ et $E \in \Lambda(m,p)$; on note $t'_E = (t_j : j \in E)$ , $t''_E = (t_j : j \in CE)$ et $\pi_E : \mathbb{C}^m \longrightarrow \mathbb{C}^E$ la projection $t \longrightarrow t'_E$ . Si $D \subset \mathbb{C}^m$ est un ouvert, on pose $D'_E = \pi_E(D)$ et $D''_E = \pi_{CE}(D)$ .

Choisissons un système de coordonnées $t = (t_1,\dots,t_m)$ centré en $x_0 \in Y$ , et qui vérifie les conditions suivantes:

(1) Pour chaque $E_1 \in \Lambda(m,n)$ , on a

$$\dim_{x_0} \pi_{E_1}^{-1}(0) \cap W = 0 \quad ;$$

(2) pour chaque $E \in \Lambda(m,n-p)$ , on a

$$\dim_{x_0} \pi_E^{-1}(0) \cap Y = 0 \quad .$$

L'ensemble de tels systèmes de coordonnées est en fait dense dans une variété de Stiefel convenable ( [46], p.311 ; [28], p.201 ).

Il est connu que les conditions (1) et (2) impliquent respectivement les propriétés (3) et (4) suivantes ( [38]) :

(3) Pour chaque $E_1 \in \Lambda(m,n)$ , il existe un polydisque $D_{E_1} \subset \mathbb{C}^m$ centré à l'origine de $\mathbb{C}^m$ et des polynômes distingués $P_{E_1,k}(t'_{E_1};t_k) \in \mathcal{O}(D_{E_1})$ , $k \in CE_1$ , sans composantes irréductibles multiples, et tels que:

(3.1) $W \cap D_{E_1} \subset \bigcap ( V(P_{E_1,k}) : k \in CE_1 )$ ;

(3.2) Si $d_{E_1,k}$ désigne le discriminant de $P_{E_1,k}$ et $d_{E_1} = \prod( d_{E_1,k} : k \in CE_1 )$ , alors

$$\dim_{\mathbb{C}} W \cap D_{E_1} \cap V(d_{E_1}) \leq n-1 \quad .$$

(4) Pour chaque $E \in \Lambda(m,n-p)$ , il existe un polydisque $D_E \subset \mathbb{C}^m$ centré à l'origine de $\mathbb{C}^m$ et des polynômes distingués $H_{E,j}(t'_E;t_j) \in \mathcal{O}(D_E)$ de degrés $\ell_j$ , $j \in CE$ , sans composantes irréductibles multiples, et tels que:

(4.1) Si $M_E = \bigcap ( V(H_{E,j}) : j \in CE )$ , alors $Y \cap D_E \subset M_E$ et la restriction $M_E \to D'_E$ de $\pi_E$ est propre;

(4.2) Si $\Delta_{E,j} \in \mathcal{O}(D'_E)$ est le discriminant de $H_{E,j}$ et $\Delta_E = \prod(\Delta_{E,j} : j \in CE)$, alors $S'_E = V(\Delta_E) \subset D'_E$ est une hypersurface de $D'_E$.

On peut toujours supposer que, si $E \subset E_1$, $E \in \Lambda(m,n-p)$ et $E_1 \in \Lambda(m,n)$, alors $D_E \subset D_{E_1}$.

Prenons $E \in \Lambda(m,n-p)$ ; comme $\dim Y \cap Y_{p+1} = n-p-1$ et la restriction $Y \cap D_E \longrightarrow D'_E$ de $\pi_E$ est propre, il existe $\psi_E \in \mathcal{O}(D'_E)$, $\psi_E \not\equiv 0$, telle que

$$S'_E \cup \pi_E(Y \cap Y_{p+1} \cap D_E) \subset V(\psi_E) . \tag{5}$$

4.4.2 <u>Lemme</u>

Pour chaque $P \in \Lambda(m,n)$ et $Q \in \Lambda(m,n-p)$, la restriction de la forme $dt_P \wedge d\bar{t}_Q$ sur l'espace réel $W \cap D_Q \cap (|\psi_Q| = \delta_{p+1})$ est nulle.

D) Si $Q \subset P$, il est claire que la $2(n-p)$-forme $dt_Q \wedge d\bar{t}_Q$ induit la forme nulle sur $V(\psi_Q) \subset D'_Q$ ; le résultat s'ensuit donc pour $dt_P \wedge d\bar{t}_Q$.

Dans le cas où $Q \not\subset P$ nous allons voir que, si $E_1 \in \Lambda(m,n)$ et $Q \subset E_1$, il existe des fonctions $G$ et $H \in \mathcal{O}(D_Q)$ telles que

(6) $\dim_{\mathbb{C}} W \cap D_Q \cap V(G) \leq n-1$ ;

(7) $dt_P \wedge d\bar{t}_Q = G^{-1}.H\, dt_{E_1} \wedge d\bar{t}_Q$ sur $W \cap D_Q \cap (G \neq 0)$.

Ces conditions impliquent le lemme, parce que $dt_P \wedge d\bar{t}_Q$

induit par (7) la forme nulle sur $W \cap D_Q \cap (|\psi_Q| = \delta_{p+1}) \cap (G \neq 0)$ , qui est un ouvert dense de $W \cap D_Q \cap (|\psi|_Q = \delta_{p+1})$ ; sa restriction sur ce dernier espace est donc nulle (1.6.3) .

Pour trouver les fonctions $G$ et $H$ , notons $A_1 = P \cap E_1$ et $A_2 = P \cap CE_1$ ; on a alors $A_2 \neq \emptyset$ , puisque on aurait sinon $P = E_1$ . D'après (3.1) , pour chaque $k \in A_2$ on vérifie sur $W \cap D_{E_1}$ la relation

$$\partial_k P_k . dt_k + \sum ( \partial_j P_k . dt_j : j \in E_1 ) = 0 , \qquad (8)$$

où $P_k = P_{E_1,k}$ .

De l'inclusion $V(\partial_k P_k) \cap V(P_k) \subset V(d_{E_1})$ et de (3.2) on déduit:

$$\dim_{\mathbb{C}} W \cap D_{E_1} \cap V(\partial_k P_k) \leq n-1 .$$

Si l'on prend $G = \prod ( \partial_k P_k : k \in A_2 )$ , on obtient (6) . La relation (8) nous donne aussi

$$dt_P = \pm dt_{A_2} \wedge dt_{A_1} = \pm G^{-1} . \bigwedge_{k \in A_2} \Big( \sum_{j \in E_1 - A_1} \partial_j P_k . dt_j \Big) \wedge dt_{A_1}$$

sur $D_{E_1} \supset D_Q$ . Cette égalité peut aussi s'écrire $dt_P = G^{-1}.H\, dt_{E_1}$ , avec $H \in \mathcal{O}(D_{E_1})$ convenable, si l'on observe que $|A_1| + |A_2| = |E_1|$ . Ceci donne (7) , et achève le lemme.

Soit maintenant $D_0$ un voisinage de l'origine $0 \in \mathbb{C}^m$ tel que

$$\bar{D}_o \subset \bigcap \{ D_E : E \in \Lambda(m,n-p) \}$$

et soit $\tilde{\alpha} \in \Gamma_c(W \cap D_o, \mathcal{E}_X^{n,n-p}(*\cup\mathcal{F}))$ une forme avec un répresentant

$$\hat{\alpha} = f^{-1} . b \, dt_P \wedge d\bar{t}_Q ,$$

où $f \in \mathcal{O}(D_o)$ , $V(f) \cap W \subset D_o \cap (\cup \mathcal{F})$ et $b \in \mathcal{D}^o(D_o)$ , et où $P \in$ $\in \Lambda(m,n)$ et $Q \in \Lambda(m,n-p)$ .

On doit vérifier que

$$\lim_{\delta \to 0} I[D_{\underset{\sim}{\delta}}^{p+1}(\varphi^\tau)](\tilde{\alpha}) = sg(\tau) . \lim_{\delta \to 0} I[D_{\underset{\sim}{\delta}}^{p+1}(\varphi)](\tilde{\alpha}) \qquad (9)$$

pour toute permutation $\tau$ de $\{1,\dots,p\}$ , où $\underset{\sim}{\delta}$ est une trajectoire admissible.

Grâce a l'inclusion (5) , on peut appliquer 3.5.2 aux deux membres de cette égalité, avec $\psi_{p+1} = \psi_Q$ , en obtenant :

$$\lim_{\delta \to 0} I[D_{\underset{\sim}{\delta}}^{p+1}(\varphi)](\tilde{\alpha}) = \lim_{\delta_{p+1} \to 0} \lim_{\delta \to 0} I[D_{\underset{\sim}{\delta};\delta_{p+1}}^{p+1}(\psi)](\tilde{\alpha}) ,$$

$$\lim_{\delta \to 0} I[D_{\underset{\sim}{\delta}}^{p+1}(\varphi^\tau)](\tilde{\alpha}) = \lim_{\delta_{p+1} \to 0} \lim_{\delta \to 0} I[D_{\underset{\sim}{\delta};\delta_{p+1}}^{p+1}(\psi^\tau)](\tilde{\alpha}) .$$

On aura (9) si l'on montre que

$$\lim_{\delta \to 0} I[D_{\underset{\sim}{\delta};\delta_{p+1}}^{p+1}(\psi^\tau)](\tilde{\alpha}) = sg(\tau) . \lim_{\delta \to 0} I[D_{\underset{\sim}{\delta};\delta_{p+1}}^{p+1}(\psi)](\tilde{\alpha}) \qquad (10)$$

quel que soit $0 < \delta_{p+1} < c$ (cf. 3.5.2) .

Nous pouvons supposer que $b \in \mathcal{D}^0(D_Q \cap \pi_Q^{-1}(U))$ , où $U \subset\subset (|\psi_Q| > \delta_{p+1/2})$ est un ouvert simplement connexe. Pour chaque composante connexe $\Gamma$ de $Y_U = Y \cap D_Q \cap \pi_Q^{-1}(U)$ , on peut choisir un voisinage ouvert $B(\Gamma)$ de $\Gamma$ en $X_U = X \cap D_Q \cap \pi_Q^{-1}(U)$ et un $\delta_1 > 0$ de façon que si l'on note $B(\Gamma, \delta_1) = B(\Gamma) \cap (|T_{\underset{\sim}{\delta}}^p(\varphi)| : \underset{\sim}{\delta} \leq \delta_1)$ et $B = \bigcup_{\Gamma} B(\Gamma)$ on a alors

(11) $|T_{\underset{\sim}{\delta}}^p(\varphi)| \cap D_Q \cap \pi_Q^{-1}(U) \subset B$ et $\dim_{\mathbb{R}} |T_{\underset{\sim}{\delta}}^p(\varphi)| \cap D_Q \cap \pi_Q^{-1}(U) =$

$= 2n-p$ , pour toute $\underset{\sim}{\delta} < \delta_1$ (cf. 1.5.7 ) ;

(12) $B(\Gamma) \cap B(\tilde{\Gamma}) = \emptyset$ si $\Gamma \neq \tilde{\Gamma}$ ;

(13) la restriction $B(\Gamma, \delta_1) \longrightarrow U$ de $\pi_Q$ est propre, et

(14) $B(\Gamma, \delta_1) \cap Y_{p+1} = \emptyset$ .

Il suffit alors de vérifier (10) dans le cas où $b \in \mathcal{D}^0(B(\Gamma))$ , pour quelque $\Gamma =$ graphe$(g)$ , $g = ( g_j \in \mathcal{O}(U) : j \in CQ )$ . Comme déjà vu au no. 4.3.1 , les limites dans (10) ne changent pas si l'on remplaçe $b$ par la partie holomorphe $b_1(t', t'')$ du développement de Taylor de $b$ par rapport à $t'' = t''_Q$ , centré en $\Gamma$ :

$$b_1(t',t'') = \sum_{|r| \leq n_1} b_r(t') \, . \, (t'' - g(t'))^r \; ;$$

$n_1$ est l'entier du no. 4.2.2(ii) (cf. 3.5.3 et 3.5.4 ) . Il suffit alors de vérifier que

$$I[D^{p+1}_{\underline{\delta};\delta_{p+1}}(\psi^{\tau})](\tilde{\alpha}_1) = sg(\tau) \,.\, I[D^{p+1}_{\underline{\delta};\delta_{p+1}}(\psi)](\tilde{\alpha}_1) \,, \qquad (15)$$

où $\tilde{\alpha}_1$, la restriction de $\hat{\alpha}_1 = f^{-1}.\, b_1\, dt_P \wedge d\bar{t}_Q$ sur $X_U$, est fermée. En effet, $\tilde{\alpha}_1$ est $\partial$- fermée parce que la forme est de bidegré $(n,n-p)$, et $\bar{\partial}$ - fermée parce que $\bar{\partial}(\,b_1\, d\bar{t}_Q\,) = 0$, $b_1$ étant holomorphe par rapport à $t''$. Remarquons que $b_r \in \mathcal{D}^{o}(U)$, $|r| \leq n_1$.

Prenons $\underline{\delta} < \delta_1$, et notons $\sigma \subset \mathbb{R}^p_>$ le segment orienté d'extrémités $\underline{\delta}$ et $\underline{\delta}^{\tau} = (\,\delta_{\tau^{-1}(1)},\ldots,\delta_{\tau^{-1}(p)}\,)$. Considérons la chaîne semi-analytique (cf. 1.4 )

$$\nu = |\psi|^{-1}_{\gamma\cap B(\Gamma)}\left(\sigma \times [\,x_{p+1} > \delta_{p+1}]\right) ,$$

où $|\psi| = (|\varphi_1|,\ldots,|\varphi_p|,\, |\psi_Q|\,) : B(\Gamma) \longrightarrow \mathbb{R}^{p+1}_>$ ; alors

$$\partial\nu = (-1)^{2n+p+1}\, |\psi|^{-1}_{\gamma\cap B(\Gamma)}\left(\partial\sigma \times [x_{p+1} > \delta_{p+1}] + \sigma \times [\delta_{p+1}]\right) ,$$

et l'intersection des supports de $\nu$ et $\tilde{\alpha}_1$ est compacte, par (13) .

Or $\partial\sigma = [\underline{\delta}^{\tau}] - [\underline{\delta}]$ et

$$|\psi|^{-1}_{\gamma\cap B(\Gamma)}\left(([\underline{\delta}^{\tau}] - [\underline{\delta}]) \times (x_{p+1} > \delta_{p+1})\right) =$$

$$= B(\Gamma) \cap \left( D^{p+1}_{\underline{\delta}^{\tau};\delta_{p+1}}(\psi) - D^{p+1}_{\underline{\delta};\delta_{p+1}}(\psi) \right) ;$$

par le théorème de Stokes ( 1.6.8 ) $I[\partial\nu](\alpha_1) = I[\nu](d\alpha_1) = 0$, donc

$$I\left[D^{p+1}_{\underset{\sim}{\delta}^{\tau};\delta_{p+1}}(\psi) - D^{p+1}_{\underset{\sim}{\delta};\delta_{p+1}}(\psi)\right](\tilde{\alpha}_1) =$$

$$= \pm I\left[|\psi|^{-1}_{\gamma\cap B(\Gamma)}[\sigma \times \delta_{p+1}]\right](\tilde{\alpha}_1) .$$

D'après le lemme 4.4.2 la dernière intégrale est nulle, le différentiel $dt_P \wedge d\bar{t}_Q$ induisant la forme nulle sur l'espace $|\psi_Q| = \delta_{p+1}$ ; on en déduit

$$I\left[D^{p+1}_{\underset{\sim}{\delta};\delta_{p+1}}(\psi)\right](\tilde{\alpha}_1) = I\left[D^{p+1}_{\underset{\sim}{\delta}^{\tau};\delta_{p+1}}(\psi)\right](\tilde{\alpha}_1) =$$

$$= sg(\tau) \cdot I\left[D^{p+1}_{\underset{\sim}{\delta};\delta_{p+1}}(\psi^{\tau})\right](\tilde{\alpha}_1) ,$$

où la dernière égalité s'ensuit de 1.5.2(2) et 1.3 . On obtient ainsi (15) , ce qui donne la propriété 4.4.1(1) , et fini la preuve du th. 4.4.1 .

### 4.4.3 Démonstration de la propriété de pureté 1.7.7(5)

Soit $\tilde{\lambda} \in \Gamma(X, \Omega^q_X(*\cup\mathcal{F}))$ et $F$ l'ensemble des points de $Y_*$ au voisinage desquels $RP_{\gamma;\mathcal{F}}[\tilde{\lambda}]$ est nulle. Nous allons vérifier que $F$ est un fermé de $Y_*$, donc la réunion de certaines composantes connexes de $Y_*$. La proposition 1.7.7(5) s'en déduit, le support de $RP_{\gamma;\mathcal{F}}[\tilde{\lambda}]$ étant l'adhérence des autres composantes de $Y_*$.

Prenons un point $y_0 \in Y$ adhérent a $F$ et un voisinage ouvert $W$ de $y_0$ en $X$, avec des coordonnées $t = (t_1,\ldots,t_n)$ centrées en $y_0$ telles que

$$\dim_{y_0} Y \cap W \cap \pi_E^{-1}(0) = 0 \qquad (1)$$

pour chaque $E \in \Lambda(n,n-p)$, et tel qu'il existe des équations $\varphi_j \in \mathcal{O}(W)$ des hypersurfaces $Y_j \cap W$, $1 \leq j \leq p+1$. Soit $D_E$ un polydisque associé à $\pi_E$ (cf. les notations du no. 4.4.1), et $D = \cap(D_E : E \in \Lambda(n,n-p))$.

On a alors

$$\tilde{\lambda}|_D = \sum\left(\frac{a_B}{\varphi}\, dt_B : B \in \Lambda(n,q)\right),$$

où $a_B \in \mathcal{O}(D)$ et $\varphi = \prod(\varphi_j : 1 \leq j \leq p+1)$. Choisissons $B \in \Lambda(n,q)$ et $M \in \Lambda(n,n-p)$ ; soit $B' \in \Lambda(n,n-q)$ tel que $B \cup B' = \{1,\ldots,n\}$. Pour chaque $\alpha = a \cdot dt_{B'} \wedge d\bar{t}_M \in \mathcal{D}^{n-q,n-p}(D)$ nous avons

$$\tilde{\lambda} \wedge \alpha = \frac{a_B \cdot a}{\varphi}\, dt_B \wedge dt_{B'} \wedge d\bar{t}_M = \pm \frac{a_B \cdot a}{\varphi}\, dt_A \wedge dw_M,$$

où $A = CM \in \Lambda(n,p)$ et $dw_M = \prod(dt_j \wedge d\bar{t}_j : j \in M)$ ; d'après 1.8.3(ii)

$$RP_{\gamma;\mathcal{F}}[\tilde{\lambda}](\alpha) = RP_{\gamma;\mathcal{F}}(\tilde{\lambda}\wedge\alpha) = P_Y\left(\mathrm{res}_{\mathcal{F};\pi}\left(\pm\frac{a_B\cdot a}{\varphi}\,dt_A\right)\wedge dw_M\right), \quad (2)$$

où $\pi = \pi_M$ désigne la projection $t \longrightarrow (t_j : j \in M)$ .

La formule 4.1.3(9) nous donne

$$\mathrm{res}_{\mathcal{F};\pi}\left(\pm\frac{a_B\cdot a}{\varphi}\,dt_A\right) = \sum_{|r|\leq n_1} \frac{1}{r!}\left(\partial^r(\pm a_B\cdot a)|_Y\right).\,k[r,A], \quad (3)$$

où $k[r,A] \in \mathcal{O}(**Y\cap D)$ et $a_B \in \mathcal{O}(D)$ . On en déduit

$$\mathrm{res}_{\mathcal{F};\pi}\left(\pm\frac{a_B\cdot a}{\varphi}\,dt_A\right) = \sum_{|r|\leq n_1} \frac{1}{r!}\left(\partial^r a|_Y\right).\,h[r] , \quad (4)$$

avec des fonctions $h[r] \in \mathcal{O}(**Y\cap D)$ convenables.

Par la condition (1) et le choix de $D_M$ , la restriction $Y\cap D_M \longrightarrow D'_M$ de $\pi_M$ est un revêtement hors d'une hypersurface $S'_M \subset D'_M$; on suppose aussi que $D_M \cap \mathcal{F} \subset \pi_M^{-1}(S'_M)$ . Le point $y_0$ étant adhérant à $F$, $RP_{\gamma;\mathcal{F}}[\tilde{\lambda}](\alpha)$ est nulle pour toute $\alpha = a\,dt_{B'}\wedge d\bar{t}_M$ avec support contenu dans quelque ouvert $B(\Gamma) \subset D_M - \pi^{-1}(S'_M)$ , tel que $B(\Gamma)\cap Y = \Gamma$ est simplement connexe.

On déduit de (2) que pour toute $\alpha = a\,dt_{B'}\wedge d\bar{t}_M \in \mathcal{D}^{n-q,n-p}(B(\Gamma))$ on a

$$\int_\Gamma \mathrm{res}_{\mathcal{F};\pi}\left(\pm\frac{a_B\cdot a}{\varphi}\,dt_{A'}\right)\wedge dw_M = 0 ,$$

ce qui donne $\mathrm{res}_{\mathcal{F};\pi}\left(\pm\frac{a_B\cdot a}{\varphi}\,dt_{A'}\right) = 0$ sur $\Gamma$, par (3) . Cette égalité, valide pour toute $a \in \mathcal{D}^{\circ}(B(\Gamma))$ , entraîne que les fonctions $h[r]$ de

(4) sont nulles sur $\Gamma$, et par conséquent sont nulles sur la composante connexe de $\Gamma$ en $Y_* \cap D_M$. Ceci implique à son tour que $RP_{\gamma;\mathcal{X}}[\tilde{\lambda}]$ est nulle sur toute cette composante, et que F est la réunion de certaines composantes de $Y_*$.

La démonstration de 1.7.6(4) est similaire.

## RÉFÉRENCES


[1] ANDREOTTI,A., NORGUET,F. , La convexité holomorphe dans l'espace analytique des cycles d'une variété algébrique. Ann. Scuola Norm. Pisa, 21 (1967), 31-82.

[2] BEAUVILLE,A. , Une notion de résidus en géometrie analytique. Séminaire P.Lelong 1969/70 , Springer Lecture Notes 205 , 1970 .

[3] BLOOM,T. , HERRERA,M. , De Rham cohomology of an analytic space. Inventiones math. 7 , 275-296 (1969) .

[4] BOREL,A. , HAEFLIGER,A. , La classe d'homologie fondamental d'un espace analytique. Bull. Soc. math. France 89 , 461-513 (1961) .

[5] BREDON,G. , Sheaf theory. New York . McGraw-Hill 1967.

[6] COLEFF,N. , Residuos múltiples sobre espacios complejos. Tesis, Universidad Nacional de La Plata, 1975 .

[7] COLEFF,N. , HERRERA,M. , Fibering of residual currents. Summer Institute of Several Complex Variables, 1975, Williamstown, U.S.A.

[8] DOLBEAULT,P. , Formes différentielles et cohomologie sur une variété analytique complexe. Annals of Math. 64 , 1966 .

[9] ----------- , Résidues et courants. Questions on algebraic varieties, C.I.M.E., septembre 1960.

[10] ----------- , Theorie des résidus. Seminaire P.Lelong 1970/71. Exp.du

8 septembre 1970.

[11] ----------- , Valeur principales sur les espaces complexes. Seminaire P.Lelong 1970/71 , Exp.du 13 janvier 1971. Springer Lecture Notes.

[12] EL ZEIN,F. , Résidus en géometrie algebrique. Compositio Mathematica 23, 1971 , 379-405.

[13] ---------- , Comparaison des résidus de Grothendieck et Herrera. C.R. Acad.Sc.Paris, t. 278 , 863-866.

[14] FEDERER,H. , Geometric Measure Theory, Springer Verlag, New York,1969.

[15] ---------- , Some theorems on integral currents, Trans. Amer. Math. Soc. 117, 1965 , 43-67.

[16] FERRARI,A. , Cohomology and holomorphic differential forms on complex analytic spaces. Annali della Scuola Norm.Sup. Pisa, 24 , 65-77 , 1970.

[17] GRIFFITHS,P. , Lectures on the Abel's Theorem (preprint).

[18] HARDT,R.M. , Slicing and intersection theory for chains associated with real analytic varieties, Acta Math. 129 , 1972 , 75-136.

[19] HARTSHORNE,R. , Residues and duality, Springer Lecture Notes 20 , 1966.

[20] HARVEY,F.R. , Integral formulae connected by Dolbeault's isomorphism. Complex Analysis (Proc. conf. , Rice Univ. , Houston, Tex. , 1969) Rice Univ. Studies 56 , 1970 , v.2 , 77-97 (1971).

[21] HERRERA,M. , Integration on a semianalytic set. Bull.Soc.math. France 94 , 141-180 , 1966.

[22] ---------- , Résidus multiples sur les espaces complexes. Exp.aux Journées complexes de Metz, 1972 , I.R.M.A. , Université Louis Pasteur, Strasbourg.

[23] ---------- , Les courants résidus multiples. Journées Geom. Analy.,1972, Poitiers, Bull.Soc.Math. France, Mémoire 38 (1974), 27-30.

[24] ---------- , Residues of forms with logarithmic singularities. Revista de la Union Matemática Argentina. Vol. 25, 1971.

[25] HERRERA,M. , LIEBERMAN,D. , Residues and principal values on complex spaces. Math. Annalen 194, 259-294 (1971).

[26] HIRONAKA,H. , The resolution of singularities of an algebraic variety over a field of characteristic zero. Ann. Math. 19, 109-326(1964).

[27] KING,J.R. , A residue formula for complex subvarieties. Proceed.Carolina Conf. on Holomorphic Mappings, Chapel Hill, N.C., 1970.

[28] --------- , The currents defined by analytic varieties. Acta Math. 127, (1971), 185-220.

[29] --------- , Global residues and intersections on a complex manifold. Preprint.

[30] KAUP,L. , Poincaré Dualität für Räume mit normalisierung. Annali della Scuola Normale Superiore di Pisa. Serie III , Vol. XXVI (1972) , 1-31.

[31] LERAY,J. , Le calcul différentiel et intégral sur une variété analytique. Bull.Soc.Math. France 87 , 1959 , 81-180.

[32] ŁOJASIEWICZ,S. , Sur le problème de la division. Studia Math., t.18, 1959, 87-136.

[33] -------------- , Ensembles semi-analytiques. Paris, Presses universitaires de France, 1966 (I.H.E.S).

[34] MALGRANGE,B. 1966, Ideals of differentiable functions, Tata Institute of Fundamental Research, Bombay and Oxford Univ.Press.

[35] NARASIMHAN,R. , Introduction to the theory of Analytic Spaces. Springer Lecture Notes 25 , 1966.

[36] NORGUET,F. , Dérivée partielle et résidus de formes différentielles. Seminaire P.Lelong 1958/59, Exp.10, Secrétariat mathématique, Paris 1959.

[37] POLY,J.B. , Formule des résidues et intersection des chaines sous-analytiques. Thesis, Université de Poitiers, 1974.

[38] REMMERT,R. , STEIN,K. , Über die wesentlichen Singularitäten analytischen Mengen. Math.Annalen, Bd. 126 , 263-306, 1953.

[39] RAMIS,J.P. , RUGET,G. , Complexe dualisant et théorèmes de dualité en géométrie analytique complexe. Publ.Math. I.H.E.S. 38, 77-91(1971).

[39a] -------------------- , Résidus et dualité. Inventiones math.,vol 26, fasc 2 , 1974.

[40] ROBIN,G. , Formes semiméromorphes et cohomologie du complémentaire d'une hypersurface d'une variété analytique complexe. C.R.Acad. Sci. Paris, t. 272 , 33-35.

[41] RUGET,G. , Complexe dualisant et résidus. Journées Géom. Analytique, 1972 , Poitiers, Bull.Soc.Math. France, Memoire 38, 1974, 31-38.

[42] SHIH,W. , Une remarque sur la formule des résidus. Bull.Amer,Math. Soc. , 76 , 1970 , 717-718.

[43] SORANI, . , Residui di forme differenziali e omomorfismi di coomologia. Atti Accad. Naz. Lincei Rend. Cl. Sci. Fis. Mat. Nat.(8)32 (1962) , 331-334.

[44] STOLL,W. , The continuity of the fiber integral. Math. Z. 104(1968) 65-73.

[45] TUNG, CHIA-CHI , The first main theorem on complex spaces. Thesis, Notre Dame, 1973.

[46] THIE,P. , The Lelong Number of a Point of a Complex Analytic Set. Math. Ann. 172 (1967) , 269-312.

[47] GORDON, L.G. , The residue calculus in several complex variables, Trans. A.M.S. , 1975 .

## LIST OF NOTATIONS (by page number)

SUBJECT INDEX (by page number)

Vol. 460: O. Loos, Jordan Pairs. XVI, 218 pages. 1975.

Vol. 461: Computational Mechanics. Proceedings 1974. Edited by J. T. Oden. VII, 328 pages. 1975.

Vol. 462: P. Gérardin, Construction de Séries Discrètes p-adiques. »Sur les séries discrètes non ramifiées des groupes réductifs déployés p-adiques«. III, 180 pages. 1975.

Vol. 463: H.-H. Kuo, Gaussian Measures in Banach Spaces. VI, 224 pages. 1975.

Vol. 464: C. Rockland, Hypoellipticity and Eigenvalue Asymptotics. III, 171 pages. 1975.

Vol. 465: Séminaire de Probabilités IX. Proceedings 1973/74. Edité par P. A. Meyer. IV, 589 pages. 1975.

Vol. 466: Non-Commutative Harmonic Analysis. Proceedings 1974. Edited by J. Carmona, J. Dixmier and M. Vergne. VI, 231 pages. 1975.

Vol. 467: M. R. Essén, The Cos $\pi\lambda$ Theorem. With a paper by Christer Borell. VII, 112 pages. 1975.

Vol. 468: Dynamical Systems – Warwick 1974. Proceedings 1973/74. Edited by A. Manning. X, 405 pages. 1975.

Vol. 469: E. Binz, Continuous Convergence on C(X). IX, 140 pages. 1975.

Vol. 470: R. Bowen, Equilibrium States and the Ergodic Theory of Anosov Diffeomorphisms. III, 108 pages. 1975.

Vol. 471: R. S. Hamilton, Harmonic Maps of Manifolds with Boundary. III, 168 pages. 1975.

Vol. 472: Probability-Winter School. Proceedings 1975. Edited by Z. Ciesielski, K. Urbanik, and W. A. Woyczyński. VI, 283 pages. 1975.

Vol. 473: D. Burghelea, R. Lashof, and M. Rothenberg, Groups of Automorphisms of Manifolds. (with an appendix by E. Pedersen) VII, 156 pages. 1975.

Vol. 474: Séminaire Pierre Lelong (Analyse) Année 1973/74. Edité par P. Lelong. VI, 182 pages. 1975.

Vol. 475: Répartition Modulo 1. Actes du Colloque de Marseille-Luminy, 4 au 7 Juin 1974. Edité par G. Rauzy. V, 258 pages. 1975. 1975.

Vol. 476: Modular Functions of One Variable IV. Proceedings 1972. Edited by B. J. Birch and W. Kuyk. V, 151 pages. 1975.

Vol. 477: Optimization and Optimal Control. Proceedings 1974. Edited by R. Bulirsch, W. Oettli, and J. Stoer. VII, 294 pages. 1975.

Vol. 478: G. Schober, Univalent Functions – Selected Topics. V, 200 pages. 1975.

Vol. 479: S. D. Fisher and J. W. Jerome, Minimum Norm Extremals in Function Spaces. With Applications to Classical and Modern Analysis. VIII, 209 pages. 1975.

Vol. 480: X. M. Fernique, J. P. Conze et J. Gani, Ecole d'Eté de Probabilités de Saint-Flour IV–1974. Edité par P.-L. Hennequin. XI, 293 pages. 1975.

Vol. 481: M. de Guzmán, Differentiation of Integrals in $R^n$. XII, 226 pages. 1975.

Vol. 482: Fonctions de Plusieurs Variables Complexes II. Séminaire François Norguet 1974–1975. IX, 367 pages. 1975.

Vol. 483: R. D. M. Accola, Riemann Surfaces, Theta Functions, and Abelian Automorphisms Groups. III, 105 pages. 1975.

Vol. 484: Differential Topology and Geometry. Proceedings 1974. Edited by G. P. Joubert, R. P. Moussu, and R. H. Roussarie. IX, 287 pages. 1975.

Vol. 485: J. Diestel, Geometry of Banach Spaces – Selected Topics. XI, 282 pages. 1975.

Vol. 486: S. Stratila and D. Voiculescu, Representations of AF-Algebras and of the Group U ($\infty$). IX, 169 pages. 1975.

Vol. 487: H. M. Reimann und T. Rychener, Funktionen beschränkter mittlerer Oszillation. VI, 141 Seiten. 1975.

Vol. 488: Representations of Algebras, Ottawa 1974. Proceedings 1974. Edited by V. Dlab and P. Gabriel. XII, 378 pages. 1975.

Vol. 489: J. Bair and R. Fourneau, Etude Géométrique des Espaces Vectoriels. Une Introduction. VII, 185 pages. 1975.

Vol. 490: The Geometry of Metric and Linear Spaces. Proceedings 1974. Edited by L. M. Kelly. X, 244 pages. 1975.

Vol. 491: K. A. Broughan, Invariants for Real-Generated Uniform Topological and Algebraic Categories. X, 197 pages. 1975.

Vol. 492: Infinitary Logic: In Memoriam Carol Karp. Edited by D. W. Kueker. VI, 206 pages. 1975.

Vol. 493: F. W. Kamber and P. Tondeur, Foliated Bundles and Characteristic Classes. XIII, 208 pages. 1975.

Vol. 494: A Cornea and G. Licea. Order and Potential Resolvent Families of Kernels. IV, 154 pages. 1975.

Vol. 495: A. Kerber, Representations of Permutation Groups II. V, 175 pages. 1975.

Vol. 496: L. H. Hodgkin and V. P. Snaith, Topics in K-Theory. Two Independent Contributions. III, 294 pages. 1975.

Vol. 497: Analyse Harmonique sur les Groupes de Lie. Proceedings 1973–75. Edité par P. Eymard et al. VI, 710 pages. 1975.

Vol. 498: Model Theory and Algebra. A Memorial Tribute to Abraham Robinson. Edited by D. H. Saracino and V. B. Weispfenning. X, 463 pages. 1975.

Vol. 499: Logic Conference, Kiel 1974. Proceedings. Edited by G. H. Müller, A. Oberschelp, and K. Potthoff. V, 651 pages 1975.

Vol. 500: Proof Theory Symposion, Kiel 1974. Proceedings. Edited by J. Diller and G. H. Müller. VIII, 383 pages. 1975.

Vol. 501: Spline Functions, Karlsruhe 1975. Proceedings. Edited by K. Böhmer, G. Meinardus, and W. Schempp. VI, 421 pages. 1976.

Vol. 502: János Galambos, Representations of Real Numbers by Infinite Series. VI, 146 pages. 1976.

Vol. 503: Applications of Methods of Functional Analysis to Problems in Mechanics. Proceedings 1975. Edited by P. Germain and B. Nayroles. XIX, 531 pages. 1976.

Vol. 504: S. Lang and H. F. Trotter, Frobenius Distributions in $GL_2$-Extensions. III, 274 pages. 1976.

Vol. 505: Advances in Complex Function Theory. Proceedings 1973/74. Edited by W. E. Kirwan and L. Zalcman. VIII, 203 pages. 1976.

Vol. 506: Numerical Analysis, Dundee 1975. Proceedings. Edited by G. A. Watson. X, 201 pages. 1976.

Vol. 507: M. C. Reed, Abstract Non-Linear Wave Equations. VI, 128 pages. 1976.

Vol. 508: E. Seneta, Regularly Varying Functions. V, 112 pages. 1976.

Vol. 509: D. E. Blair, Contact Manifolds in Riemannian Geometry. VI, 146 pages. 1976.

Vol. 510: V. Poènaru, Singularités $C^\infty$ en Présence de Symétrie. V, 174 pages. 1976.

Vol. 511: Séminaire de Probabilités X. Proceedings 1974/75. Edité par P. A. Meyer. VI, 593 pages. 1976.

Vol. 512: Spaces of Analytic Functions, Kristiansand, Norway 1975. Proceedings. Edited by O. B. Bekken, B. K. Øksendal, and A. Stray. VIII, 204 pages. 1976.

Vol. 513: R. B. Warfield, Jr. Nilpotent Groups. VIII, 115 pages. 1976.

Vol. 514: Séminaire Bourbaki vol. 1974/75. Exposés 453 – 470. IV, 276 pages. 1976.

Vol. 515: Bäcklund Transformations. Nashville, Tennessee 1974. Proceedings. Edited by R. M. Miura. VIII, 295 pages. 1976.

Vol. 516: M. L. Silverstein, Boundary Theory for Symmetric Markov Processes. XVI, 314 pages. 1976.

Vol. 517: S. Glasner, Proximal Flows. VIII, 153 pages. 1976.

Vol. 518: Séminaire de Théorie du Potentiel, Proceedings Paris 1972–1974. Edité par F. Hirsch et G. Mokobodzki. VI, 275 pages. 1976.

Vol. 519: J. Schmets, Espaces de Fonctions Continues. XII, 150 pages. 1976.

Vol. 520: R. H. Farrell, Techniques of Multivariate Calculation. X, 337 pages. 1976.